Observaciones
A la Velocidad de la Vida

EDWARD J DOHERTY

Copyright © 2023 Edward J Doherty
Todos los derechos reservados
Primera Edición

Editor: Servicios Editoriales de Audiolibros

ISBN 978-1-83663-780-6 (Tapa Blanda)
ISBN 978-1-83663-779-0 (Digital)

Impreso en los Estados Unidos de América

Para Betty y Joe.

CONTENIDO

CAPÍTULO 1: LIDERAZGO 1
   No Cualificado de Tercera Clase 2
   Una Pequeña Toalla Roja 7
   Dos Servilletas de Cincuenta y Dos Años 11

CAPÍTULO 2: SORPRESA, SORPRESA 15
   Limpeaza en el Pasillo 12 16
   El Linóleo Blanco y Negro 22
   La Mi_rda Sucede 25
   El café gratis es contagioso 28
   Un Auto Chocó y Mi Número Fue Llamado 30

CAPÍTULO 3: CRECIENDO 33
   La Saga del Repartidor del Periódicos 34
   Cuando el Llanto se Detiene 37
   Colócale Tu Nombre a Eso 40
   Más Valioso que un Trofeo 43
   Dividendos de Enamorarse de una Porrista 46

CAPÍTULO 4: DÍAS DE ESCUELA 51
   ¿Quién ha Movido mi Queso y mis Crayones? 52
   El Fracaso Depende 55
   La Forma en la que Siempre lo Hemos Hecho 58
   Encantador— Por Supuesto 63

CAPÍTULO 5: EL MUNDO DEL SR. TRABAJO 67
   Como un Lapiz Partido a la Mitad 68
   La Universidad de la Hamburguesa: Aprendiendo a Aprender 72
   Una Desvelada con Larry Bird 77
   Las Excusas son para los Principiantes y Perdedores .. 81

CAPÍTULO 6: LOS SUEÑOS DE CALIFORNIA 86

Todo es tu Culpa 87
La Retroalimentación es un Regalo 90
No Intentes Esto en Casa 94
CAPÍTULO 7: CAMINANDO EN MEMPHIS 99
Asombrosamente Hipnótico 100
Llevando la Cuenta—De la Forma Correcta 108
Siempre es Hoy, ¿Cierto? 113
CAPÍTULO 8: ROCKIN' AND ROLLIN' 116
Equidad de la Paleta 117
La Elipse Horizontal 121
Le Cantamos a Shania Twain 126
Bienvenidos a la Jungla 129
CAPÍTULO 9: PAIS SOBREVOLADO 136
Nadie es Perfecto, Que Yo Conozca 137
Cállate y Colorea 139
La Inspiración a Partir de una Papelera 142
Oh Bueno. Ahora Ya Lo Saben 144
ESCONDER ALGO BUENO 149
Está En Oferta Por $11.95 150
Es Difícil Esconder Un Buen Restaurante 154
Buzz, Buzz, Ding, Ding 156
Los gerentes consiguen los empleados que merecen 162
CAPITULO 11: BAILANDO CON LAS 167
ESTRELLAS 167
Parte 1: ¿Valiente o estúpido? 168
Parte 2: Llega Mack The Knife 173
Parte 3: El Guerrero Pacífico 177
CAPÍTULO 12: NO QUEDARSE SIN NADA 181
Marca Personal con un Giro 182
Dentro de las Barreras Naranjas y la Arena 185

La Super Bowl de Falmouth 190
CAPÍTULO 13: DEMASIADO LEJOS PAR IR SOLO 198
.... 198
Smuttynose Half Parte 1: ¿Valiente o Estúpido? 199
Smuttynose Half Parte 2: Campeón del Domingo por la Mañana
.... 203
Smuttynose Half Parte 3: Demasiado Lejos Para Ir Solo 207
CAPÍTULO 14: MALDITAMENTE ORGULLOSO 212
.... 212
Cuarenta y Siete Vueltas a los Setenta Años 213
Cantar Bajo La Lluvia Está Sobrevalorado 216
Malditamente Orgulloso 224
CAPÍTULO 15: ELIMINAR LA CONFUSION 230
Rasgando Uno Nuevo 231
Wicked Pissah 235
Volviéndome Loco 239
Adiós, Adiós, Srta. del Centro Comercial Americano 244
Y TRASPIRACION 249
(John y) David contra Goliat 250
Orgulloso de Ser Estadounidense 256
Algunas Cosas son Difíciles de Obligar 261
Trabajo Pesado 267
CAPÍTULO 17: MIRANDOSE AL ESPEJO 271
Razones & Resultado 272
Imagen y Resultados 276
Una Matriz Sombrilla 279
Grandeza Cotidiana 283
Esfuerzo, Progres0, Resultados 286
EPILOGO 291
Una Madre de Clase Mundial 292

Catherine Cummings: Una Madre de Clase Mundial 294
El Resto de la Historia 297
SOBRE EL AUTOR 298

CAPÍTULO 1: LIDERAZGO

No Cualificado de Tercera Clase

En muchos casos cuando aprendemos algo en el trabajo o en nuestra vida personal, lo que se aprende no es lo que esperamos aprender sino más bien, algo más que nos sorprende.

Fue una prueba de un tipo de vida diferente y creó una apreciación por aquellos que trabajan con sus manos para ganarse la vida, así como también algunos sentimientos no tan admirables sobre cómo algunos empleados abusan del sistema.

Recordando, aun cuando yo había trabajado por varios años para el momento en que esta historia tiene lugar, seguramente fue mi primer trabajo de "Chico grande".

El hecho de que tuvo lugar en el medio de la guerra de Vietnam hizo a las lecciones incluso más impactantes para mí a los 19 años de edad, cuando entre mi primer y segundo año en la universidad, yo trabajé en El Astillero de General Dynamics en Quincy, o en El Astillero Fore River como era conocido en el vecindario. Se podía ir caminando desde mi casa.

En una época, fue el empleador más grande de la Costa Sur de Massachusetts, con tres turnos y más de 10,000 empleados. Su auge fue absoluto durante la Segunda Guerra Mundial. Ahora ha estado cerrado durante muchos años.

Yo era un instalador de tuberías, no cualificado de tercera clase. Gran título, eh?

Sí, todo el mundo sabe que cuando añades "tercera clase" o "no cualificado" a un título de trabajo, ayuda mucho a la autoestima. Si pones las dos cosas en el mismo título realmente estas argumentando tu punto.

En los astilleros, el casco tenía un código de colores según el trabajo. Los instaladores de tuberías llevaban casco azul bebé que dejaban ver toda la suciedad de la parte inferior del casco. Otros oficios tenían verde, rojo, azul oscuro y así sucesivamente. Por el color del casco se podía saber a qué se dedicaba una persona.

Ese verano, mayormente instalé indicadores de nivel de líquido en tanques que pronto se convertirían en tanques de combustible y agua que tenían cinco pisos de altura dentro del barco, que pronto se convertiría en el USS Dixon. También aprendí inesperadamente mucho sobre la productividad, un poco sobre Patriotismo, y algunas cosas sobre la codicia o La flojera que se han quedado conmigo.

Ha habido un montón de contribuciones sobresalientes de los sindicatos de trabajadores y sus líderes en la historia de nuestro país. Ellos han tenido un gran impacto en el desarrollo de Nuestra fuerza laboral y prácticas de trabajo con pero los líderes de la AFL/CIO sindicato al que pertenecí ese verano no han contribuido en nada, salvo llenar los bolsillos de sus miembros, a corto plazo.

Pero ese sindicato sí contribuyó a mi educación. Me enseñó cómo dejar de trabajar porque yo necesitaba una tubería. Como un instalador de tubería, no tenía permitido cargar las tuberías, solo tenía permitido instalarlas. Si necesitaba una tubería, necesitaba a un "Chaser" para que las cargara por mí. Sí, incluso desde un extremo a otro del barco. Incluso del muelle a la cubierta. Si yo era visto caminando y masticando goma de mascar, quiero decir caminando y cargando una tubería, podía ser amonestado y desatar la ira de otros miembros de la banda de instaladores a la que estaba asignado (banda es el término técnico del astillero para equipo).

Podía tomar días llevar una tubería desde el almacén al barco a través del sistema de ordenamiento arcaico. Esta regla, entre muchas, aumentaba significativamente el costo de operar ese astillero y el costo de la Marina de Estados Unidos, y a los contribuyentes, un montón de dinero.

Y en la categoría de conocimiento significativo, las reglas del sindicato, y mis mentores, también me enseñaron que si estaba en el baño, que era llamado la casa para c_gar en el lenguaje coloquial, no me tenía que ir.

Tú le diste eso correctamente. Una vez que tú estabas allí, no tenías que salir. Nuestro muelle tenía un baño de 40 plazas al aire libre, pero cubierto y amurallado, siempre lleno hasta los topes, o en realidad, era un área de descanso. Era donde yo, y muchos otros, dormíamos la mayoría de los días. Podía quedarme allí por horas o hasta que el olor me corriera. ¿Puedes imaginarte un hogar lejos de casa como ese?

El contrato especificaba que tú no podías regular qué tanto tomaría hacer tú sabes qué. Para mantenerse productivos, al entrar, todos los periódicos de Boston y Nueva York que estuvieran por allí y los leía de portada. Yo incluso hice un crucigrama o tres. Incluso a los 19 años, me gustaba la gestión del tiempo y la multitarea.

También aprendí que un chico de 160 libras como yo, un jugador de fútbol colegial en plena forma, que entra a través de una escotilla 15"×24" en la cubierta por la cual su supervisor de 275 libras no podía entrar, estaba básicamente sin supervisión.

De hecho, en las entrañas más bajas del barco al fondo de aquellos tanques de combustible y agua de cinco pisos, a las cuales solo se llegan por medio de escaleras muy largas y aterradoras escaleras de cinco pisos soldadas al mamparo, había pilas de cajas de cartones aplanados ensambladas por hombres quienes asumo tenían supervisores grandes. Esos cartones eran usados para dormir durante el turno, con menos olor.

Y finalmente, también aprendí sobre Petes's. Uno de Los mecánicos que estaba tomándome Bajo su protección y enseñándome Cómo no ser productivo y Cómo evitar ser Atrapado haciendo nada, una vez me llevó a Pete's Grill, fundada en 1958.

Este era el asunto: A las 11:29 am, minuto antes de que comenzara el periodo de treinta minutos para almorzar, 250 trabajadores salían de los barcos y los almacenes y los muelles y se reunían en filas en el cobertizo de las tarjetas horarias, dentro de la Puerta de la Calle Sur.

Cuando sonaba el silbato, todo el mundo marcaba su salida a las 11:30 am y corrían- sí, corrían - a cruzar la calle a Pete's para tener un gran asiento. Cuando tú entrabas a Pete's, cada uno de los asientos estaba previamente preparado con un sándwich de jamón y una lata de Budweiser a su lado. Todos los 250 asientos.

Ellos Podrían haber variado los fiambres diariamente, pero la única vez que me apunte, tuve suerte de que fuera jamón y queso. En Pete's, la entrada era libre, y tú pagabas $2 para salir y estabas de regreso a tiempo en el cobertizo de las tarjetas horarias a las 11:59 am. Para marcar de nuevo tu ingreso (excepto por unos pocos tipos que pagaban a otros tipos para que les marcaran su ingreso en el reloj pero se quedaban en Pete's hasta el final de sus turnos).

Ninguna identificación era necesaria. Con el sucio del astillero encima, incluyendo en mi cara, parecía de la edad. Dado Qué tipos de mi edad estaban en Vietnam deseando poder beber una cerveza y comerse un sándwich de jamón en un lugar como Pete's, nadie me iba a molestar.

Todo esto sucedía cuando los botes en los que estábamos "trabajando" eran necesitados a medio mundo de distancia.

- Mencioné que el consumo de drogas era rampante en mi barco?
- Mencioné que una vez me tomó tres semanas soldar tubos a una baranda alrededor de uno de los motores? Un trabajo de 4 horas a lo sumo.
- Mencioné que no tenía ningún entrenamiento en Cómo utilizar una máquina de soldar?

Como alguien de 19 años, puedo decirte que, dado lo que estaba viendo todos los días, no estaba seguro como los botes flotaban.

No muchos años después, General Dynamics decidió abandonar el patio de Quincy debido a que sus costos eran muchos más altos que los del astillero contra los que ellos estaban licitando (imagínate), y miles de trabajos bien remunerados se perdieron.

Justo antes de la sentencia de muerte, se habló de que los trabajadores comprarían El astillero para mantenerlo con vida. Un amigo mío, que también había trabajado allí, se rió de ello y dijo simplemente: "los que intentan comprarlo son los mismos cerdos codiciosos que están provocando su cierre. Si hubieran trabajado más o hubieran sido más honrados, seguiría abierto."

Estoy compartiendo esta historia porque la única cosa que todos tenemos en común con aquellos trabajadores del Astillero es esta: Controlamos el futuro de nuestras organizaciones- ya sea que ellas crezcan o se encojan, ya sea que ellas tengan éxito o fracasen, ya sea que ellas duren por años o cierren.

Aquellos cerdos codiciosos que estaban ordeñando el reloj, durmiendo durante sus turnos, almorzando y más en Pete's deberían haber sabido en el momento que ellos están matando a su organización una cerveza a la vez. Pero Aparentemente, a ellos no les importó una m_erda. Eran todo sobre sí mismos, todos los días y de todas formas.

Lo que haces cuando nadie observa si marca una diferencia.

Ese verano, aprendí una de las lecciones más importantes que una persona de 19 años puede aprender: El carácter es hacer lo correcto Cuando nadie está observando. Hay demasiadas personas que piensan que la única cosa que es correcta salir adelante, y que la única cosa que está mal es que te atrapen.

Una Pequeña Toalla Roja

Una de las cosas más difíciles de hacer es pretender que amas lo que haces. Todos lo hemos intentado de vez en cuando, el pretender, es decir. Puede ser una parte particular de nuestro rol, o puede ser todo nuestro rol.

El convencer a otros que tú amas lo que tú haces cuando no es así virtualmente

imposible. Inversamente, cuando eres apasionado y entusiasta sobre lo que estás haciendo, tampoco puedes esconderlo, sin importar lo que hagas.

Una vez tenía un amigo que llamó mi atención con su entusiasmo, no podía esconder su pasión por lo que hacía, y ayudó a enseñarme de qué se trata realmente el entusiasmo.

Al final de un juego entre los medias rojas y Los Yankees en Fenway Park hace muchos años atrás, al mejor acomodador en Boston, Bill Maskell.

Era un acomodador experimentado que trabajaba un turno completo en el jardín y en Fenway. En su sección en Fenway, la Tribuna dividida por el pasillo entre las secciones 17 y 18. Arriba del círculo de espera de los medias rojas, todos los que asistieron aunque solo fuera a un partido en esa zona sabían que Bill adoraba su trabajo. No podía ocultarlo, y los aficionados no podían pasarlo por alto. Guiñaba el ojo a las chicas, podía ser cómicamente brusco con los hombres grandes y fuertes, y amable como una mariposa con los niños pequeños. Tenía algo que decir o una sonrisa especial para cada persona que conocía. Alto y Delgado, era descaradamente entusiasta y hablaba sin parar con todos los que se cruzaban en su camino.

De hecho, él saludaba a Casi todos los fanáticos por nombre en cada juego. Cómo hacía esto? Él conocía los nombres de un montón de los abonados para la temporada, y (creo) que él inventaba nombres para el resto - pero él saludaba a todo el mundo, y era obvio para todos que él tenía un espíritu y pasión por estar en el estadio de beisbol y ayudar a las personas.

Los acomodadores usualmente no ganan un montón de dinero; la mayoría realiza el trabajo a medio tiempo, pero como Bill estaba a tiempo completo, su chaqueta puede haber estado un poco deshilachada en las mangas, y la pequeña toalla que él usaba para limpiar los asientos por una propina ocasional podría haber estado desteñida, amaba su trabajo, y todo el mundo lo sabía

Por un par de años, trabajé lo suficientemente cerca a Fenway para escuchar el himno nacional desde el comedor de mi restaurante. Bill me invitó a sentarme en la fila 32, asiento 2, en el pasillo entre las secciones 17 y 18, en uno de los asiento 2 del pasillo entre las secciones 17 y 18, en uno de los dos asientos de su sección que un abonado nunca utilizaba (algo que solo un acomodador sabría). Él me acompañaría desde el cuarto inning al noveno inning, cuando él estaba (técnicamente?) fuera de servicio, y él comería algunas cotufas y tomaría un refresco. Hablamos sobre los medias rojas, la vida, y más. Mayormente Bill hablaba, y yo escuchaba; él tenía mucho que decir, y yo tenía mucho que aprender. Nos sentábamos en esos dos asientos en el pasillo, juntos por seis innings, por más de cien juegos a lo largo de dos temporadas. Para el momento en que nos conocimos, él había estado acomodando por Casi cinco décadas con el mismo espíritu y entusiasmo, por lo que no estaba exagerando cuando lo llamé el mejor acomodador en el parque. Él no era solo el más conocedor y el más amigable, era aparente que también era el acomodador que amaba su trabajo más que cualquier otro.

Bill era casi cincuenta años mayor que yo cuando nos conocimos, y no estoy seguro cuánto de cualquiera que sea la sabiduría que poseo fue un regalo de él, pero sé que trato de hacer mi trabajo (la mayoría de los días) con el mismo entusiasmo que vi en ese mejor acomodador en Fenway Park todos esos años atrás.

Durante las últimas navidades de mi familia en Massachusetts, antes de trasladarnos a California, decidimos invitar a Bill a que nos acompañara a casa en Nochebuena. Nos habíamos dado cuenta de que no tenía ningún sitio al que ir durante las navidades y de que llevaba mucho tiempo sin tener ningún sitio al que ir. Era viudo Desde hacía años y tenía una hija que vivía en algún lugar del Oeste, pero qué rara vez visitaba. Naturalmente, queríamos hacerle uno o dos regalos para agradecerle su amistad y aquellas maravillosas noches de sabiduría en la fila 32.

Pero que puedes darle a un acomodador de ochenta años de edad además de tal vez alguna loción para después de afectar que podrías oler más allá de las bancas?

Luego de algunas discusiones, le dimos una pequeña toalla roja que él podría usar para limpiar los asientos en su sección, algo que él usaría todos los días.

Luego de una gran cena, preparada expertamente por mi esposa, el poco a poco abrió el paquete envuelto que contenía la pequeña toalla roja y la sostuvo para que todo el mundo la viera. Puede haber sido el primer regalo de Navidad que él había destapado en años. Le habíamos dado oro, incienso, y mirra. De todos los regalos que le he dado a mis amigos y familia a través de los años, esa pequeña toalla roja, en ese momento, puede haber sido el más apreciado. Sus ojos se llenaron de lágrimas mientras observaba la toalla, y los míos justo al momento de escribir esta oración. Creo que también le dimos esa loción para después de afeitar.

Nos mudamos esa Primavera pero regresamos a visitar, y vi a Bill casi todos los años, algunas veces llegando a Fenway, otras veces al jardín. La última vez que lo vi fue cuando él tenía noventa y un años. Fui a un juego de los medias rojas y no pude encontrarlo al frente de la sección 18 y pensé lo peor, pero su reemplazo me dirigió al vestíbulo bajo las gradas del campo derecho.

Los Medias Rojas de Boston le habían encontrado un trabajo sentado, debido a su pobre salud, vigilando el torniquete de salida en un rincón, bajo la sección 2 o 3, pasando la puerta de ambulancias. Nos alegramos de verlos y me preguntó por mi familia. Charlamos sobre el equipo de aquel año y sobre las temporadas que nos sentamos juntos en el pasillo entre las secciones 17 y 18. Me di cuenta de que se encontraba bien. Me di cuenta de que no le iba bien. Él se daba cuenta de que yo me daba cuenta.

Hicimos esa clase de contacto visual que las personas hacen cuando no se van a ver nuevamente y lo saben. Le agradecí por ser un amigo y por toda la sabiduría que gané de él a través de los años, y él me agradeció por la pequeña toalla roja que él sostuvo, justo como lo hizo en esa Nochebuena doce años antes. Él la tenía tan apretada, que tú no podrías haberla al lado de sus manos con una camioneta. El año siguiente, cuando llegué a Fenway en un viaje anual de vuelta al este me enteré de que vi estaba haciendo sonreír a las personas en ese gran estadio de béisbol en el cielo aunque no lo sé con seguridad Cómo me imagino que esa pequeña toalla Roja se fue con él.

Dos Servilletas de Cincuenta y Dos Años

Un 24 de agosto, muchos años atrás mi futura esposa y yo tuvimos nuestra primera cita, y cada año nosotros celebramos el evento que cambió al mundo, o por lo menos nuestro mundo.

Éramos simple niños y, por supuesto, no teníamos idea de lo que la vida nos deparaba. Supe en unas pocas semanas que ella era la chica de mis sueños.

Creo que a ella le tomó un poco más de tiempo categorizarme de forma similar.

Nunca he sido alguien de besar y contarlo, y en esta historia de la primera cita, no hay ningún beso involucrado.

Sin embargo, los detalles de esa cita están más o menos grabados en piedra, o por lo menos los aspectos más destacados lo están.

1er Acto

Bill era mi hermano mayor en la fraternidad, y él fue a trabajar a la librería de la universidad luego de la graduación un año después, una chica nueva en el escritorio de información – mi futura esposa – comenzó allí también. Cerca de un año luego de eso, también fui a trabajar en la librería, creando franelas con Logos y gráficos cuando la camisetas con Logos y gráficos cuando las camisetas con Logos y gráficos comenzaron a ponerse de moda.

El día que se suponía que mi primer cheque estuviera allí, caminé hacia esta persona detrás del escritorio de información – mi futura esposa – y pregunté si los cheques habían llegado ella constantemente respondió que no.

Bueno Luego.

Regresé a trabajar nuevamente, y algún tiempo después – realmente no recuerdo cuánto esperé – fui nuevamente al escritorio de información, buscando "información" sobre mi cheque. Cuando pregunté nuevamente, obtuve una respuesta rápida, "te avisaré cuando estén aquí", lo cual traduje Cómo "no seas una peste," o " no me molestes nuevamente o ya verás."

No buen inicio para la relación. Eventualmente obtuve mi cheque.

Adelantándonos muchos meses después, y luego de que dejé el trabajo en la librería – no recuerdo exactamente cuánto tiempo pasó – mi hermano mayor decidió jugar al casamentero. Él compartió conmigo que, aparentemente, el novio actual de mi futura esposa no la tengo exactamente en el pedestal que él sentía que ella merecía, y que él pensó que yo podía ser un mejor partido.

Él aprovechó una oportunidad para conectarnos cuando mi futura esposa, quién, en ese momento, tenía a un hermano entrenando fútbol en una secundaria local, quería darle un libro sobre el entrenamiento de fútbol. Bill ofreció mi experticia a ella debido a que yo era un jugador de fútbol. Fui a la librería y la ayudé a escoger un libro para él. Bastante simple. Sin estar seguro de Cuándo o cómo lo que sucedió después sucedió, pero pronto Luego de ayudarla a escoger un gran libro, hice el gran movimiento y la llamé para una cita. Ella dijo que no, lo que significa que el primer acto término infructuosamente.

2do Acto

Yo recuerdo lo que dije, y ella también cuando ella dijo que no podía o no saldría conmigo. Yo dije, "déjame levantarme del suelo." ella siempre recordará esa línea.

Qué clase de Encanto, la próxima vez que la invité a salir en lo que se convertiría nuestra primera cita, ella me dio un tal vez definitivo.

Esta es la historia de esa noche llena de acontecimientos.

El nuevo edificio del Centro del Campus de UMass tenía un salón precioso en la última planta con unas vistas estupendas del Campus y poca luz, entiendes. Así que le pedí que se tomara una copa conmigo allá arriba cuando saliera del trabajo.(nota para el lector: El resto de esta historia parece inventada, incluso para nosotros, pero realmente ocurrió así).

Ella Indicó que ella no podía hacer eso debido a que todavía no tenía veintiún años, y eran bastante estrictos en el campus en ese momento. Debías de haber tenido una identificación falsa realmente perfecta para ser servido allí.

Ella no sabía que una de las meseras que trabajaba allí estaba en una clase de inglés conmigo. Así que como el gran hombre en el Campos que yo pretendía ser, dije, "puedo hacer que te sirvan." bueno, por supuesto que asegure la cita. Esto fue como a las 4 p.m., y tenía como una hora para hacer los arreglos necesarios.

Corrí a lo alto del bar del Campus, encontré a mi compañera de clases, y le pedí que le sirviera A mi futura esposa, a la que yo iba a llevar como en una hora. Ella se rehusó. Uh oh, Cuando le pregunté por qué ella Indicó que sería despedida si la atrapaban. Le dije que la encontraría otro trabajo. Luego de algo de negociación, ella dijo. "Ponlo por escrito." y así lo hice.

En una servilleta, escribí " te encontraré otro trabajo si eres despedida por servirle a mi cita."

Ella la miró Y luego dijo, " y qué si me multan?"

"Por supuesto," respondí," "Yo pagaré tu multa." y prontamente lo coloqué en una segunda servilleta.

Con las cosas en la mano, me encontré con mi futura esposa en la puerta de la librería cuando ella salió del trabajo, nos montamos en el ascensor hasta el décimo piso, fui a la mesa pre arreglada en la sección de mi compañera, ya amor ordenamos una bebida alcohólica. Mi futura esposa tenía que estar impresionada, cierto? Cierto, si lo estaba. El 2do acto: Un éxito. Ahora para el 3er acto.

3er Acto

En ese momento, yo estaba trabajando como un chico de casa en la fraternidad Kappa Gamma (más divertido que en la librería). A cambio de ayudar en la cocina, limpiar la cocina, colocar el comedor, y servir una cena formal en un saco blanco de mesonero Cinco noches a la semana, la compensación del chico de casa era que podíamos comer gratis. No solo eso, sino que también se nos permitía quedarnos en la casa una hora después de que hubiéramos terminado con la limpieza, y jugar Ping Pong o pasar el rato.

También éramos útiles para las hermanas como citas platónicas de última hora si alguien necesitaba un acompañante para algo, así que nos invitaban a salir tanto como nosotros invitábamos a salir. Lisa, que era ayudante de cocina en KKG, era digno del flechazo que sentía por ella, y salimos una vez a la Delaney House en Holyoke, a unos quince minutos del campus.

Una vieja mansión apartada de la carretera, al final de un sinuoso sendero por el bosque. Nos sentamos frente a una chimenea en una habitación iluminada por velas. Era impresionante.

Exactamente el tipo de lugar al que quería llevar a esta hermosa mujer que estaba bebiendo ilegalmente conmigo en lo alto del bar del Campus esa noche.

Había pedido prestado el Volkswagen escarabajo de un hermano de la fraternidad, y luego de los tragos, nos dirigimos a Holyoke a medida el Crepúsculo se tornaba en noche, crucé justo fuera de la US 5 y manejé las seiscientas yardas del camino tortuoso de dos canales hacia Delaney House, y – nada. Y mi restaurante, ni luces, ni nada. Parece que alguien va a pensar que soy un asqueroso. Estábamos en un pequeño Volkswagen escarabajo en el medio de la nada, rodeados por oscuridad, y ambos nerviosos pero por diferentes razones.

Mi futura esposa comenzó a pulir la puerta a medida que se movía cada vez más lejos de mí a medida que yo tartamudeaba mi confusión y le pedí disculpas entre dientes. Ella no podía bajarse, probablemente quería hacerlo, y no creo que ella crea una palabra de lo que estaba diciendo.

Rápidamente di vuelta al carro, y nos fuimos. A medida que nos acercamos al campus, ambos hambrientos, me detuve en un McDonald's de la ruta 9 en Hadley, donde disfrutamos de algunas papas fritas y hamburguesas en nuestra primera cita.(años más tarde, no dos o tres sino diez o quince, nos encontramos con una historia sobre Delaney House quemándose en un incendio, y ella finalmente me creyó.)

Desearía tener todavía las servilletas de esa noche, pero todavía la tengo a ella en el mismo pedestal. Todavía vamos a un McDonald's en el aniversario de nuestra primera cita. Todavía soy un gran derrochador.

CAPÍTULO 2: SORPRESA, SORPRESA

Introducción:

Siempre somos sorprendidos por cosas; no importa qué tan viejos somos o qué hemos experimentado, la vida siempre ofrece algo nuevo que no hemos visto o escuchado antes.

Limpeaza en el Pasillo 12

"Limpieza en el pasillo 12." esa frase te hace instantáneamente visualizar tu supermercado y a un chico con una mopa empujando una mancha de salsa de pizza en un piso de linóleo, ¿cierto?

Esta historia no es realmente sobre limpiezas en los supermercados, pero parecía como un gran título que podía captar tu atención.

Quería compartir un sueño que solo puede ser cumplido en un supermercado, además de algunas observaciones sobre el comportamiento humano y algunas preguntas sin responder que tengo sobre la compra de comida.

¿Cómo Y por qué me convertí en conocedor y filosófico acerca de las tiendas de comestibles?

Primer lugar (pero usando una frase que realmente no me gusta), por un exceso de precaución, fue un comprador designado para nuestra familia durante un tiempo.

Además, tomé la trascendental decisión de buscar la sabiduría de un nutricionista. Todavía no he comido coles, y no soy vegetariano, pero meto algunas cosas raras en mi cesta de las compras.

De todos modos, como resultado de estas dos fuerzas, me encontré adquiriendo un conocimiento Superior y valioso de la escena local de los supermercados. ¿Qué es un conocimiento Superior y valioso? El café está en el pasillo 4, y los panecillos ingleses integrales, en el pasillo 9 ¿te parece impresionante? ¿Te parece suficientemente impresionante o te gustaría saber también Dónde están las salsas de Búfalo (pasillo siete) y los garbanzos (pasillo 10)? ¿puedo seguir si eres un escéptico?

A pesar de lo mucho que he aprendido, existen algunas cosas que todavía me desconciertan y un montón de cosas acerca de este mundo en donde las pantallas en el medio del pasillo son una cosa.

Parte 1: Preguntas del Supermercado

Alguna de las cosas acerca del mundo del supermercado que me pregunto incluye lo siguiente:

Los tanques de langosta: ¿Esas son langostas reales en la tienda de comida del mar? ¿Cómo es que nunca he visto a nadie comprar una? en New England, si tú compras una langosta en el supermercado en lugar de un mercado de comida del mar, ¿tú eres también el tipo de persona que compra sushi en un 7 – Eleven? Hablando de seguridad alimenticia.

Zona de productos frescos: ¿Por qué la sección de frutas y verduras es la primera zona que se ve al entrar en la mayoría de las tiendas? Y ¿cuál es el mejor lugar para colocar los productos en el carrito? ¿En el asiento para niños pequeños si no tienes uno? Si lo pones en la cesta grande, ¿no los aplastarán las otras cosas? Hablando de la zona de productos frescos, parece ser la única parte de la tienda donde se puede pasear en cualquier dirección, y la mayoría de la gente lo hace.

Porcentaje de grasa en las hamburguesas: ¿Realmente necesitamos hamburguesas con un 10 por ciento, 15 por ciento, 20 por ciento y 25 por ciento de grasa para elegir? ¿Tú podrías, en una prueba a ciegas, notar realmente la diferencia? ¿Podemos votar sobre dos niveles de grasa y dejarlo así? ¿Cómo se reconoce una vaca con un 25 por ciento de grasa? Solo pregunto.

Los plátanos: ¿Cuál es la diferencia entre los plátanos normales y los ecológicos? ¿Contienen plástico? De hecho, ¿no es "orgánico" todo lo que hay en los supermercados? Si no, ¿qué es, inorgánico?

Humus: ¿Quién se come todo ese humus? Hay montañas de humus en todas las tiendas. La variedad es espectacular. ¿Qué demonios es el humus? ¿Existe una planta o árbol de humus? Es muy confuso. Cuando yo era niño, no existía el humus, ¿verdad? Quién lo inventó?

Emergencias de nieve: Ir al supermercado justo antes de una tormenta es un verdadero entretenimiento. Canta la adrenalina, el drama, el personal agotado, la falta de carros disponibles porque están por todo el aparcamiento, la alegría de esperar en una larga Cola con gente que tiene que tener humus para esperar a que pase la tormenta. Tan emocionante, pero también plantea la pregunta: ¿Cómo ayudan el pan y la leche a capear el temporal?

Jugo: Cuando se trata de jugo de Naranja, siempre me he preguntado, si ¿se saca la pulpa del jugo con pulpa para hacer jugo libre de pulpa, o se le agrega pulpa al jugo que no tiene?

Merey: ¿Por qué el merey nunca está en oferta? ¿Has notado que el "Merey entero" cuesta 50 por ciento más que las "piezas de merey"? ¡ no saben igual? El las rompió cometió un error costoso. Pero incluso si tu compras merey entero, luego de que están en tu boca, ¿no son solo piezas?

Café: ¿Por qué el café Dunkin' nunca está en oferta? ¿Por qué las pastillas de Keurig son tan costosas? Y hablando de los sabores del café, ¿Cuál es la fascinación con la vainilla Francesa? ¿Existe vainilla Española y Vainilla Canadiense?

Fiambres: ¿Cuál es el grosor recomendado para una rebanada de fiambre en la charcutería? ¿Por qué todo el mundo tiene una preferencia? Y para hacerlo aún peor, te muestran la rebanada para preguntarte si está bien, como si tu pudieras ver la diferencia entre dos milímetros y tres milímetros a lo lejos. ¿Qué sucedería si tu pides una libra de jamón y le indicas, "No lo rebanes"? ¿Como harían eso? ¿Qué haría ese chico en la charcutería? ¿Te llamaría al gerente?

Desconcertado: ¿Qué haces, por ejemplo, cuando te han asignado una botella de doce onzas de algo sin sal ni azúcar añadidos, y no estás muy familiarizado con el producto, y sólo tienen botellas de ocho onzas con azúcar añadido o botellas de dieciséis onzas con sal añadida? ¿Llamas a casa o te arriesgas? Veo a gente enfrentarse a este dilema todo el tiempo. Creo que a veces mi mujer me lo hace a propósito.

Uvas: Por qué las uvas verdes cuestan más por libra que las otras uvas? Son de la élite? ¿Ellas escaparon de los cazarrecompensas de chardonnay?

Revistas: Todavía las personas compran revistas de los mostradores, o esas son simplemente ambientación? Pueden ser decoración del supermercado. Qué opinas de la polémica sobre Meghan Markle? ¿Qué te parecen JLo y Ben? ¿Y que sobre los extraterrestres?

Yogur: Olvídate del humus, quién se está comiendo todo ese yogurt, y ¿cómo decides cuál comprar? Y ¿cuándo los griegos entraron al negocio del yogurt? Me acaba de dar cuenta que ni siquiera sé de dónde viene el yogur. Parece una especie de lácteo, pero puede haber un árbol de yogurt o una planta de yogurt.(te dije que esto era acerca de mi ignorancia.)

Bebidas energéticas: ¿Existe una crisis de energía humana? Al mirar el número de bebidas energéticas con símbolos bizarros en las latas, debe haber un montón de personas flojas buscando un arranque artificial. Y las cosas están por todos lados, incluso rodeando a las revistas decorativas en las cajas registradoras. ¿Las personas están comiendo humus y yogurt con bebidas energéticas y bananas orgánicas?

Helado: ¿Qué tanto se derrite el helado entre la tienda y el hogar? Algunas veces traigo un bolso aislado, para que el embalador coloque las cosas congeladas en el para solucionar este problema. Ellos en vez lo usan para café y merey.

Manzanas: ¿Qué dije sobre los niveles de grasa de las hamburguesas? Idéntico para las Manzanas. Tanta variedad, tan complicado. ¿Quién inventó todas esas variedades de manzana y por qué? Por cierto, todos nos perdimos el cumpleaños de Johnny Appleseed's el 26 de septiembre de cada año.

Sostenibilidad: ¿Me pregunto cuánto tiempo le toma a un pollo asado para que se seque, y los reutilizan al día siguiente? Esa es la base de su ensalada de pollo en la charcutería?

Parte 2: Carritos de Mercado

Mi carro de supermercado soñado es simple.

Algunos lo podrían llamar un Sueño imposible el que yo tenga ese único carro donde todas sus cuatro ruedas giren correctamente. ¿Puedes imaginar Tu alegría si te toca un carro donde todas las ruedas funcionen bien? Creo que he experimentado esto personalmente dos veces: Una en el 2011 y nuevamente en el 2017.

También sueño que un día, seré capaz de sacar el primer carro que pruebe del carro en que está encajado. Me vergüenza regular en el supermercado es cuando me siento débil debido a que esa maldita cosa está atascada todo el tiempo. Nada Es mejor para el ego que la lucha con los carros cuando hay una audiencia o línea de personas detrás de ti.

Pero he hecho más que soñar en la tienda y preguntarme sobre el humus. También he estudiado el comportamiento humano y Puede que haya desarrollado una nueva pregunta de entrevista: ¿Qué haces con el carrito de mercado luego de que tú has cargado tu carro?

Me he dado cuenta que ya sea que seas un comprador regular, o que tú solo ocasionalmente te aventures a manejar un carrito de supermercado, tu personalidad sale a reducir detrás de la cesta, así como lo hace en la carretera.

Por lo que he identificado por lo menos tres tipos de compradores en lo que respecta a regresar los carritos luego de colocar sus víveres dentro de su vehículo. ¿Cuál eres tú?

El tipo sensible y Cortés: Este es el comprador que puede haber trabajado en un trabajo de servicio o solo es consciente de la dificultad del trabajo de juntar los carritos y devolverlos a la tienda, o simplemente son personas amables. Son respetuosos de otros y siempre regresan sus carritos al área designada. Y sabes qué? Puedes notar que se sienten bien consigo mismos Por hacerlo. La sal de la Tierra.

El tipo que está por encima de todo y más ocupado que tú: Este es el comprador que deja el carrito donde sea que les parezca en el estacionamiento, incluso si bloquea otro espacio, porque después de todo, ellos están más ocupados que el resto de nosotros y tienen que continuar. Ellos están por encima de mover el carrito hacia el corral o de regreso a la tienda. Ellos Simplemente no tienen el tiempo para eso.

El tipo que lo regresa según la situación: Este es el comprador que podría haber regresado el carrito a la tienda o al Corral pero siente que es muy lejos, y que el supermercado debería tener más espacios para regresar los carritos, o si el clima fuera mejor, ellos lo regresarían a la tienda o al corral de los carros. Pero situacionalmente, ellos lo van a colocar "justo aquí." y justo aquí puede ser una jardinera, un espacio de estacionamiento para discapacitados, o una acera.

Una de las poderosas partes de ser un autor – y yo uso ese término libremente – es que las personas algunas meses recuerdan lo que tú escribiste, y aunque esto no está designado o inspirado, en este sentido, particularmente útil, casi puedo garantizar que la próxima vez que tú estés empujando un carrito con solo tres ruedas buenas, tú pensarás en mí. Y la próxima vez que tú no puedas separar dos carritos, tú pensarás en mí. Tú incluso podrías pensar en mí cuando, o trates de abrir una de esas bolsas de productos endebles.

En caso de que lo olvide, gracias por pensar en mí.

Adicionalmente, espero que la próxima vez que tú debatas entre si regresaron o no el carrito a su ubicación apropiada en el estacionamiento, tú piensas en mí y hagas lo correcto. A menos que esté lloviendo?

El Linóleo Blanco y Negro

Los dos chicos de 5 años corren a lo largo de la alta alambrada que se para el pavimento asfaltado sin árboles de las vías del tren al lado de los proyectos habitacionales en Boston. Ellos no sabían, y y no les importaba, que las vías iban directo a la ciudad de Nueva York y más allá.

Los dos chicos corrían a todos lados como buenos amigos. Desde el basurero hasta la puerta trasera de un edificio y entre dos edificios – de escalón delantero a escalón delantero. Aunque había muchos niños en los proyectos, estos dos eran inseparables en el campo de asfalto al que llamaban hogar.

En esos días, simple ibas afuera a ver quién estaba disponible para jugar, o tocabas a la puerta de alguien Y preguntabas si tal Y tal podían salir a jugar(realmente, no lo estoy inventando).

En esa época, los niños de cinco años, y tal vez algunos incluso más jóvenes eran lo suficientemente grandes para pasar el rato juntos sin supervisión del adulto o incluso supervisión de niños mayores. Ambos amigos eran corredores veloces, ambos eran amigables, ya vos compartían una colección de tapas de botellas que era la envidia del vecindario.

Quién sabe por qué, pero cuando no estaban corriendo, ellos recogían tapas de botella de las alcantarillas o del parque y las contaban. Ellos estaban tratando de recolectar 100 tapas cuando esta historia tuvo lugar.

Ambos chicos eran llamados Jimmy, y ambos preferían estar el uno con el otro, incluso ocasionalmente se aventuraban fuera del vecindario juntos en la línea de Hyde Park-Roslindale corrían las cinco cuadras a la tienda de la esquina por regaliz o caramelos duros.

Un día, uno de los chicos invitó al otro chico a su apartamento para jugar con el nuevo camión volteo de metal que él había recibido por su cumpleaños. La ubicación? El piso de su cocina. La oferta fue aceptada con entusiasmo y ambos se pusieron en marcha.

Indicando el camino, uno de los niños de cinco años corrió dentro de su apartamento y se dirigió directo al suelo de la cocina donde él había estacionado su camión más temprano en el día, cargado con bloques de madera solo esperando a ser volteados en el piso.

El otro niño entró al apartamento, pero cuando él cerró la puerta detrás de él, fue saludado con miradas de sorpresa de tres adultos sentados alrededor del recibo, y él se congeló, tus ojos pasaron de un adulto al siguiente, tratando de averiguar sonreían o hacían Muecas, hasta que halló que le llamaban por su nombre desde la cocina y se dirigió rápida y silenciosamente hacia el sonido.

Una vez que ambos están en el suelo, el Jimmy visitante dijo al Jimmy ocupado con el camión volteo, "¿Por qué me miraron de esa forma?"

El chofer del camión simplemente dijo, "tú eres el primer chico blanco en venir a nuestro apartamento."

Con cara de desconcierto, el otro Jimmy respondió, "¿Qué es eso? "¿Qué es un chico blanco?"

Los perceptivos entre ustedes ya han adivinado que yo era el segundo chico llamado Jimmy haciendo las preguntas, y esta historia Es sobre el momento en que aprendí que yo era blanco. Cuando yo era un niño, mi sobrenombre era Jimmy por ejemplo (Edward James Doherty), para distinguirme de mi papá, Eddie.

En realidad no se me ocurrió a mí a la edad de 10 años que el simbolismo de dos chicos, uno negro y uno blanco, compartiendo un camión en un piso de linóleo blanco y negro era una metáfora para algo, pero ahora sí.

A menudo me he preguntado Qué sucedió con mi primer mejor amigo, porque nosotros nos mudamos, y debido a que no había ninguna red social para vincularnos, no nos mantuvimos en contacto. Mi familia estaba en los proyectos habitacionales, probablemente como la familia de Jimmy, porque mi papá era un veterano regresando de la Guerra de Corea, y albergar a antiguos soldados y sus familias era una gran parte a lo que se utilizaba la vivienda pública en aquellos días.

Los dos niños en esta historia no tenían concepto de color cuando Ellos tenían seis pero aprendieron lo que sea que aprendieron sobre el color de los adultos a medida que crecían. En algún lugar a lo largo del recorrido, probablemente no como unos niños de cinco años pero mucho antes de que tuviera la oportunidad de formar otras opiniones, yo asocié el racismo con una falta de inteligencia. Eso fue lo que pensaba mientras crecía, y me gusta pensar que guio, y guía, mi comportamiento.

No soy perfecto, solo pregúntale a mi esposa e hijo y tal vez a un antiguo jefe o dos y probablemente no cumplo con muchas de las definiciones de woke que flotan por allá afuera, pero hay unas pocas cosas que sí conozco.

Los niños de 5 años no tienen idea; con respecto al color, su actitud adulta es formada por otros y aprendida por ellos, no nace con ellos. Se me instruyó evitar a fanáticos de los New York Yankees, pero muy pocos otros prejuicios fueron pasados a mí.

Las actitudes son perpetuadas, generación a generación. Solo toma un cambio de actitud de una generación para cambiar el futuro completo. Como niños, no vemos las cosas que vienen a dividirnos. Tal vez vemos a las personas a nuestro alrededor más claramente, sin ser influenciados por los prejuicios de la sociedad. Tal vez el vernos los unos a los otros a través de los ojos de un niño de 5 años puede hacer a este mundo un mejor lugar.

La regla de oro de tratar a otros como te gustaría ser tratado fue una filosofía bastante buena en sus inicios y probablemente es más importante y válida como un código de comportamiento hoy día. Todo el mundo es importante para alguien, y todo el mundo merece ser tratado justamente.

Algunas veces cuando veo una tapa de botella en el suelo, pienso en esos dos niños corriendo a lo largo del alambrada a un lado de las vías del tren, y recuerdo.

Niños de cinco años. Tapas de botellas. Piso de linóleo blanco y negro. Chico blanco. Regla de oro. Fanáticos de Los Yankees. Sonriendo o haciendo muecas. Algunas lecciones si duran una vida entera.

La Mi_rda Sucede

El centro de Boston no siempre fue el centro comercial, financiero y minorista vibrante y Pulido que es hoy de hecho, cuando terminé la universidad, estaba bastante degradado, con muchas fachadas de tiendas bloqueadas, delincuencia menor, vagabundos y desesperación.
Dentro de ese ambiente, mi empleador, un dueño de franquicia de comida rápida, decidió abrir una nueva tienda en lo que ahora es llamado el cruce del centro, pero en aquel entonces, era simplemente una ubicación al otro lado de The Old South Meeting House en la calle Washington.

Rodeada de esas fachadas de tiendas bloqueadas los mencionados anteriormente, y junto a una joyería de 125 años, en la planta baja de un edificio de ocho pisos casi vacío, yo era el encargado de la apertura de una de las pocas franquicias urbanas del país.

Un aspecto de trabajar allí que no estaba incluido en el manual era lidiar con los malvivientes que regularmente visitaban el lugar. Qué es un mal viviente, preguntarás? Las dos piedras angulares de la sociedad de los bajos fondos para los espacios comerciales en los carteristas y los tahúres.

Un carterista es alguien que te empuja y se lleva tu cartera, ya sea que la lleves en el bolso o en el bolsillo. Trabajan mejor en multitudes, y las colas abarrotadas de un restaurante de comida rápida del centro les resultaban muy atractivas.

Suena tonto Cuando digo esto ahora, pero cuando cualquiera del equipo de gerencia reconocía a un carterista en la línea de espera, trabajando a la multitud, por así decirlo, uno de ellos gritaría, literalmente gritaría, "hay un carterista en la tienda, por favor proteja su billetera." el mal viviente se iría. Hasta este día, sí estoy caminando en un lugar del centro, en cualquier ciudad, muevo mi billetera a mi bolsillo delantero – mucho más difícil de tomar.

Un tahúr es alguien que ha estudiado la ubicación del botón

que abre la caja registradora y, cuando nadie está mirando, pulsa el botón para abrir el cajón y, a continuación, coge los billetes de $20 y sale corriendo. Siempre están en el lado derecho del cajón. Sí, de verdad.

Menos frecuente pero no menos emocionante: Si veíamos si veíamos que alguien intentaba abrir el cajón y tomar el dinero de esta manera azotamos el cajón en los dedos del delincuente, que solía escabullirse y salir corriendo. Esto sucedía cuando yo estaba detrás del mostrador.

Así que una mañana me adentré en este mundo urbano tan agitado cuando uno de los miembros del personal me detuvo antes de que pudiera adentrarme demasiado y me pidió que lo acompañara al baño de hombres.

Abrí la puerta y volví a cerrarla rápidamente. Alguien había utilizado el lavabo, en lugar del retrete, para hacer sus necesidades, y no estoy hablando de un depósito líquido, sino de un tipo más sustancial de desechos corporales. Además, el individuo se puso creativo y untó esta particular sustancia marrón por todas las paredes, espejos y mamparas. Deben haber estado ahorrando para esta instalación artística.

Brevemente Miré a los empleados que estaban en el turno y rápidamente me di cuenta de que no había nadie a quien pudiera enviar allí. Lo que le pedí al chico que estaba conmigo que agarrara algo de cloro de la parte trasera y a otro chico que conectara la manguera que utilizamos para limpiar el callejón detrás de la tienda.

Con la puerta abierta solo lo suficiente para pasar la manguera, comencé a rociar agua y a salpicar cloro hasta que toda la "Obra de arte" bajando por el drenaje del suelo, cerca de treinta minutos de rociar y salpicar. Estoy seguro de que tapé mi nariz cuando pude.

Terminé con una mopa y un tobo y fue a reanudar las actividades normales. Hasta este día, ese día fue uno de los mejores que he tenido en cualquier trabajo como un líder. Todo el mundo era optimista, se ofrecían a quedarse, ayudarme o conseguirme algo.

- La actitud y el rendimiento fueron fantásticos. Cuando fue a servirme un café después del ajetreo, me espantaron con el mensaje:" le traeremos el café. A relajarse."

- Siempre me he alegrado de haberlo hecho, y no solo porque las cuatro veces siguientes hubiera una fila de integrantes del personal dispuestos a aceptar el reto.
- Me alegré de haberlo hecho porque fue una época temprana en la que se puso a prueba mi creencia personal en la importancia de liderar con el ejemplo, y pasé.

Liderar con el ejemplo es más fácil decirlo que hacerlo algunas veces, pero nada impacta más tu creatividad o a tus seguidores. Me considero a mí mismo un creador de cliché, y uno de mis originales que fue probado en esta situación fue, nunca le pidas a alguien hacer algo que tú no has hecho, no harás, o no puedes hacer.

Probablemente no es algo encontrado en los libros de gerencia, porque realmente no es un concepto de gerencia; es más un lema personal. Y por supuesto, le he pedido a personas con experiencia Más allá de la mía que hagan cosas; eso no es de lo que estoy hablando. Contrataré a un electricista o recurriré a un técnico experto con el mejor de ellos. Me refiero a esas tareas o responsabilidades en las que intervienen líderes y seguidores.

Si lo piensas bien, el liderazgo mediante el ejemplo puede ser exactamente como calificas a quien quiera que te esté dirigiendo, porque si tuvieras que confesar tu opinión personal y Privada sobre esa persona o ese equipo de Liderazgo, generar en mente empieza con tu valoración de lo bien que lidera mediante el ejemplo o su nivel de hipocresía. Levante la mano si le gusta trabajar para un hipócrita?

La mi_rda sucede. Liderar con el ejemplo puede ser el mejor estilo de Liderazgo entre todos ellos. Mientras mayor sea la obra de arte, más importante el ejemplo.

El buen sentimiento de ese día duró por mucho tiempo, y la palabra en la calle. Literalmente en la calle, era que la tienda que yo gestionaba era un buen lugar para trabajar. Durante un período de tiempo cuando muchos restaurantes luchaban para conseguir suficiente personal, ese lugar no lo hacía.

De hecho, durante la inspección anual por el franquiciante, el lugar excedió los estándares significativamente y fue seleccionado como la tienda Nacional del año.

El café gratis es contagioso

In 1959, a coffee maker was an optional extra in Volkswagen car.

como uno de mis hábitos personales para minimizar el estrés, dime bien conmigo mismo, y mantener una perspectiva positiva, intento dejar pasar a los demás autos cuando conduzco.

Eso puede significar hacer el cambio de luces para señalarle a otro conductor, o puede significar reducir mi velocidad para que el auto entrando en la autopista puede hacerlo más fácilmente, o podría significar dejar que un camión cambie de canal un en al frente mío, porque debe ser difícil cambiar de canal en una en un camión de remolque.

Ahora no me malentiendas; puedo entregar un gesto artísticamente apropiado a alguien que se lo ha ganado. A pesar de todo, soy de Massachusetts.

Algo me sucedió en el autoservicio de un Dunkin' Donuts que me hizo comenzar a pensar sobre la forma en que todos podemos hacer al mundo un lugar mejor, un café a la vez. Profundo, lo sé, pero ocasionalmente sí respiro profundo y tengo pensamientos aún más profundos. Lo prometo no ocurre muy a menudo.

El incidente que desencadenó este inusual estado meditativo tuvo lugar alrededor de las 6 de la mañana, cuando me dirigía a Starbucks. Es broma, de camino a Dunkin' Donuts.(Cuando me dan una tarjeta de regalo de Starbucks, se la regalo a una amiga llamada Melisa.) no quiero ofender al café de Seattle, pero yo crecí con Dunkin', y no sé cómo pueden llamar legalmente café a esas otras cosas.

Al acercarme al restaurante, me di cuenta de que había un auto que intentaba cruzar con dificultad dos carriles de tráfico para entrar en el estacionamiento de Dunkin' desde una calle lateral. Sin pensarlo, para indicar al otro coche que podía seguir, y así lo hizo, justo en la línea de autoservicio delante de mí.

Hice lo que todo el mundo hace en la línea de autoservicio mientras espera: Actuar aburrido, cambiar la emisora de radio y consultar el correo electrónico. Cuando finalmente llegué a la ventanilla después de hacer mi pedido, intenté pagar, pero la cajera me dijo: "ya se ha encargado la mujer que tiene adelante". Bang - 6:02 de la mañana, en Rutland, Massachusetts, y alguien a quien nunca podrá dar las gracias "se encargó de ello."

Comencé a pensar acerca de los dominó en esta secuencia de eventos.

El primer dominó: Un acto menor de cortesía, prácticamente sin pensar. Cuando sucedió, probablemente me sentí bien, como que si mi medalla al mérito de cortesía se estaba acercando.

Segundo dominó: Una completa extraña dijo gracias de una forma muy genial a alguien que ella nunca verá nuevamente, genial.

Tercer dominó: Me alegro tanto el descuento del 100% como la intención. (recuerda lo que cuenta es la intención, pero me dieron café gratis.)

Cuarto dominó: Ella debe haber sentido bien el resto del día debido a sus acciones. Ella sabe que tiene clase. Un gran día.

Quinto dominó: También me sentí bien el resto del día, porque mi acto de cortesía fue apreciado (y secretamente supe que podría convertir la experiencia en parte de este libro).

Sexto dominó: Me moría de ganas de volver a pasar por el autoservicio. Solo tenía que pagar por el auto detrás de mí y sentirme bien, y lo hago con regularidad solo por el gusto de hacerlo.

Séptimo dominó: Luego de leer esto, tú podrías intentarlo también.

El simple movimiento de los faros para dejar pasar a alguien se hizo contagioso. Un mundo mejor, café a café.

Aunque no voy a decir que si dejas entrar a alguien mientras conduces te darán un café gratis, sí puedo recomendarte que si dejas entrar a alguien mientras conduces, el mundo será un lugar mejor Y puede que te den un café gratis.

Y si la próxima vez que estés en el autoservicio te sientes bien pagando por el auto que tienes detrás, ayudar a que el café gratis sea más contagioso.

Un Auto Chocó y Mi Número Fue Llamado

En un claro día soleado, iba por la autopista de seis canales US3, un par de millas al sur de Manchester, New Hampshire, viajando cerca de 64.5 por hora, si sabes a lo que me refiero, cuando cerca de cien yardas al frente de mí, un auto cruzó violentamente a la derecha  luego atravesó tres canales de tráfico a la izquierda y chocó contra la pared de retención de cemento entre las autopistas norte y sur. El auto chocó de lado girando en o sobre el límite de velocidad, estampándose contra la Barrera de concreto, y dejando un campo de escombros de vidrio y plástico por toda la autopista.

Así como en las películas, a mis ojos, todo pareció estar sucediendo en cámara lenta. Un gran brote de Adrenalina, sabes lo que quiero decir? Había un carro entre el mío y la escena del accidente, y freno de frente de mí en el medio del carril. Estuve a. de y chequeé mi retrovisor, preocupado por ser golpeado desde atrás pero fui capaz de esquivar el desorden y luego me di cuenta que tenía que hacer algo. Mi número fue llamado. A mí.

Había un accidente vehicular con serias implicaciones potenciales para cualquier pasajero, y me di cuenta de que era mi trabajo ayudar a los pasajeros primero; no había nadie más que pudiera llegar allí tan rápido como yo. Mi número fue llamado. No tenía idea de en lo que podía estarme metiendo, pero sabía que Quien fuera que estuviera en ese carro era el hermano o la hermana o la madre o el padre o el hijo o la hija o el esposo o la esposa de alguien. Y yo iba a asegurarme de que hice lo que sea que hubiese hecho si hubiese sido mi hermano o mi hermana o mi madre o mi hijo o mi esposa. yo.

Rápidamente me detuve en el carril de frenado de alta velocidad, encendí mis luces de emergencia, y corrí de regreso al auto humeante, sin saber lo que me iba a encontrar. Incluso ahora, años después, cuando pienso en ello, el mismo sentimiento de pavor e impacto y vulnerabilidad se cierne sobre mí. Estaba muy, muy asustado e inseguro sobre lo que iba a hacer o necesitaba ser o a lo que estaría llamado hacer. Todo lo que sabía era que mi número fue llamado, y era tiempo de actuar, no congelarse.

La adrenalina estaba recorriendo mi sistema, si tú puedes imaginarlo, mientras observaba a través de la ventana destrozada del lado del conductor. Vi a una mujer agitada pero consciente, a finales de sus veintes o principios de sus treintas, cubierta con el polvo blanco de la bolsa de aire mientras que el interior estaba lleno con un contrastante humo negro. Un montón de humo negro.

Realmente no entendí por qué los carros se incendian en situaciones como esta, pero me di cuenta que este carro podría incendiarse o explotar en cualquier segundo. Observé las noticias. Mientras trataba de abrir la puerta halándola para ayudar a la mujer detrás del volante, no sería. Había sido atascada por el frente chocado.

Oh mi_rda, solo era yo; no había otros recursos en ese momento. El otro auto tenía un par de personas mayores y más débiles que yo, y ellos estaban viéndome, junto con todos los autos que circulaban a ambos lados del camino. No exactamente el tipo de audiencia para la que alguien quiere actuar.

Y aunque tengo presión en mi trabajo y en mi vida – todos lo tenemos – esa presión era nada comparada a la presión que sentí estando en esa situación; menos de treinta segundos luego de que presencié el choque, con la posibilidad de que el auto pudiera explotar y me llevara a mí con él o matara a la mujer atrapada dentro. Sí, estaba muy, asustado.

Separé mis piernas y sostuve un buen agarre a dos manos en la manilla de la puerta y la halé con todas mis fuerzas. Nada. No cedió. Ese fue otro oh mi_rda. Lo intenté nuevamente. Nada. Otra vez. Nada.

En el cuarto intento, gracias a Dios, la puerta se abrió con uno de esos chillidos de metal, o más bien un gruñido. La abrí completamente, la puerta rechinando fuertemente en todo momento a medida que el metal chocaba contra el Metal.

Mientras ayudé a la conductora en shock a ponerse a salvo, lo suficientemente lejos del auto para estar seguros en el caso de que este ardiere en llamas, dije, "gracias a Dios por las bolsas de aire."

Y ella me miró con ojos aturdidos y me dijo: "menos mal que

mis hijos no estaban en el coche". La madre de alguien.

La camionetas y los autos pasaban a toda velocidad por el lado opuesto de la autopista, a unos pocos metros de donde nos encontrábamos. En nuestro lado de la autopista, los autos pasaban a toda velocidad y yo podía oír el ¡*crunch!*, ¡*crunch!*, ¡*crunch*! De los Trozos de plástico y cristal del vehículo destruido. Para entonces, la pareja del otro auto ya había llamado al 911 y nos habían dicho que la ayuda estaba en camino.

La conductora parecía estar bien, no hay ningún libro ni podcast que te diga que hacer cuando acabas de rescatar a alguien, pero cogí un par de botellas de agua de mi auto. Pensaba que si acababa de tener una experiencia cercana a la muerte, podría haberla tenido, estaría sedienta. Además, quería hacer todo lo posible por ayudar, porque les diré que me sentía mal por ella. Pensé en abrirle la tapa de la botella de agua, pero decidí que si podía hacerlo ella misma, quería que *estaba* bien.

Me quedé allí con ella un rato, apoyado contra la barandilla de Jersey mientras llamaba a alguien que le importaba. No estoy seguro de recordar la pequeña charla que mantuvimos porque había muchos otros estímulos. Después de un par de minutos, me di cuenta de que no podía hacer nada más, porque, afortunadamente, no creía que necesitara nada más, excepto un auto nuevo.

La pareja que se detuvo conmigo estaba de pie a su otro lado, y me pareció que podían servir de Testigos, en caso necesario, cuando llegara la policía; tenía la misma visión que yo. Así que volví de espacio a mi coche, me senté al volante unos instantes para recuperar el aliento y me marché en silencio y con cuidado.

Nunca se sabe cuándo va a pasar algo. Ojalá no hubiera pasado. Ojalá no hubiera estado allí. Y ojalá pudiera dejar de pensar en ello, especialmente cuando estoy en la ruta 3 en New Hampshire. Pero ocurrió. Estuve allí. Y no puedo.

Lo que puedo hacer, sin embargo, es asegurarme doblemente de que presto mucha atención cuando conduzco y animarlos a que hagan lo mismo, porque allí fuera puede pasar cualquier cosa.

Después de ese día me di cuenta de que tengo que estar preparado. De nuevo. Cuando me llamen. Todos tenemos que estarlo.

CAPÍTULO 3: CRECIENDO

La Saga del Repartidor del Periódicos

Okay, puede que no sea realmente Una saga, pero seguro que suena bien como el título de esta historia, no estás de acuerdo? Es sobre mi experiencia como un repartidor de periódico Y cómo aprendí sobre la responsabilidad y las excusas en una tierra muy lejana y hace mucho tiempo.

La Ruta del Periódico

Para que ellos menores de cincuenta, antes del internet y las redes sociales, antes de la televisión por cable y el correo electrónico, todo el mundo obtenía sus noticias en algo llamado un periódico.

Puede que incluso hayas visto fotos de algo llamado la portada de un periódico. Boston tenía siete periódicos diarios. Cinco en la mañana y dos en la tarde. Municipios locales también tenían periódicos diarios. Eso es un montón de crucigramas.

Tú debes ser responsable para tener una ruta de periódico, así como también tener un interés en generar dinero extra para gastar, y cuando una ruta del periódico se habilitaba debido a que, por ejemplo, un chico de trece años se retiraba del negocio, había una avalancha de solicitantes para que el distribuidor de noticias los entrevistara. Obtuve el trabajo para una de esas rutas. A los diez años.

El proceso que seguí fue subirme a mi bicicleta después de la escuela, recorrer los 3 km que me separaban del distribuidor de periódicos, recoger un fajo de periódicos, cortar la cuerda, doblar los periódicos, meterlos en la cesta de la parte delantera de mi bicicleta y comenzar el viaje para entregar cuarenta periódicos en un par de horas.

Modelo de Ingresos

En aquellos días, obtenías un cuarto de dólar por cliente por semana del distribuidor, a cambio de entregar el periódico por seis días. El periódico del domingo solo era la edición matutina por lo que no se requería la entrega del equipo de la tarde.

No te importaba el sexto día, el cual era el Sábado. Porque tu tocabas el timbre, y utilizando las habilidades que habías adquirido en el dulce o truco de Halloween, cuando se abría, tu anunciabas "Cobrando" con una voz firme. Ellos te daban un dólar por la suscripción seminal, y si tú eras bueno esa semana, ellos podían darte una propina de diez centavos, y los grandes derrochadores te daban un cuarto de dólar. Algunas personas no te daban ninguna propina.

Con cuarenta periódicos a entregar, tu podías hacer $10 con el distribuidor de periódicos y $5 - $6 en propinas. Déjame decirte, un niño de 10 años con $15 a la semana estaba en el nivel de ingreso más alto entre la mayoría de los de mi edad en mi ciudad.

Pero aquí es donde la parte de la responsabilidad de la historia entra.

Primer día en el trabajo: El repartidor de periódicos saliente me llevó de un lado a otro y me mostró a cuáles casas les tocaba el *Boston Evening Traveler,* el *Boston Evening Globe,* el *Quincy Patriot Ledger,* y el *Christian Science Monitor.* Era como una matriz, aunque no lo sabía en el momento. Si se hubiera inventado Excel, hubiese sido mucho más fácil. Los periódicos en un eje, las calles en otro. La ruta complete era probablemente dos millas y veinte calles, con entre uno y tres suscriptores por calle. Debido a que era el periódico de la tarde, terminamos el día de transición justo antes del anochecer.

Segundo día en el trabajo: No tenía la eficiencia del chico saliente, tomó más tiempo, se puso oscuro. No podía reconocer las casas o los números tan fácil como él lo hacía. Recuerdo intentar leer detalles en el pequeño libro que el repartidor de periódico saliente me dio mientras estaba sentado en mi bicicleta bajo la luz de la calle. Llegué a casa tarde. No estaba 100 por ciento seguro de que había entregado todos los periódicos correctos en todas las casas correctas, pero sabía que estaba cerca.

Tercer día en el trabajo: este fue el día que aprendí que cerca no era suficientemente bueno. Varias personas me hicieron señas y me preguntaron dónde estaban sus periódicos Del día anterior, por qué obtuvieron el periódico equivocado, o por qué obtuvieron un periódico gratis. Esto iba a ser más difícil de lo que pensé.

Cuarto día en el trabajo: Lo hice bien para el día 4 y respiré como señal de alivio, hasta que mi papá llegó a casa. Él me indicó que necesitaba mimeografiar (copiar) una media hoja de papel con mi nombre y dirección, número de teléfono, y una nota en ella y dársela a cada uno de los clientes cuando cobrara por primera vez el sábado. La nota decía, la nota decía, "Soy su nuevo repartidor de periódicos, y soy responsable por entregarle su periódico todos los días. Prometo que estará seco y a tiempo. Si usted tiene algún problema, llámeme, y yo lo solucionaré."

Lección de toda la vida: Y ese fue el día que entendí lo que significaba ser responsable, porque una vez que le entregué a los clientes ese papel, créanme, me sentí responsable de una forma completamente nueva. Lo interioricé; lo reconocí; yo era responsable. El dinero era un gran beneficio para el trabajo para un niño de 10 años, pero la lección aprendida de mi padre duró mucho más que el dinero. Ha durado Toda una vida. Aprendí sobre la responsabilidad, pero también aprendí sobre las excusas, porque ese pedazo de papel que le entregué a cada cliente las eliminó.

Excusas: Lo que lleva a las personas al borde más que nada son las excusas. No les gustan, nadie las quiere, y todo el mundo dice que no las usa guion ellos usan "explicaciones." en el mundo real, si tú tienes que explicar por qué no sucedió lo que se supone que debía suceder tú puedes llamarlo una explicación, pero todo el mundo lo está llamando una excusa a tus espaldas.

Algunas veces es más fácil que otras, pero reconocerlo y asumirlo acaba haciéndote sentir mejor y te convierte en mejor persona, líder y empleado.

Yo lo asumí con la ruta del periódico a los 10 años, y aunque me he resbalado bastante en mi vida, todavía lo hago a lo largo del camino pero siempre eventualmente recuerdo, o se me recuerda que las excusas *son* para principiantes y perdedores.

La próxima vez que tú estés en una discusión, y te escuchas diciendo, "lo que quiero decir..." o cualquiera de sus derivados, detente y piensa sobre: Te estás juzgando a ti mismo o a tus intenciones? Estás poniendo excusas? Eres un principiante o un perdedor? Si no eres ninguno, no pongas excusas y reconócelo, lo que sea que "eso" pueda ser.

Cuando el Llanto se Detiene

Había una película que nunca vi pero que ha sido citada una y otra vez que " no existe llanto en el béisbol." yo rompí esa regla cuando tenía trece años, y eso ha impactado mi propia vida.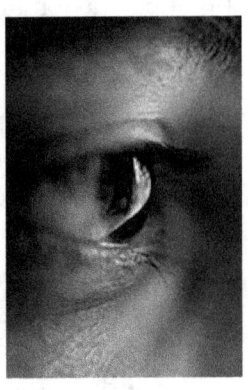

Cuando comencé el séptimo grado en East Junior High en Braintree, Massachusetts, estaba completamente seguro que quería ser un receptor para los medias rojas de Boston. El hecho de que me faltaba tamaño y talento de ninguna forma afectó mi ambición, por lo que probé para el equipo de béisbol.

Fue un gran salto moverse de jugar en las pequeñas ligas en el sexto grado, con bases que están separadas sesenta pies, a las bases de las "grandes ligas" que están separadas noventa pies comenzando en la secundaria.

Por lo que si tú eres un receptor, tiro a segunda base para atrapar a alguien tratando de robar es exponencialmente más grande debido a este cambio. Estoy seguro de que existe una hipotenusa o algo allí en algún lado para averiguar la distancia. Yo escogí lo más simple exponencialmente para explicar el cambio en la distancia.

Las pruebas ese abril fueron la primera vez que yo había intentado de verdad jugar en el campo grande. El hecho de que no podía alcanzar la segunda base sin rebotar la pelota por lo menos una vez debido a que mi brazo era tan débil de ninguna forma afectó mi ambición.

Luego de la larga semana de pruebas, de aquellos estudiantes que entraron al equipo fue publicada en la cartelera informativa fuera de los vestidores, así como en una película o dos que todos hemos visto. Traté Como podía, y no pude encontrar mi nombre en esa lista, y créanme, la leí varias veces.

Hice lo que cualquier chico de trece años destrozado haría: Todo el camino. Lágrimas, racionalicé que las grandes ligas a menudo envían a jugadores jóvenes a las menores para que adquieran más experiencia y fogueo. E imaginé que eso era lo que me estaba sucediendo a mí.

Antes de llegar a casa, intentarlo nuevamente el año siguiente.

Esa larga caminata con lágrimas en mis ojos fue el día antes de las vacaciones de abril, y estaba celoso de que todos los chicos podían practicar la semana siguiente y no tenían que ir a la escuela. Eso debe haber sido genial.

Tú no sabrías que la clase del mismo primer periodo del día luego de vacación para mí fue arte. Mi profesor para esa clase fue el Sr. Colley, y por supuesto, él era el entrenador de béisbol del equipo Junior, y sí, fue él quien me corto del equipo.

Podría haber sido una clase incómoda. hasta este día, no estoy seguro porque actúe como lo hice, pero a medida que caminé a la clase, sonreí (en esos días, era un verdadero encanto infantil) te dije, "Buenos días Sr. Colley, ¿cómo se está formando el equipo?"

Me di cuenta de que se quedó desconcertado por un segundo (por cierto, a los escritores les encanta la expresión " desconcertado"), y probablemente no era la reacción que esperaba de un chico de trece años rechazado. Dijo algo inocuo cómo "bastante bien", sonó el timbre, me pidió que me detuviera en su escritorio cuando iba saliendo.

Me dijo que uno de los receptores no era capaz de continuar con el equipo y que si consideraría tomar su lugar? Rápidamente acepté, luchando por sostener un tipo diferente de lágrimas.

Estaba tan feliz de estar en ese equipo juvenil, personalmente llevé los bates a cada práctica de ese año (a un campo cerca de tres cuartos de milla de distancia, a través de bosques y por las vías del tren, la misma ruta por la que había llorado antes en esa Primavera).

Mis zapatos siempre están brillantes, y mi uniforme con ESTE en el frente siempre perfecto. Yo era el típico enano: El primero en practicar, el último en irse. De memoria porque no la inventé yo.

Esa temporada, precios de un inning (eso es dos outs). En el jardín izquierdo. No bateé una sola vez en un juego, ni una sola. pero esa temporada cambió mi perspectiva sobre la decepción.

Aprendí que cuando tú estás decepcionado, una forma correcta de comportarse. Aprendí que sentir lástima por ti mismo no tiene los mismos beneficios que *no* sentir lástima por ti mismo.

Llegué a ser un jugador bastante bueno. Fue el último en ser eliminado del equipo universitario y me convertí en el capitán por primera vez del equipo juvenil, había jugado el año anterior.

En mi último año secundaria, como estudiante de noveno

grado, llegué a la selección y jugué contra varios chicos que llegaron a las Grandes Ligas. ah, todavía no podía llegar a la segunda base con mucha autoridad cuando intentaba atrapar a alguien que me robaba la base, así que jugaba en la primera base y en el Jardín externo con guantes prestados, porque mi único guante era un mascota para receptor.

Cuando ya no pude jugar al béisbol porque una enfermedad en la secundaria me hizo perder una temporada, afronté La decepción de la misma manera: Me dediqué al hockey sobre hielo a tiempo completo. El hecho de que careciera de talento y tamaño no afectó en absoluto mi ambición, y jugué contra una docena de chicos que llegaron a jugar en la Liga Nacional de Hockey, entre ellos dos que llegaron a ser entrenadores de los Boston Bruins (Robbie Ftorek y Mike Milbury).

Cuando no aprobé la prueba visual durante el examen físico del departamento de atletismo de la UMASS, cualquier Esperanza que tenia de jugar Hockey a nivel Universitario desapareció. Y manejé esa decepción de la misma forma: me enfoqué en el futbol y eventualmente fui el capitán de un equipo de futbol que fue ranqueado a nivel nacional.

Algunas de las lecciones de vida que he aprendido, las he aprendido a través del deporte, y algunas de las más importantes de esas, me las enseñe a mí mismo.

Atribuyo mucho del éxito a que disfruto los deportes y en mi Carrera de negocios a mi actitud y a Sr. Colley. Mirando atrás, el probablemente no tenía un receptor que no podía continuar, pero él estaba tan impresionado con mi reacción a la decepción que el me adicionó al equipo. Al menos eso es lo que siempre he creído.

Me pregunto ¿cuántos señores Colleys están allá afuera? Personas que nos ayudan en el camino debido a nuestra actitud, tal vez incluso mintiéndonos para hacerlo. Yo mismo incluso podría haber sido un señor Colley una o dos veces, dándole a alguien que se preocupa lo suficiente una oportunidad.

La decepción puede ser un golpe devastador, o puede ser una catapulta al éxito. Eso depende de ti, y depende algunas veces de lo que tú haces cuando el llanto se detiene.

Colócale Tu Nombre a Eso

Cuando tenía 15 años de edad, ahorré $200 al trabajar en la tienda de variedades del vecindario cuando el salario mínimo era – estas listo - $1 la hora. No es un error.

Tomé esa suma sustancial y la ahorré de forma tal que pudiera asistir a la Doug Mohns' All-Star Hockey School, la cual tenía lugar cada verano en la pista de hielo local. Doug jugó para los Boston Bruins y era una verdadera estrella.

Sabía que muchos de los participantes eran niños mayores, incluyendo muchos chicos de la Universidad, pero me consideraba a mí mismo como un patinador bastante bueno, incluso si era pequeño e incluso si yo era uno de los más jóvenes e incluso si era uno de los pocos niños en el hielo que usaba lentes.

De cualquier forma, cuando llegó el gran día, cargue mi equipo, salte al auto, y uno de mis padres me llevó a la pista, y estaba en camino a una de mis primeras y más caras aventuras de automejora.

Comencé la primera de cinco sesiones nocturnas en la escuela siendo tumbado de lleno sobre mi trasero durante la primera hora de la sesión por alguien mayor, más grande, y probablemente que no llevaba lentes. En aquellos días no existían las contusiones, solo niños rudos/estúpidos y adultos desinformados. Luego de ese golpe, todo el mundo fue un poco más suave conmigo, probablemente no queriendo herir al viejo pequeño yo.

A medida que continuo la semana, llegué a jugar un poco más cada noche, y obtuve un poco más de confianza. La última noche fue la noche en que nos dividieron en dos equipos y nos colocaron unas camisetas de juego de la All-Star Hockey School. Por alguna razón, la televisión local apareció para filmar un segmento. Recuerdo el sentimiento de emoción con el sentimiento de que había perdido $200 y no había sacado mucho de la experiencia.

A medida que amarraba mis patines antes del juego final, recuerdo pensar que debido a que no tenía nada que perder, solo iba a salir a improvisar, a divertirme.

Esa noche, estaba patinando como el viento (en serio, ¡Como el viento!). estaba por todo el hielo con zancadas largas y fluidas, soplando al pasar a patinadores más grandes y fuertes que yo. Una y otra vez, patiné cerca de la red con el disco y comencé a levantar hielo. Nadie podía atraparme, nadie podía golpearme.

Al final del juego, en cámara, recibí el trofeo como el Patinador que Más Mejoró en frente de mi orgullosa familia. Cuando recientemente saqué el trofeo de una caja, me recordó un par de cosas.

En el momento, pensé que no podía patina mejor cuando obtuve el trofeo que cuando comencé en la escuela de Hockey. Pero posteriormente se demostró que estaba equivocado. Una de las otras lecciones que aprendí fue que algunas veces tú eres recompensado cuando las personas te infravaloran si tú no te infravaloras.

Otra lección que aprendí fue que la impresión que las personas tienen de ti puede ser basada en un incidente en un evento o en una experiencia. Esa es una buena razón para no tener un mal día y para dar lo mejor de ti todos los días.

La tercera lección que aprendí fue que aprendí más de lo que pensé. El año anterior a la Doug Mohn's All Star Hockey School, yo era un patinador en el equipo juvenil en Braintree High School, quien nunca entró en un juego en un programa donde el equipo tenía un récord de 0–18. Eso es cero victorias y dieciocho derrotas, temporada perfecta piensa sobre eso: Cero victorias, y yo no jugué en un solo juego.

Imagino que realmente yo era el peor jugador en el peor equipo en la liga. Dos años después del campamento, sin embargo, el equipo juvenil donde yo era titular tenía un mejor récord que 0–18. Creo que estábamos 8–18. También fui seleccionado para estar en el Bay Sate League All Star Team.

Todavía era uno de los más pequeños chicos en el hielo, todavía usaba lentes, pero imagino que tenía algo de evidencia de que era el patinador que más mejoró. Tenía un trofeo de hace dos años, un par de recortes de periódico, la oferta de una beca parcial atlética por hockey para probarlo. (okay, era una universidad División III, y no la acepté, pero todavía cuenta.)

Así que mientras miras atrás a las experiencias de aprendizaje y juzgas si valieron la pena o no, recuerda que algunas veces tú simplemente no lo sabes todavía.

- Algunas veces tú estás aprendiendo cosas y tú no sabes aprendido.
- Algunas veces tú estás mejorando y no te das cuenta.
- Algunas veces tú estás desarrollando habilidades que no parecen mejores para ti y que no lo harán hasta que eres probado y sales adelante con excelentes resultados.

Así que amárrate tus patines y vuela como el viento porque hay retos allá afuera más grandes y más fuertes que tú. Yo sugiero que establezcas una meta, en la cual para esta fecha el próximo año, exista un trofeo al que más mejoró algo esperando para ti y tú graves *tu* nombre en él.

Más Valioso que un Trofeo

Por casi tres décadas, sábado en la tarde, un show inició con la línea, "Recorriendo el mundo para traerte la constante variedad de deportes... La emoción de la Victoria... Y la agonía de la derrota... El drama humano de las competiciones atléticas... Esto es ABC's *Wide World of Sports!*"

Los deportes enseñan lecciones, adicionalmente a la emoción de la Victoria y la agonía de la derrota.

Lo hacen tanto para los participantes como los espectadores; ambos son más intensos para aquellos en la acción que los que se encuentran en la línea lateral.

Algunas veces, aprendidas toman un tiempo en absorberse o procesar. Algunas veces llegan rápidamente, y algunas veces no lo hacen. Esta es la historia acerca de la agonía de la derrota que me ayudó a ganar perspectiva la cual trascendió a mi mentalidad luego de la secundaria.

La experiencia deportiva pues son mi entendimiento tomó lugar como un atleta de secundaria. Como un estudiante de último año, nuestro equipo de fútbol tenía un récord estelar de 14–2 y solo había permitido dos goles toda la temporada 2 derrotas 1–0 en contra de Needham High School. En caso contrario podríamos haber estado invictos. Había una pequeña consolación en qué Needham fue el eventual campeón Estatal ese año. Todavía duele perder esos juegos por un margen tan Delgado. La agonía de la derrota nunca es divertida.

Aunque probablemente teníamos el segundo mejor equipo en el estado, mejor solo por un pequeño margen, todavía no éramos los campeones estatales. Esa experiencia, cuando era más joven, me ayudó a cambiar mi forma de pensar, incluso Aunque pareciera hace mucho tiempo.

Mi forma de pensar cambió porque luego de esa temporada, cuenta de que no solo no iba a ganar todo el tiempo sino que probablemente llegaría a estar muy cerca de ganar pero todavía me quedaría corto más de una vez. Comencé a pensar que me serviría más si desarrollaba una perspectiva a la que acudir cuando los resultados adversos se produjeran.

No se trata de un pensamiento negativo, como afirman los optimistas, sino todo lo contrario. Es una perspectiva que dice que hay que intentar sacar el máximo provecho de la adversidad aprendiendo algo o beneficiándose de alguna manera o haciendo que la adversidad marque una diferencia positiva en los resultados futuros.

Aunque se dice que la adversidad construye el carácter, yo digo que tengo suficiente carácter, y no necesito más adversidad.

A pesar de esa actitud, algunos beneficios que presenta la adversidad, si se maneja con la perspectiva apropiada, son:

- La adversidad crea fortaleza; no estoy seguro de que existe una mejor forma de obtener fortaleza mental.
- La adversidad desarrolla persistencia, tú sabes, " si al principio no tienes éxito..."
- La adversidad alberga soluciones nuevas. Sin la adversidad no habría penicilina.
- La adversidad crea vínculos entre miembros de un grupo. Las experiencias comunes compartidas, ya sean positivas o negativas son tipos de pegamento duradero.
- La adversidad aumenta la empatía por otros. (no te sientes mal por los jugadores en un equipo perdedor?)

¿Alguna vez han pensado que las personas más impresionantes que conoces, aquellos que más admiras, son aquellos que han enfrentado adversidad y no han dejado que ésta los detenga? De hecho, probablemente todas las personas impresionantes que tú has conocido en tu vida han superado adversidad significativa en su pasado, incluso si tú no estás al tanto de qué adversidad fue.

¿Cómo sé esto? Lo sé porque toda persona impresionante que has conocido debe parte de esa impresionabilidad a sus habilidades para superar la adversidad.

La razón por la que puedo estar tan seguro de eso es el conocimiento de que la alternativa a superar la adversidad es Rendirse, y eso no te impresionaría, ¿cierto?

De hecho, el Rendirse no impresiona a nadie. La razón por la que puedo estar tan seguro que la mayoría de las personas impresionantes que tú has conocido en tu vida superaron la adversidad es que las veces cuando te has impresionado a ti mismo, la mayoría fueron veces donde *tú* superaste la adversidad.

Enfrentémoslos, la adversidad en nuestras vidas, perderíamos uno de los más importantes (aunque impopulares) medidas que tenemos. Enorgullecerse de rebotar de regreso siempre es más dulce.

Si no podemos enorgullecernos en rebotar de regreso, entonces una gran fuente de nuestro valor propio sería negada a nosotros.

Pero me siento mejor sobre mí mismo hoy porque recientemente se me recordó de la fortaleza, la persistencia, soluciones, vínculos, y empatía que la adversidad ha ayudado a moldear en mi carácter, y espero que este párrafo te haya recordado de la fortaleza, persistencia, soluciones, vínculos, empatía que la adversidad ha ayudado a moldear en tu carácter, porque esos atributos son las razones de que tú seas impresionante para las personas que tú conoces.

Así que, cambiaría un campeonato estatal en fútbol hace todos esos años atrás a cambio de la lección o perspectiva que tomé de esa temporada? Como primera elección, me gustarían ambos, pero si tuviera que elegir, desarrollar una perspectiva sobre manejar la adversidad ha sido más valioso que un trofeo.

Dividendos de Enamorarse de una Porrista

Recuerdas cuando estabas en Secundaria, y te preguntabas si alguna vez utilizarías álgebra 2 como un adulto? Puede que haya sido una materia diferente (o dos), pero la relación entre lo que nos enseñan y lo que usamos no siempre es Clara.

Fue Paul Simón quien comenzó la canción "Kodachrome" con la línea, "Cuando miro atrás a toda la basura que aprendí en Secundaria, es una maravilla que pueda siquiera pensar."

Tuve grandes profesores y fue una gran escuela, pero la clase que impartía la señora McNulty (por supuesto que lo recuerdo) no tenía nada que ver con la lectura, la escritura o la aritmética. Lo que aprendí en su clase, aunque Por las razones equivocadas, tuvo un gran impacto en mi vida y, de hecho, beneficiándome hoy día.

Cuando tenía diecisiete años y estaba en el último curso, un flechazo que tuve con una porrista me salió muy bien. Aunque Entonces no lo sabía, mi esfuerzo por impresionar a una chica seguiría dando sus frutos de cada más tarde.

Una Decisión Impulsiva

Durante la segunda mitad de mi último año, ya había acumulado suficientes créditos "obligatorios" como para no tener que cursar ninguna asignatura específica para graduarme, lo que me permitía tomar clases de mi interés.

Me enamoré de una chica llamada Barbie, que estaba en varias de mis clases y que quizás me dio la hora una o dos veces. En fin, el primer día de clase caminaba por el pasillo y caí a su lado, y charlamos.

Giró a la derecha hacia un salón y yo la seguí. Se sentó en la segunda fila, y yo me senté justo detrás de ella y Miré a mi alrededor. Era la sala de las máquinas de escribir. hmm. ¿Mecanografía?

En aquella época, los chicos no estudiaban mecanografía. Cuando me preguntó si realmente estaba en la clase, respondí afirmativamente (me inscribí más tarde). A medida que iban entrando más alumnos – probablemente había cincuenta máquinas de escribir – , esperaba que apareciera otro chico, pero fue en vano. Glup. Cuarenta y nueve mujeres y yo. Supongo que esa ecuación tiene algo de bueno Y algo de malo. Pero todo lo que sabía era que iba a sentarme detrás de Barbie durante el semestre Y probablemente aprendería a escribir a máquina.

Mecanografiar en el Pasado

Cuando esta historia ocurrió, además de que la mecanografía estaba principalmente limitada a mujeres, también era:

1. Realizada en una máquina mecánica. Pulsabas una tecla con una letra. Una palanca empujaba esa tecla contra una cinta impregnada de tinta y dejaba una marca en el papel que acababas de enrollar. No me hagas hablar de cómo se corregían los errores.
2. Para aprender a mecanografiar al tacto, en las aulas cada mecanógrafo Tenía algo que se doblaba sobre las teclas para que no pudieras mirarla. ¡Había que teclear sin mirar las teclas! ¡Que primitivo!
3. ¿Has tipeado la misma frase una y otra vez durante las pruebas medidas? " un zorro marrón rápido salta cuando es molestado por los patos perezosos" incluye todas las veintiséis letras del alfabeto, por supuesto.
4. Aún faltaba Algunos años para que aparecieran las máquinas de escribir eléctricas y, cuando se introdujeron, las IBM Selectric, eran muy caras. La razón por la que menciono esto es que el ruido en la habitación con cincuenta máquinas de escribir traqueteando (creo que *traquetear* es el término técnico) podría llegar a ser muy alto.

Vencido por una Chica

Cuando estás enamorado de alguien, qué intentas hacer? Impresionarle, verdad? Y si estás en clase de mecanografía con alguien que te gusta, estás hacer? Impresionarle escribiendo más que ella, o al menos seguirle el ritmo.

Barbie llegó a diez palabras por minuto al principio del semestre sin ningún error. Que a las diez palabras por minuto sin errores y estaba muy orgulloso de ello.

- Ella llegó a veinte palabras por minuto. Yo la igualé.
- Ella llegó a cuarenta palabras por minuto, y yo llegué allí también.
- Ella llegó a sesenta de la misma forma que yo orgullosamente lo hice. Ella tenía que estar impresionada en este punto, ¿cierto?
- Ella llegó a setenta palabras por minuto, increíblemente, yo llegué allí también.

Nota: En los exámenes de mecanografía, una "palabra" es considerada cinco caracteres o espacios, si no le impresionaba, ciertamente me impresioné a mí mismo. En caso de que te estuvieras preguntando, palabras por minuto Son 350 caracteres por minuto o cerca de seis tipeos por segundo (conocido de otra forma como volando). Barbie me dejó atrás a ochenta palabras por minuto. Lo mejor que pude hacerlo fueron setenta y cinco. Mi tipo de fracaso. (para que conste, salimos una vez en una cita pero nunca nos vimos luego de la graduación hasta nuestra trigésima reunión de secundaria.)

Algunos de los Dividendos

Mencioné que la competencia y el enamoramiento con Barbie pagaron grandes dividendos. Aquí están unos cuantos:

Dividendo1: Entré a la universidad como uno de los pocos hombres que podía mecanografiar. Cuando me uní a la fraternidad, me convertí en el mecanógrafo de la casa para casi todos los trabajos y reportes de todo el mundo. Comencé a cobrar por mis servicios.

- Si simplemente tipeaba el informe simple e ilegible que

- me distes, era un precio.
- Si corregía tu gramática y deletreo, era el doble de la tasa vigente.
- Si alargaba tu trabajo para cumplir el requisito mínimo (es decir, un informe de tres páginas, y tú solo me dabas una), triplicaba el precio base.
- Si ha sido una investigación original y escribía un trabajo que aprobabas, me pagabas cuatro veces la tarifa básica. Ah, sí. También tenía mi propio trabajo escolar que implicaba escribir a máquina, y también era útil para eso.

Dividendo 2: Quizá quería ser periodista deportivo cuando acabara la universidad. Me encantaban los deportes y sabía escribir, y cuando los juntas igual periodista deportivo. Poco después de llegar al campus en mi primer año, me dirigí a la oficina del Daily Collegian de la UMass y pregunté por las oportunidades que me ofrecían.

Como estaba en el equipo de fútbol de primer año, me preguntaron si me gustaría ser reportero del equipo universitario de la UMass, y acepté. Durante 4 años, durante la temporada de fútbol, mi firma apareció en la contraportada del periódico estudiantil de estilo tabloide (el tercer periódico más importante de Massachusetts en aquella época), con una tirada de más de treinta mil.

Con dos partidos a la semana, hacía dos historias del "partido de mañana" y dos del "partido de hoy" y dos de "resultados", a veces combinándolas. En cualquier caso, escribí artículos que aparecían cuatro o cinco días a la semana Durante los meses de Septiembre, Octubre y Noviembre de cada año.

Probablemente más de doscientas historias en mi carrera de escritor universitario. Con tanta atención de la prensa, asistencia a los partidos de fútbol pasó de las docenas a doscientas, a veces a los miles. En un momento dado, los entrenadores me dijeron que si podía jugar al fútbol también como escribía, podría ser una estrella. No lo era, pero la mecanografía me ayudó como periodista deportivo.

Dividendo 3: Parece que hoy en día todo el mundo sabe escribir a máquina, y los ordenadores facilitan bastante la corrección de errores tipográficos. Al principio de mi carrera profesional, podría escribir mis pensamientos en papel, y eso me ayudó mucho. Así que ese flechazo con Barbie sigue dando sus frutos, ya que estoy escribiendo esto utilizando las habilidades que desarrollé intentando impresionar a aquella porrista hace tantos años.

Confesión de la Trigésima Reunión

En la trigésima reunión de secundaria, barbie estaba allí, todavía Lucía bien, y conversamos por un rato, y le conté esta historia junto ¿sabes lo que dijo? "Deberías haberme invitado a salir nuevamente."

No creo que fuera escritor si no supiera escribir a máquina, así que estás leyendo esto Porque todavía puedo volar como el viento sobre un teclado. Puedo mirar a la pantalla en lugar de no ver las teclas mientras trabajo, y aunque Puede que no se lo deba todo a Barbie, en duda me reportó más dividendos que ninguno de los que he tenido, excepto el flechazo que he tenido con mi esposa durante cincuenta años.

CAPÍTULO 4: DÍAS DE ESCUELA

¿Quién ha Movido mi Queso y mis Crayones?

De UberFacts: El niño promedio gasta 720 lápices de colores antes de su décimo cumpleaños.

Para aquellos de ustedes con niños pequeños, esperan tenerlos, pueden plantearse ir a una tienda de descuento y comprar los 720 ahora mismo.

Abuelos y futuros abuelos, ¿quieren ser aún más héroes de lo que ya son? Compren lápices de colores. ¿Pueden creer que cada niño utiliza tantos lápices de colores?

Solía Pasar mucho tiempo con crayones cuando era más joven y acababa de ser padre. Me enteré de que era daltónico en la guardería, cuando me peleaba con los lápices de colores azul y morado. De hecho, mi hijo Joe, es mi validador oficial de colores para toda la ropa y lo ha sido desde que podía hablar. No salgo de compras sin él.

Sin razón aparente, empecé a preguntarme Por qué no había ni un solo crayón en nuestra casa. Los lápices de colores siguen siendo fáciles de comprar; creo que son baratos, y hay un montón de libros que se pueden conseguir para colorear, así como paredes para colorear. ¿Por qué ya no uso crayones? Cuando tenía cuatro años, vivir sin ellos. ¿Por qué ya no usas crayones de colores? (Si lo haces guardaré tu secreto.)

Déjame contar las razones por las que abandoné unos artículos tan coloridos.

Primero: Los lápices de colores tienen un uso muy limitado. Los lápices de colores no son buenas herramientas para el tipo de comunicación o los esfuerzos artísticos que realizamos a medida que crecemos. No son muy precisos, dejan residuos y requieren mucho papel para un mensaje pequeño. no son renovables. ¿Te imaginas lo grande que tendría que ser tu maletín, mochila o bolso para guardar todos los lápices de colores que necesitarías para pasar el día?

Segundo: los lápices de colores son muy lentos. La mayoría de los padres a veces serían que fueran aún más lentos para que las páginas tardaran más en colorearse. Cuando éramos más pequeños, tanta prisa porque no teníamos que ir a otro sitio o hacer otra cosa. Sé que yo tenía reloj de pulsera cuando tenía cuatro años. Tal vez cinco, pero definitivamente no cuatro.

La mayor parte del día se decidió por nosotros, dejamos llevar. Se imaginan ¿cuánto tiempo llevaría a escribir *Guerra y paz* con crayones? (nota: Nunca he leído *guerra y paz*, pero sé que es un libro largo. Quien lo haya leído puede corregirme.)

Tercero: Los crayones de colores son muy ineficaces. Los lápices de colores tienen un sistema de almacenamiento condensado. Trazo, disminuye. Mientras que un crayón puede comenzar completamente envuelto en unas robustas tres pulgadas, es engañoso.

No se pueden utilizar las tres pulgadas de un crayón. Tienes que parar con un mínimo de cerca de media pulgada restante, y usarlo en esa longitud requiere trabajo y las manos súper pequeñas, y eso es solo si estás desesperado.

La mayoría de los crayones se tiran cuando quedan una pulgada o menos. ¿Has pensado alguna vez en todos los crayones de una pulgada que son perfectamente utilizables pero que se tiran porque no se pueden agarrar? Por no hablar de la molestia que supone pelar el crayón cuando se gasta. En cuanto empezaba a despegarse y no podía leer el color, encontraba en un buen aprieto.

Cuarto: Los crayones son muy frágiles. Si el crayón se rompe por la presión, te quedas con dos trozos que tienes que arreglar o tirar, y tu pérdida es más importante de lo que parece a primera vista. Ahora tienes dos crayones de 1,5 – pulgadas qué vas a tirar después de haber usado aproximadamente media pulgada de cera. Qué desperdicio.

Un libro clásico *¿Quién movió mi queso?* de Spencer Johnson es una alegoría sobre los cambios en nuestro mundo y el aferrarse al pasado cuando este cambia.

Para una niña o niño de cuatro años, quién se ha llevado mis crayones? Es una alegoría mejor y más parecida porque ambas preguntas miran hacia atrás en lugar de hacia adelante.

Si le dijeras a un niño de cuatro años que ya no puede usar crayones, podría pensar que es el fin del mundo y montar una rabieta o dos. ¿Eso es lo que vas a hacer cuando no todo siga igual en tu mundo? Si es así, cuéntame tus técnicas para las rabietas y escribiré sobre ellas.

La verdad es que ya no usamos crayones porque tienen un uso limitado, son lentos, ineficaces y frágiles. Al igual que los crayones de colores, en los próximos años todos dejaremos atrás otras cosas. Algunas cosas se nos han quedado pequeñas y a otras les quedamos pequeños.

El cambio no siempre es bueno, cambio nada crece. Ni las organizaciones, ni las personas, ni los niños pequeños. Poco te imaginas que la vida después de los crayones tenía lápices, bolígrafos, rotuladores, máquinas de escribir (en mi caso), teclados, tabletas y dispositivos portátiles. ¿Imagina lo que te habías perdido si siguieras insistiendo en usar crayones?

En mi opinión, junta más importante no es que se ha movido o qué se han llevado, sino ¿Qué vas a hacer al respecto? Tienes el resto de tu vida para averiguar quién se llevó tu parte de queso y crayones, pero el tiempo se te está pasando si lo gastas en esas preguntas ahora mismo.

Los cambios recientes en nuestro mundo exigen que todos reutilicemos habilidades, tiempo y esfuerzo. Ya lo has hecho antes. Tus pulgares fueron criticados en su día por sujetar lápices de colores y los has reutilizado con éxito para escribir en un Smartphone.

Así que a medida que avanza el próximo año, y estilo de vida son hechos por ti, para ti, a ti, a medida que tu queso es movido y tus crayones quitados, mi sugerencia es que hagas tu propia elección: Teclado o crayones, permanecer igual o crecer.

Y recuerda que cuando tenías 4 años, probablemente tuviste mucho éxito a la hora de enfrentarte a una nueva normalidad sin crayones, y saliste bien parado.

El Fracaso Depende

Hace muchos años, leí un estudio que detallaba las diferencias entre quienes superaban los obstáculos o fracasos y quienes no lo hacen. Se trataba de una encuesta de actitud Que estudiaba lo que sucedía cuando las personas fracasaban: Cómo fracasaban, cuál era su reacción ante el fracaso y cómo se comportaban después de fracasar.
Estoy seguro de que los datos de fondo eran aburridos, y esto no pretende ser una revisión científica del artículo. No recuerdo la Fuente del estudio ni todos los detalles, pero sí recuerdo que en aquel momento me sorprendieron dos conclusiones sencillas.

Conclusión 1: Los triunfadores no permanecen en sus fracasos. Reconocen que no han alcanzado el objetivo, consideran o determinan las causas, se dan cuenta de que las cosas podrían haber ido mejor, se prometen a sí mismo evitar el fracaso de nuevo, mediante una mejor planificación o adaptación, y siguen adelante. Persistencia.

Conclusión 2: Otros repasan su fracasos en sus mentes una y otra vez. permanecen en ellos y, en muchos casos, se golpean a sí mismos por periodos prolongados. Hacen que su fracasos sean peores en lugar de empujar hacia adelante.

El primer momento clave como un adulto donde yo pienso que salí adelante con persistencia y determinación y demostré la conclusión uno fue cuando era un estudiante en la universidad de Massachusetts en Amherst. Me había unido a la fraternidad Phi Sigma Kappa y desarrollado una visión de convertirme en un oficial. Estoy seguro de que fui inspirado por los líderes de la sección, porque a través de mi primera experiencia en la fraternidad, ya había aprendido algunas lecciones valiosas sobre cómo llevarme bien con los demás, trabajar en equipo en áreas que no eran deportivas y sobre mí mismo.

No estaba seguro, pero sospechaba que tenía cierto potencial de liderazgo, aunque no tenía ni idea de cuánto tenía ni de si alguna vez se activaría. Sé que suena extraño que un chico en edad universitaria tenga dudas sobre sí mismo, pero solía ocurrirme.

Así que hice lo que haría cualquier chico inseguro: Me postule como presidente y recibí un solo voto (de cincuenta y cinco, y fue Mi voto). Un voto, el mío. Una elección de humildad. No ayudó a mi autoestima. Demasiado para el liderazgo. Recuerdo que deseaba haberlo hecho mejor, pero pasé la página rápidamente tras las elecciones. Conseguí un puesto como formador de nuevos miembros, así que seguía en la mezcla para algo más.

Me postulé a presidente por segunda vez (persistencia o estupidez?) y recibí varios votos más, pero la elección fue aplastante para mi oponente (que seguía siendo un buen amigo que aún estaba en mi círculo de amistades). Recuerdo que pensé que quizás nunca llegaría a ser oficial, que tendría que limitarme hacer un caballero, y me concentré en otras cosas Hasta las siguientes elecciones y mantuve mi objetivo con soporte vital pero en secreto. Sin darle muchas vueltas, pero reconociendo la realidad de que no había hecho lo suficiente por la fraternidad como para garantizar el éxito en las urnas de mis aspiraciones.

La tercera vez que me postulé al cargo más alto de la fraternidad fue diferente, fue después de que todo el mundo se diera cuenta de que la fraternidad corría un alto riesgo de cerrarse porque teníamos un grupo de mayores que se graduaban, otro grupo que había descubierto la marihuana y ya no estaba interesado en la hermandad, y un tercer grupo que se cansó de estar cerca del grupo que descubrió la droga. Parecía que no tendríamos suficientes hermanos para llenar la casa el otoño siguiente.

Sabíamos que necesitábamos un mínimo de quince nuevos miembros para llenar la casa (y pagar el alquiler), así que nos movilizamos. Todas las noches después de cenar, durante varias semanas, dirigí a un grupo de hermanos que se desplegaban por el campus para hablar con los estudiantes de primer y segundo año sobre la posibilidad de unirse a la fraternidad. Era algo que no solía hacerse entonces, no estoy seguro de que se haga ahora.

Si, hubo gente que nos dio un poco de estática, algunos fueron groseros, nos echaron y algunos idiotas se interesaron por las razones equivocadas. No sé si lo sabes, pero algunas fraternidades de algunos campus no tenían, ni tienen, la mejor reputación.

En el transcurso del periodo de reclutamiento nuestra determinación dio frutos, y más de veinte nuevos hombres se unieron a Phi Sig, fueron iniciados como hermanos al final del semestre, y la casa se llenó (y se salvó) para el año siguiente. Nuestra persistencia y determinación dieron sus frutos con algunos futuros líderes que resultaron ser algunos de mis mejores amigos.

Al final del semestre, con las elecciones de otoño a la vuelta de la esquina, volví a postularme. Fui (finalmente) elegido presidente (con todos los votos menos uno, y fue mi voto). Resultó ser una de las experiencias de aprendizaje más beneficiosas de mi vida, liderar un grupo para lograr objetivos con cierta validación de que tenía el gen del liderazgo. Fue entonces cuando aprendí personalmente que nada en el mundo puede sustituir a la persistencia.

A día de hoy, cuando fracaso – y fracaso con regularidad, igual que tú –, ya sea algo grande, como perder una oportunidad, o algo pequeño, como olvidarme de hacer unos trámites, a veces pienso en la vez que conseguí un voto en aquellas primeras elecciones. No dejé que eso arruinara mi perspectiva. Aprender de ese fracaso y actuar en lugar de revolcarme me ayudó a lograr mi objetivo. Recuerda que Tomás Édison fracasó cientos de veces antes de patentar la bombilla. No todo el mundo batea un jonrón en el primer lanzamiento.

Noticia de última hora: Este año vas a fracasar en algo. No lo dudes. No es el fracaso lo que te hundirá, lo que hagas después de fracasar. El fracaso ocurre; el impacto del fracaso depende de cómo reacciones ante el.

La Forma en la que Siempre lo Hemos Hecho

La forma en que siempre lo hemos hecho usualmente es una forma bastante buena, el enemigo de genial es lo bueno. Las cosas no pueden alcanzar lo genial si estamos trabajando y conformándonos con lo bueno.

Esta es la historia de los dirigentes del equipo de fútbol americano intramuros de mi fraternidad,
que adoptaron el mantra " siempre lo hemos hecho así". También en la historia que apoya uno de mis dichos favoritos:" es una gran ventaja en los negocios y en la vida que te subestimen". Ninguna otra cosa te da la misma ventaja.

Antes de que empiece la historia, un secreto bien conocido entre la comunidad de jugadores de fútbol es que la mayoría de los futbolistas tienen envidia, al menos en Estados Unidos, de los jugadores de fútbol americano y, especialmente, de los pateadores. Además de que los futbolistas (americanos) son más populares entre las chicas en el instituto, también juegan ante multitudes más numerosas los viernes por la noche o los sábados, mientras que para el fútbol, los grandes partidos son los martes, a las 3:00 p.m., mientras los autobuses se llenan. Difícilmente parece justo.

El único fútbol al que jugué de niño fue que se jugaba detrás de la escuela primaria. y si, jugábamos tanto al fútbol de toque como al fútbol sin equipo de protección. Éramos niños, y en aquella época los niños vivían casi siempre sin protección.

En la universidad de Massachusetts, Amherst, el fútbol intramuros era todo un acontecimiento. Había seis Campos iluminados de cincuenta yardas, y más de doscientos equipos y cientos de espectadores. Y sí, de vez en cuando había un viernes por la noche con luz. El equipo de mi fraternidad tenía un historial de resultados desiguales: A veces buenos, a veces malos. Si estaba disponible cuando había un partido, estaba allí para animar a los chicos.

Durante mis primeros cuatro años en UMass, cómo jugaba en el equipo de fútbol universitario, no podía participar en las actividades intramuros en otoño (bueno, podría haber sido elegible, pero el entrenador de fútbol me habría echado del equipo si me hubieran pillado jugando).

Sin embargo, durante mi segundo último año (esa es otra historia para otro momento), era elegible y quería jugar; bueno, en realidad solo quería dar la patada de salida.

Los jugadores de fútbol de todo el mundo juegan a patear un balón de fútbol americano por diversión, y yo había pateado goles de campo durante años y había visitado el UMass Alumni Stadium en más de una ocasión cuando estaba vacío e intenté patear en el campo real solo para fantasear cómo sería.

Un hermano de fraternidad llamado Louie se encargó de patear para el equipo durante varios años, pero en mi arrogancia juvenil, asumí que el entrenador hermano capitán del equipo de la fraternidad preferiría tener a un pateador de clase mundial (en mi propia mente), en lugar de una pierna sin entrenamiento. Me equivoqué.

En el primer partido, me dirigí y le dije "puedo dar la patada de salida para empezar el partido?". Me dijo que no porque Luis siempre hacía el saque inicial.

Louie era un tipo corpulento de Worcester. Así que me quedé en la banda y vi como Louie golpeado el balón unos cuarenta metros campo abajo. No era muy impresionante, lo habíamos hecho así, así que ¿quién era yo para juzgarlo?

El juego continuó hasta que llegó una cuarta oportunidad para nuestro equipo, y todavía estábamos a unos quince metros de la línea de gol.

Pero sintiendo que se presentaba una oportunidad donde no la habría en el mundo de la forma en que siempre lo hemos hecho, como un perrito, corrí hacia el capitán del equipo y le dije: "¿Puedo Intentar un gol de campo?". Se rio de mí porque estaba muy lejos, pero un par de chicos le instaron a que me dejara intentarlo. No estoy seguro de si confiaban en mí o buscaban reírse; sospecho que era lo segundo.

El intento sería un gol de campo de treinta y cinco yardas (quince yardas más una zona de anotación de diez yardas, más diez yardas detrás de la línea de golpeo para colocar el balón). La mayoría de los equipos no pateaban goles de campo, porque sorpresa, no tenían buenos pateadores. jugártela en la cuarta oportunidad era la norma más que la excepción. Además como Luis ya había demostrado que sólo podía patear unas 40 yardas con una salida en carrera, no era precisamente territorio de gol de campo para nuestro equipo de la fraternidad.

Poco después, íbamos ganando 3-0 y yo había pateado mi primer gol de campo: Una patada limpia de treinta y cinco yardas. Decir que está eufórico sería quedarse corto. Yo ya estaba saliendo con la chica de mis sueños y futura esposa, así que sabía que la parte de atraer a las chicas de mi nueva personalidad futbolística no se activaría, pero aun así fue un gran viaje de ego.

Naturalmente, regresé con el capitán del equipo, pensando que acababa de demostrar mi valía, y le dije: " puedo dar la patada inicial ahora?" me dijeron que no porque Louie siempre pateaba. Unos minutos más tarde, vamos a tener el balón, pero no tuvimos mucho éxito y nos enfrentamos a otra cuarta oportunidad en el centro del campo, en la línea de la yarda veinticinco.

Como un perrito, me acerqué te dije: " puedo intentar un gol de campo?". Volvió a reírse porque estaba muy lejos, pero después de lo que ya había pasado, se encogió de hombros y me dijo que lo intentara. Poco después, ganábamos 6 a 0 y yo había marcado el segundo gol de campo de mi vida: Una patada limpia de cuarenta y cinco yardas. Decir que estaba al borde del odioso sería quedarse corto. Decir que estaba un poco sorprendido también sería cierto. Sabía que era bueno, pero tan bueno? Me estás tomando el pelo.

Confiado, del equipo, que realmente había demostrado mi valía, y le dije: "Puedo hacer ya la patada de salida?". Me dijeron que no porque Louie siempre daba la patada de salida.

Unos minutos más tarde, nos enfrentábamos a otra cuarta oportunidad, pero ahora estábamos en nuestra propia yarda quince. En plan de cachorro, con un poco de fanfarronería, me acerqué al Capitán del equipo y le dije: "Puedo intentar un gol de campo?". Era difícil decirme que no lo intentara, lista de lo que acababa de pasar.

Era un gran riesgo. Si fallaba, el otro equipo tendría el balón en nuestra propia yarda quince y casi seguro que anotaría. Si hubiera apostado por el resultado de aquella patada, habría ganado una fortuna. Cuando me alineé, todo se detuvo; incluso los chicos de los campos adyacentes se detuvieron al correrse la voz de que un idiota de Phi Sig iba a intentar un gol de campo de cincuenta y cinco yardas. La gente estaba confundida porque el equipo más cercano a la zona de anotación estaba en defensa, y tenía el balón tenía a su pateador alineado en su propia zona de anotación.

Puedes imaginar lo que sucedió a continuación.

Di cuatro o cinco pasos y clave el balón cincuenta y cinco yardas justo en el medio de los postes del otro extremo del campo para marcar el 9 a 0 definitivo. Si alguien aplaudió, yo no lo oí. Era una estrella oficial del fútbol americano (en mi propia mente) después de todos esos años.

Justo cuando me dirigía hacia la banca, Louie salió corriendo hacia mí con el tee del pateador y me preguntó si quería hacer la patada de salida. Le dije "Gracias, Louie". La patada de salida casi atravesó los verticales a sesenta yardas de distancia, y dejamos de hacer las cosas como siempre las habíamos hecho, y ya nadie me subestimaba.

Puede que haya algo en tu trabajo que estés haciendo de la manera que siempre has hecho y que pueda ser bueno, pero que también puede estar interfiriendo en el camino de un gran éxito.

Hay tres preguntas que puedes hacerte Si la forma en que estás haciendo las cosas es la mejor manera de hacerlas.

¿Por qué lo haces? Porque siempre lo he hecho así, o porque ella quiere que se haga así, o porque las especificaciones dicen que hay que hacerlo así, que siempre ha funcionado así en el pasado, porque yo inventé esa manera, y no voy a cambiarla, o porque no hay otra manera, o porque eso es lo que dice el libro, o porque no conozco otra manera, todas pueden ser buenas respuestas, pero ninguna de ellas garantiza que se produzca los resultados deseados.

¿Cuánto tiempo llevas haciéndolo? ¿Por qué estás está probado, porque es una tradición o porque está arraigado en el sistema? ¿Dónde están el teléfono de pago, el casete de ocho pistas, el televisor grande y voluminoso con todos esos tubos, el autobús VW, así de cartas, la falda de caniche? Todas Grandes Ideas que ya no usamos porque había una forma mejor de hacerlo.

¿Cuánto tiempo lo harás? ¿Para siempre? O ¿una semana? O ¿un año? O ¿hasta que cumplas cuarenta, cincuenta, sesenta, setenta u ochenta años? Cuando algo funciona, nunca pensamos que no va a funcionar, pero, salvo el Wiffel Ball, todo tiene una vida útil. Piénsalo: ¿Preferirías ser la última persona en hacer algo mientras el

resto del mundo avanza?

""Siempre lo hemos hecho así" a lo largo de la historia, habría evitado la computadora, el teléfono celular, el todoterreno, internet y Las barritas Snickers. Qué haces tú para evitar que la grandeza se produzca en tu área?

Encantador— Por Supuesto

Tardé 25 años en graduarme en la universidad de Massachusetts. Puedes buscarlo. Ingresé en otoño de 1969, y mi diploma tiene fecha de 1994 las matemáticas son fácil de calcular, historia es fácil de contar.
En mi clase de comportamiento del consumidor del último semestre, el asistente de posgrado que impartiría la clase me puso un 'incompleto' por razones que aún desconozco. No hay problema, me dije, hay que solucionarlo.

En aquella época, es todavía hoy, se celebraba una ceremonia de graduación y te enviaba un diploma por correo una vez que tenías todas las notas.

- Por pura casualidad, el profesor antes mencionado desapareció y no se le pudo encontrar (antes de internet, recuerdas?).
- Por suerte, ya tenía un trabajo cuando me notificaron que no recibiría ese papel.
- Por aun mejor suerte, yo estaba recién casado, otras prioridades y un papel diferente.

Así que hice lo que cualquiera haría si su profesor desapareciera, se mudara y se casara: Nada. No hice nada. Simplemente lo dejé pasar.

Me molestó un poco, sin duda. Siempre he sido una persona que se esfuerza por terminar sus estudios, y esto era una mancha negra (secreta) en mi vida. Había asistido a la universidad durante cinco años, estaba endeudado (pagué $49.86 por mes durante siete años) y no tenía título que lo demostrara.

Para que no piensen mal de mí, nunca mentí al respecto. En mi currículum siempre decía: "Estudié en la universidad de Massachusetts entre 1969–1974". ¿Fue mi problema si los encargados de contratación sacaron conclusiones apresuradas? Francamente, fue el conocimiento adquirido, la universidad, viviendo en una fraternidad, en el equipo de fútbol que facilitaron mi carrera, no un trozo de papel.

Luego de algunos años de matrimonio, nos mudamos a California, incluso más lejos de Amherst y mucho más lejos de resolver. Me moví hacia arriba en la escalera sin el trozo de papel. Luego nos mudamos a Memphis, todavía trabajando para subir la escalera sin el trozo de papel.

En algún momento en el invierno de 1994, la molestia en la parte trasera de mi cerebro me alcanzó, y decidí averiguar lo que me costaría obtener el trozo de papel que no estaba Colgando en mi pared. Hice algunas llamadas.

Primero, chequeé con la universidad de Memphis y me enteré que ellos tenían un curso de verano en comportamiento del consumidor por tres horas de crédito. Ya necesitaba cuatro pero sentí que podía hacer algo al respecto. Luego llamé al departamento de marketing en UMASS. Nunca olvidaré lo que la persona en el teléfono dijo, "Sr, Doherty, no teníamos registros computarizados cuando usted estuvo aquí, por lo que tendremos que buscar su archivo en el sótano. Puede llamar nuevamente en un par de semanas? No hay problema.

En este punto no estaba seguro si algo, o todo, mi trabajo previo en la universidad contaría o si este había expirado. Con la esperanza de que las cosas estuvieran de mi lado, me inscribí para la sesión de clases de verano de las 7:00 a.m. en Memphis y obedientemente llamé de nuevo al departamento de marketing en dos semanas.

Yo nunca olvidaré lo que la misma persona con la que había hablado la primera vez por teléfono dijo, "Sr. Doherty, usted estuvo en la fraternidad Phi Sigma Kappa?" asombrado, dócilmente respondí afirmativamente. Ella dijo, "Al decano Le gustaría hablar con usted."

Totalmente aterrado y sin estar seguro de lo que estaba sucediendo o por qué, anticipando malas noticias, como que tenía que repetir todos los cuatro años nuevamente, el decano tomó el teléfono y dijo, "Ed, es Erick, tú vas a hacer el trabajo."

Como puedes imaginar, estuve confundido por un minuto, y entonces di cuenta. La voz era familiar. Y luego caí en cuenta, el decano, era un hermano de fraternidad y antiguo presidente de Phi Sigma Kappa en aquellos días. Me preguntó porque había tardado tanto y porque ahora. Luego me repitió el mensaje de que tenía que hacer el trabajo. Su mensaje fue: "trabajaremos contigo para que obtengas tu título, pero no te Elo vamos a dar así como así. Tienes que trabajar, asistir a clase y aprobar". Trato hecho, Erick. es un trato.

Así que unas pocas semanas más tarde, comencé la clase, y por supuesto, yo era el estudiante más viejo en el salón. Me aprobaron por los tres créditos y un crédito de estudio independiente en marketing. Estaba buscando algo llamado un título en ausencia.

Hubo un incidente en la clase que es difícil de olvidar. Tenía que ver con Charmin Ultra Soft y yo. La profesora estaba hablando sobre la diferencia entre los artículos básicos y artículos diferenciados y dijo que el papel higiénico era un artículo básico. Levanté mi mano en desacuerdo. Los veinteañeros en la clase sabían que les esperaba algo especial, y lo obtuvieron. Debatí con la profesora por unos pocos minutos que estoy muy seguro que todo el mundo disfrutó.

Al día siguiente, llegué al salón de clases temprano para poder colocar en el escritorio de la profesora un rollo de Charming Ultra Soft, no una manzana. Sin mensaje.

Por supuesto, cuando el resto de la clase entró hubo risas a raudales (qué frase más bonita: "risas a raudales"). La profesora miró al papel higiénico, me vio a mí, y no dijo una palabra. Al siguiente día, al inicio ella dijo algo como, "el papel higiénico no es un producto básico. Gracias, Sr. Doherty."

El resto de la historia: Un día, años después, luego de que nos habíamos mudado de regreso a Massachusetts, decidí detenerme en la nueva ala de una escuela de negocios para ver cómo había resultado. Mientras estaba caminando por el lobby, este tipo que estaba bajando las escaleras dijo, "¿puedo ayudarlo?"

Yo dije "No, yo ayudé a pagar por esto con una donación, por lo que quería ver cómo se veía."

Él me dijo, " yo también."

Volteé y vi su cara y simplemente le dije, "Hola, Erick."

Era el decano de marketing y el hermano de fraternidad que había conocido cuarenta años antes y quién, quince años antes, había supervisado mi título en ausencia. Fuimos a la siguiente puerta y nos tomamos un café y cubrimos las décadas desde que ambos vivimos en la casa. Mientras nos íbamos, las últimas palabras que le dije fueron,

"Erick, quiero que sepas que realmente hice el trabajo."
Él dijo, "Por supuesto."

CAPÍTULO 5: EL MUNDO DEL SR. TRABAJO

Como un Lapiz Partido a la Mitad

Esta historia comienza allá en Brattleboro, Vermont, cerca de cinco o seis semanas luego de que mi esposa y yo nos casamos. Yo era un aprendiz de gerente para McDonald's, y era parte del equipo agendado para trabajar dieciséis horas al día abriendo una nueva tienda.
Mi esposa y mi suegra me llevaron desde Massachusetts y vinieron a recogerme cuando mi semana se acabara. Lo que sucedió de regreso a casa cambió los próximos 17 años, nadie lo sabía en el momento.

Luego de la graduación, a un apartamento en Leominister y que mi prometida y yo ocuparíamos luego de nuestra boda ese verano. Solamente tenía un sillón puff, en el cual yo dormía, y un refrigerador y una pequeña televisión en blanco y negro. Mi esposa estaba trabajando en la fábrica de lentes Foster Grant y me recogería en la mañana, yo la dejaría en el trabajo, y luego pasaríamos el rato. Yo tenía un trabajo cuando me gradué pero rápidamente renuncié cuando me mudé lejos de Amherst.

Un día, luego de dejarla y correr a hacer algunas diligencias, entré al restaurante McDonald's cruzando la calle de donde ella trabajaba a comprar unas papas fritas. Sentado allí, sin trabajo y sin dinero y una boda inminente, fuy al mostrador y pedí una solicitud de empleo, imaginándome que podía ganar un poco de dinero y mantenerme ocupado.

Ellos fueron escépticos pero me contrataron, y yo pronto los impresioné con mi trabajo en la parrilla (yo había trabajado en comida rápida en la secundaria). Un día el supervisor de área, Peter, se detuvo en la tienda y pidió hablar conmigo. Él me ofreció una posición como Aprendiz de gerente, y luego de pensarlo un poco, acepté. Que el anuncio de la boda en el periódico se leería mejor si yo era Aprendiz de gerente en lugar de desempleado. Por lo que luego de nuestra boda, comencé como un gerente asalariado en McDonald's sin un plan real que no fuera otro sino seguir buscando un trabajo real.

Luego de unas pocas semanas, se me ofreció la oportunidad de ir a Brattleboro a abrir una nueva tienda, y sonó interesante.

Cuando mi esposa y mi suegra me recogieron, estaba Bastante cansado, por lo que mi esposa manejó nuestro pequeño Toyota Corolla verde las dos horas de regreso a Vermont y dejó a su madre. Luego yo tomé el volante por lo menos ocho millas hasta nuestro apartamento. Nuestro apartamento ahora Tenía una cama, un sofá, un sillón puff, una pequeña televisión en blanco y negro y un refrigerador.

A unas cien yardas de la carretera al apartamento, un niño de catorce años en un carro robado chocó con la parte trasera de nuestro pequeño Toyota e hizo girar el carro por lo menos 360 grados y salió disparado contra una gasolinera Sunoco. Quedó a un metro de un surtidor de gasolina. Mi mujer estaba durmiendo cuando nos golpearon y se despertó aturdida. Mi brazo había estado en la palanca de cambios y, cuando nos golpearon, se partió hacia atrás, y de hecho, partió el asiento por la mitad, empujando la mitad superior del asiento hacia atrás, con el reposacabezas Paralelo al suelo. La investigación demostró que la rotura del asiento impidió que el maletero nos aplastara.

Mi esposa me preguntó si yo estaba bien, y como un atleta universitario recién salido y familiarizado con los golpes y las contusiones, te dije que me había roto el brazo. Y así fue. Simplemente lo supe. De algún modo, los dos salimos por las ventanillas, porque las puertas laterales estaban cerradas y aplastadas, y me senté en el suelo apoyado en el surtidor de gasolina hasta que llegó la ambulancia para trasladarme.

Como en las películas, los paramédicos me cortaron la chaqueta y la camisa y me estabilizaron el brazo. Cuando me llevaron en la camilla por la sala de urgencias, recuerdo que miraba el techo pasar mientras yo hacía Muecas de dolor en la camilla. Siempre me pregunté cómo sería esa vista.

Un par de cosas sucedieron muy rápido en esa sala de urgencias pasada la medianoche. primero el médico de guardia levantó un lápiz y, con sus dos manos, lo partió en dos trozos y dijo: "esto es lo que le ha pasado en el brazo." ¡Ouch!

Mi esposa vino poco después y me dijo que había hablado con Peter, el supervisor de la zona, y que la empresa sería cargo de mi sueldo durante el tiempo que tardara en recuperarme.

Pensé que estaba alucinando. Había trabajado para la compañía por un par de semanas. Incluso Aunque sabía que me tomaría meses antes de poder regresar al trabajo, y ellos iban a hacerse cargo de todo? Wow. No sé si Peter vino al hospital o habló con mi esposa por teléfono; los calmantes, cuando te partes tu brazo a la mitad, harán eso por ti.

Al día siguiente, ordenamos un sillón reclinable porque el doctor dijo que la única forma de sanar la fractura era mantener los huesos separados verticales para que ellos pudieran crecer juntos. Eso significaba que esto recién casados tendrían un arreglo inusual para dormir.

Mi prometida usaría la cama; yo usaría el nuevo sillón reclinable y dormiría sentado. Por tres meses. Me recuperé de esa llamada cercana, para enero, pero me tomó siete años recobrarme de la lealtad que Peter nos había mostrado a mí y a mi esposa en el momento más crítico de nuestro viaje juntos.

No me malentiendas. No me quedé en un trabajo que odié por siete años para pagarles. Yo era bastante bueno en eso de la gerencia de los restaurantes.

Pero las dos principales razones por las que me quedé fueron, primero, estaba aprendiendo tanto sobre los negocios, mercadeo, recursos humanos, finanzas, contabilidad, liderazgo, presión, construcción del equipo, construcción, e incluso comerciales de televisión (otra historia para otro día).

Me encantaba hacer un líder y desarrollar personas, y compañía de la franquicia para la que trabajé era un gran lugar para hacerlo. También estaba dictando algún entrenamiento en la gira de la lista de nuevas franquicias, lo que significa que cuando a alguien se le otorgaba una franquicia luego de colocar un cuarto de millón de dólares para iniciar, ellos eran enviados a pasar una semana con Ed para ver cómo una tienda "real" era gerenciada.

La segunda razón por la que me quedé fue debido a que cuando mi espalda estaba contra la pared, o contra una bomba de gasolina y mi brazo se había partido como un lápiz roto, alguien vio el potencial en mí y me apoyó. Por lo que realmente no estaba pagándoles por el salario, les estaba pagando por ver mi potencial, un regalo aún más valioso.

La Universidad de la Hamburguesa: Aprendiendo a Aprender

La primera tienda que gerencié fue la tienda 343 en la cadena de más de 38,698 tiendas de hoy en día. Cuando comencé, el anuncio de McDonald's decía "13 billones servidos," y cuándo me fui, decía "49 billones servidos". Hoy día, simplemente dicen "billones y billones" debido a que cambiar el aviso tomaba mucho tiempo muy a menudo, pero la última vez que revisé, estaba por encima de 300 billones servidos.

No estoy seguro si "servidos" se refiere a clientes o hamburguesas.

Yo abrí un par de tiendas en Boston, una en Downtown Crossing, la cual en su momento era solo la séptima locación urbana en el mundo, otra cruzando la calle del Fenway Park.

Durante esa época, aprendí un montón sobre el liderazgo, entrenamiento, finanzas, marketing, y equipamiento. Aprendí Cómo aprender un domingo en la noche en una parte de un hotel que estaba en construcción, y eso ayudó a la trayectoria de mi carrera.

Tengo un título avanzado inusual. Es en hamburgesología de la Universidad de la Hamburguesa, clase 213, en 1976.

Incluso aunque lo hice decentemente en la secundaria y bastante bien en la universidad de Massachusetts en Amherst, mirando atrás, me doy cuenta que aprendí Cómo aprender en la Hamburger U, y la experiencia me ayudó para el resto de mi carrera.

Lo sé, lo sé. No actúo como si tuviera un título avanzado, pero déjame decirte que las dos semanas que pasé en el área de Chicago ese Enero fueron un poco más difícil que cualquiera dos semanas que pasé en la universidad de Massachusetts.

Por lo que sí, Hamburger U es una escuela real pero no tiene un equipo de fútbol o un equipo de baloncesto.

Es un centro privado de aprendizaje corporativo. U hoy en día, debería decir "centros" porque ahora existen locaciones por todo el mundo debido a que McDonald's está por todo el mundo. En la época en que yo asistí, solo había un par de salones, agrupados en un espacio entre un motel que servía de dormitorio y un muy, muy ocupado McDonald's.

La escuela fue fundada en 1961, en el sótano de ese McDonald's en Elk Grove Village, Illinois, por Fred Turner, el primer parrillero de McDonald's y, posteriormente, su CEO por veinte años. Los últimos 5 años, más de 275,000 personas han asistido a la Universidad de la Hamburguesa en los campus de Illinois, Tokio, Londres, Sídney, Múnich, sao Paulo, Shanghái, y Moscú.

Aunque parezca mentira, los estudiantes en los campos americanos pueden ganar hasta veintitrés créditos hacia un título de asociado o licenciado en 1,600 facultades y universidades de Estados Unidos, un Informa el Consejo Estadounidense de Educación.

Aquí está la historia de mi título en Hamburguesología.

Tomé un trabajo a medio tiempo en un McDonald's local mientras esperaba por la fecha de nuestra boda. El supervisor de área habló sobre convertirme en un Aprendiz de gerente. No estaba en mi radar, pero mientras nos sentamos allí, pensé que el próximo anuncio de la boda en el periódico se leería mejor si decía, " el novio está en el programa de entrenamiento de gerentes de McDonald's" en lugar de "El novio voltea hamburguesas," o " el novio se queda acostado todo el día viendo programas de juegos y novelas."

Dije sí al salario ofrecido de $135 por semana por una semana de sesenta horas. Todavía no era tanto como lo que mi esposa ganaba, pero era más que lo que pagaba ver programas de juego y novelas y más interesante para mí que vender seguros de vida.

Después de nuestra luna de miel en el cabo, empecé a trabajar y pude llevar camisa y corbata en vez de bata. El color de mi gorra cambió de azul a naranja y empecé a trabajar. Mi horario era sencillo: De domingo a jueves, de 3:30 p.m. hasta cerrar (a medianoche o a la 1 a.m.), y sábados de 11 a.m. - 7:00 p.m. Yo sé que están celosos.

¿El horario de mi esposa? De lunes a sábado, de 7:30 a.m. - 3:30 p.m. Si eres un experto en relojes, podrías pensar que no teníamos el mismo día libre y que casi nunca nos veíamos. Estarías en lo cierto. Yo la llevaba al trabajo todos los días y un compañero la llevaba a casa.

Ambos mantenemos que no vernos demasiado en esos primeros días puede ser la razón por la que seguimos juntos.

Para poder ser el gerente de la tienda de una unidad de la franquicia para la que trabajaba, había que asistir a la universidad de la hamburguesa o licenciarse en ella, así que cuando me dijeron que me iba a Chicago, estaba encantado. Cuando me ascendieran, me subiría en el sueldo, trabajaría la mayoría de los días y podría ver a mi novia más a menudo.

Había unas cien personas en la clase, y recuerdo que me gradué entre los días primeros.

El plan de estudio me sorprendió. En primer lugar, aunque se trabajaban algunos conceptos de gestión, era sobre todo un curso de mantenimiento de equipos. Estudiamos parrillas, freidoras, refrigeración, calefacción, ventilación y aire acondicionado, máquinas de punto de venta, máquinas de bebidas post mezcladas y muchos más.

De hecho, teníamos asignaturas electivas sobre máquinas de hielo, parrillas y sistemas de punto venta en función de las marcas de nuestro establecimiento. Así es, o asistías a un curso de freidoras Frymaster o Henny Penny.

McDonald's se tomaba tan en serio el mantenimiento de los equipos que, después de graduarme y durante mi carrera, instalé varias freidoras y parrillas. Nada del otro mundo.

La compañía incluso exigió a los gerentes que, cuando llamaran, dijeran al técnico Cuál era el problema. No decías que la máquina de hielo no funcionaba, sino que la mirilla estaba turbia.

Hay dos cosas que recuerdo sobre todo de la experiencia de la Universidad de la hamburguesa, ya que yo no era, y sigo sin ser, un experto en tecnología.

En primer lugar, hablando de máquinas de hielo. La máquina de mi nueva tienda iba a ser una Manitowoc, pero yo no tenía experiencia con esa marca. Yo era de Kold - Draft. Así que me perdí al instante cuando empezó la clase electiva de máquinas de hielo.

Y en caso de que no lo sepas, el hielo se hace haciendo correr agua por una superficie fría, y la forma de los cubitos está relacionada con el tipo de placa fría, y cada marca de máquina de hielo utiliza un método diferente; por eso los cubitos tienen formas distintas. Algunos ni siquiera son cubitos.

A día de hoy, cuando veo hielo en mi vaso en un restaurante, registro mentalmente el tipo de máquina de hielo que utilizan. Lo sé, es una tontería.

Un domingo por la noche durante mi estancia de dos semanas en Elk Grove, antes de mi examen final de Manitowoc, se me ocurrió que tal vez si pudiera encontrar una máquina de hielo similar y verla funcionar, podría ser mejor el examen.

Había una nueva ala del motel que aún no se había inaugurado y, efectivamente, había una máquina de hielo Manitowoc al final del pasillo inacabado. Una máquina pequeña, pero hacía hielo de la misma manera. La abrí y vi como hacia hielo durante un rato. Luego la apagué, la desmonté y la volví a montar. Fue la noche en que aprendí a aprender. Me fijé un objetivo, diseñé un plan, observé, escuché y luego tuve una experiencia práctica.

La mañana siguiente aprobé el examen.

Lo segundo que recuerdo es el examen final sobre equipamiento. Constaba de dos partes.

Parte 1, ponen un detalle de un equipo en la pantalla grande.

Por ejemplo, mostraban un primer plano de una válvula de presión o un piloto. Teníamos que identificar la pieza, identificar el equipo del que procedía y describir qué hacía o para qué servía Y cómo mantenerla. Brutal.

Nada Comparado con la parte 2, la cual era una prueba de sonido.

Reproducía en el sonido de un aparato por el sistema de altavoces. Tendrás que identificar el equipo del que procede el sonido y la parte del equipo que lo emite.

Luego tenía que escribir si era un buen sonido, es decir, si el equipo funcionaba o no, o si era un mal sonido. Si no funcionaba, tenías que describir Cuál era el problema y cómo solucionarlo.

Los estudiantes conocían De antemano la naturaleza del examen, así que estudiábamos de forma un poco diferente. Los detalles eran importantes. Era importante hacer preguntas. Verificar la comprensión era importante. Sino hacías las tres cosas, el examen final era una experiencia insoportable.

Afortunadamente para mí, ya había empezado a aprender a aprender, y supera esa prueba. Incluso hoy en día, cuando estoy en un restaurante y oigo un ruido procedente de la parte trasera, se me viene a la cabeza un pensamiento extraño y me digo algo como: *"Es la válvula de seguridad de la bomba de carbonatación abriéndose y saliendo aire de debajo de la bandeja de goteo"*, o algo parecido.

No te preocupes, no le digo al gerente. Si estoy en un McDonald's él o ella ya saben.

Una Desvelada con Larry Bird

En el otoño de 1979, mi esposa y yo asistimos al primer juego de temporada regular que Larry Bird jugó para los Boston Celtics. Cuando él fue anunciado esa noche, un fanático creativo soltó una paloma que voló alrededor del  voló alrededor del viejo Boston Garden, no me imaginaba que menos de 6 meses después, yo estaría con Larry Bird en un restaurante toda la noche.

Algunos aspectos de esa noche me impactaron tantos años atrás, aunque no estoy seguro de Por qué fue. Te diré que Larry es una persona tan auténtica como la que aparece en televisión, él no va por allí pensando que es mejor que todos los demás. También él puede comer.

Supongo que lo que pensaba de él entonces, y pienso de él ahora, es que era y es un gran trabajador, y una de las razones por las que digo eso es que la noche que estuvimos juntos despiertos toda la noche debió ponerse a prueba.

La mayoría de las personas con edad suficiente conoce los anuncios de Larry Bird y Michael Jordan para McDonald's en los años 80 y 90. Eran anuncios en los que uno u otro anunciaba en el tiro que iba a hacer.

En esos famosos anuncios de televisión, cada leyenda del baloncesto lanzaba una pelota y la hacía rebotar en un edificio o un puente, golpeaba una señal, rebotaba dos veces y tal vez golpeaba un póster de luz, y luego se introducía *directo a la red*. Empezaba en una cancha, luego se trasladaban a las gradas y la rebotaban en el marcador, y cada vez era más complicado. Los jugadores de baloncesto reconocen esta actividad como el juego del caballo. Después de lanzar y hacer el tiro, retaban al otro a igualarlo. Con el tiempo empezaban en lo alto de un rascacielos, y los tiros siempre acababan *directo en la red*.

Pocas personas saben dónde empezaron los anuncios estilo

"Showdown", pero fue en Boston, durante el primer anuncio televisivo de Larry Bird, porque yo estaba allí. No solo eso, mi hermana y mi esposa estaba en el comercial como dos de los extras.

El primer comercial de Larry tuvo lugar en Abril de su año de Novato en un McDonald's cerca del Fenway Park que es ahora el sitio de un edificio multiuso de doce pisos.

Comenzó un día, en el 1979, operaciones del director de la franquicia con la que yo estaba, Peter, vino a la tienda e indicó que la agencia de publicidad iba a usar la tienda para firmar un comercial con Larry Bird, a. de su primer año con los Celtics, y ya toda una celebridad en Boston.

Hoy va a ser su primer anuncio de televisión, todo tenía que salir perfecto. Iba a rodar el anuncio de un producto totalmente nuevo: Un sándwich McChicken. Hasta entonces, aunque parezca mentira, McDonald's había pasado veinticinco años probando el pollo frito, y no acababa de cuajar. Se esperaba que la introducción del MchCicken fuera un producto innovador para las cinco mil tiendas del sistema, que se probaría en el mercado de New England.

Como yo supervisaba el restaurante, mi trabajo consistía en encontrar a los extras, asegurarme de que el restaurante estuviera limpio, dirigir a todo el personal no sindicado según fuera necesario y, aunque parezca mentira, asegurarme de que el sistema HVAC se apagara para cada secuencia de rodaje, para evitar el ruido de fondo. Supongo que era ayudante de producción, pero nadie me llamaba así. Normalmente me decían: "Oye, Ed."

Parte del encargo era fácil: Los encargados a tiempo completo y parcial de la tienda, entre ellos varios estudiantes universitarios, además de una hermana y una esposa, serían los extras del anuncio. Nepotismo? No, práctico. Mi hermana trabajaba allí, y necesitábamos a alguien de uniforme, y mi esposa era tan guapa que por qué no la iba a llevar de camino a Hollywood?

La filmación tuvo lugar en ese flamante McDonald's, lo suficientemente cerca del Fenway Park como para que cuando tocaran el himno nacional en el parque, se escuchara en el comedor.

So there I was for the first commercial and the first bank-it-off-the moment in McDonald's/Larry Bird history. It took place about 3:30 a.m., but I'm getting ahead of myself.

El restaurante cerró a las 4 p.m. para la filmación y se llenó rápidamente con la verdadera multitud del nepotismo: Amigos de su agente, todo tipo de marketing Y mandamás es de McDonald's. En el restaurante, con capacidad para 160 comensales, habían probablemente más de cien mirones. Muchos trajeados.

Una Winnebago Se detuvo a eso de las 4:30 p.m, y Allí es donde Larry Bird pasaría el rato entre tomas.

Una vez preparada de la iluminación, comprobado el sonido y listo los doce nuevos McChicken sándwiches recién preparados y nunca vistos, apagamos los ventiladores del sistema HVAC Y empezamos a rodar. Excepto que cada vez que Larry Bird apretaba un bocadillo para darle un mordisco, el pollo se escurría debido a la salsa especial y a la lechuga del pan caramelizado.

Para el resto de la noche, hicimos una versión del McChicken sándwich sin salsa para evitar que se escurriera, lo que quedaba mal en la película. Los sándwiches no sabían también, pero se veían mejor a la cámara, y la hamburguesa de pollo empanizado se mantuvo entre las mitades del pan.

¡Luces, cámara, acción!" Larry Bird, ¿qué estás haciendo aquí?" alto. Vamos a hacerlo nuevamente." Larry Bird, ¡qué estás haciendo aquí?"

Corte. Vamos a intentarlo una vez más. Antes que terminemos – a lo largo de un periodo de seis o siete horas – Larry dio bocados a docenas y docenas de McChicken sándwiches. El maldito actor contratado para la parte simplemente no podía hacerlo correctamente. Él estaba parado en una caja de leche inclinada sobre media pared, mirando a Larry Bird. Todo el mundo menos Larry parecía frustrado, pero él se mantuvo tranquilo.

En cada descanso, Larry se dirigiría al tráiler. Y cada vez que la afirmación comenzaba nuevamente, a medida que se hizo más tarde y más tarde, la multitud de mirones se hacía más pequeña y más pequeña. Para el momento que nuestro sindicato indicó el descanso del de la comida a las 11:30 p.m., todos los mandamases se habían ido a casa, y solo estaba Larry, el equipo, y los extras (incluyendo un niño de seis años que estaba durmiendo en una cabina y quién, por ley, no debería haber estado en el edificio a esa hora en la filmación de un video.)

Naturalmente en el descanso, servimos - qué más- McChicken sándwiches al equipo y a los extras, y Adivinen ¿quién tomó uno?

Sí, Larry Bird. Estaba impresionado, no solo con el tamaño de su sistema digestivo sino con el hecho de que él estaba colocando su boca donde su dinero estaba.

¿La otra cosa que me impresionó sobre Larry Bird? Una vez que la multitud de espectadores se fue, él dejó de utilizar su tráiler y simplemente pasó el rato con nosotros en el comedor del restaurante, disparando a la brisa. Así es, me senté junto a Larry Bird y hablé de baloncesto a la una en punto de la mañana.

Una vez que el actor incompetente quien necesito demasiadas tomas para decir "Larry Bird, ¿Qué estás haciendo aquí" estuvo listo con esa sola línea para la satisfacción de todos, la diversión comenzó. El resto de la filmación consistía de Larry arrugando la bolsa en la que su sándwich venía, disparándola a la pizarra del menú, haciéndola rebotar, golpeando el tope de la registradora donde mi hermana Susan se veía sorprendida, y luego aterrizando en las manos del niño de seis años, quien inmediatamente la volcaba al cesto de basura.

Ese segmento no tomó muchos intentos, tal vez solo media docena. Cuando el director gritó "eso es todo" (sí, realmente dicen eso), todo el mundo Estuvo libre de irse.

Eso fue justo alrededor de las 4:00 a.m., y todos estábamos cansados y agotados, excepto el niño de seis años que durmió en una cabina la mayor parte de la noche.

La cosa que siempre recuerdo sobre esa noche fue el hecho de que Larry Bird comió un McChicken sándwich en el descanso. Luego de darle bocados a docenas de ellos, hechos incorrectamente para la cámara y muchos de ellos fríos, se zampó uno caliente, fresco y perfectamente hecho y lo terminó, sentado alrededor de una gran mesa en el vestíbulo con un montón de empleados de McDonald's, charlando. Por alguna razón, eso me impactó mucho.

Él estaba tomando el dinero para patrocinar un producto, y a él aparentemente en realidad le gustaba el producto. En algunas formas mi desvelada con Larry Bird se hace mejor a su eventual carrera de Salón de la Fama; el lideró con el ejemplo, fue auténtico, y dio lo mejor. Qué fórmula tan genial para el Salón de la Fama y para el liderazgo de todos los días.

Las Excusas son para los Principiantes y Perdedores

Todos estamos fascinados con las excusas.

Ya sea que provengan de los líderes del gobierno, de los ejecutivos de la Corporación, de la celebridades de Hollywood, o de los equipos eliminados de los playoffs, frecuentemente hablamos sobre las excusas.

En realidad hacemos más que eso. Juzgamos las excusas y las lanzamos a dos categorías: Explicaciones válidas o débiles atentos para pasar la culpa. Todos lo hacemos, pero alguna vez te has preguntado por qué lo hacemos y cómo las categorizamos?

O lo más importante, como los otros ven nuestras excusas?

Un estudiante de la universidad me dijo que las excusas eran para principiantes y perdedores, quién puede que nunca se haya dado cuenta cómo Y qué le enseñó a su supervisor muchos años atrás, en un antigua restaurante visible desde el Fenway Park.

Yo nunca he olvidado esa lección, aunque me he quedado corto de su ideal muchas veces. Mis recuerdos, los pensamientos, y las lecciones que aprendí a seguir. Probablemente necesites un espejo para finalizar la historia.

Un día, cuando estaba gerenciando ese restaurant años atrás, un gerente de medio tiempo y estudiante universitario reforzó una lección que originalmente había aprendido como repartidor de periódicos. Su nombre es Carlton Knox.

Era el día de paga, y cuando él recibió su cheque, estaba incorrecto. Estaba corto por un par de horas, y eso significaba que estaba corto por un montón de dinero para un chico universitario. Él me confrontó sobre eso. Yo me disculpé por el error, le di una explicación, y tal vez le indiqué que yo debía haber tenido un problema leyendo su tarjeta de tiempos y le dije que yo agregaría las horas y el dinero a su próximo cheque. Me volteé y me fui caminando. Mientras lo hice, él se quedó mirándome y dijo, "Las excusas son para principiantes y perdedores ¿cuál de ellos eres tú?"

Me quedé desconcertado (otra frase que siempre he querido utilizar en una oración.) murmuré algo más, no estoy seguro que, y me disculpé nuevamente. Puede que incluso haya sacado la cantidad de mi bolsillo y se la ofrecía a él, no lo recuerdo, pero él se largó, sin estar listo para unirse a mi club de fans en lo absoluto.

Pensé su comentario largo y tendido. Yo ciertamente no era un principiante, fue lo que Aparentemente era un perdedor, ¿por lo menos basado en la evidencia? Desde su percepción, a él no le importó cuál era porque había impactado su billetera.

Mirando atrás, eso cambió mi enfoque. La evidencia de eso es que estoy repitiendo esa oración décadas después, recuerdo su nombre, y he compartido esta historia con equipos a lo largo del tiempo. Todos sabemos que los palos y las piedras pueden romper nuestros huesos, pero las palabras pueden tener un impacto mayor.

Piensa sobre ese profesor, mentor, supervisor, o compañero qué te ha dicho, "eso es una excusa" ¿cómo te hizo sentir? Ves, reprocharse las excusas unos a otros es uno de los juicios finales que se hacen las personas entre sí, y no sienta muy bien.

Las excusas son para principiantes y perdedores, me dijo Carlton, y generalmente no queremos ser considerados en ninguna de esas categorías, nunca. Así que ¿cómo podemos evitar las excusas? Bueno, el primer paso es probablemente entender la diferencia entre una excusa y una explicación.

excusa y una explicación pueden ser lo mismo con las mismas palabras, solo vistas desde diferentes perspectivas. De hecho, la definición de *excusa* en Dictionary.com incluye la palabra *explicación*: "Excusa: Una explicación ofrecida como una razón. un alegato ofrecido como atenuante de una falta o para liberarse de una obligación, promesa, etc."

La mayoría de nosotros vive en un mundo de dobles estándares en lo que respecta a las excusas, y eso puede ser debido a la naturaleza humana.

Todos tendemos a juzgarnos a nosotros mismos basados en nuestras intenciones y a juzgar a otros basados en sus acciones.

¿Algunos ejemplos familiares?

- ¿Ser detenido por un oficial de la fuerza por ir solo un poco más rápido? Damos una explicación que ella escucha como una excusa.

- ¿Olvidar traer la leche a casa? Damos una explicación que él escucha como una excusa.
- ¿Llegar tarde a una reunión? Damos una explicación que los otros escuchan como una excusa

Es muy probable que cada vez que estamos compartiendo Porque algo no sucedió como se anticipó, que venga con una casilla de verificación donde el oyente pueda marcar una.

___Excusa   ___Explicación

Resulta interesante, ya sea que una razón es vista como una excusa o una explicación por alguien más que se reduzca a su juicio de valor de la calidad y el alcance de la excusa. Piensa sobre estas explicaciones/ excusas para el mismo nivel de retardo:

- ¿Diez minutos tarde para una reunión porque tú ayudaste a recibir a un bebé en el estacionamiento? Explicación aceptada. y tú eres un héroe. Especialmente si no eres un médico.
- ¿Tarde diez minutos porque la línea en Starbucks estaba lenta? Aceptación al límite por unos pocos pero no aceptada en lo absoluto por los fanáticos de Dunkin' Donuts. Fue tu propia culpa.
- ¿Tarde diez minutos porque te has parado a tomar una barra de Three Musketeers? Nadie cree que eso está justificado. Una barra de Kit Kat tal vez, pero no una barra de Three Musketeers.

Cuando lo escuchamos, juzgamos.

Y todos nosotros regularmente usamos frase como estas para mitigar nuestra excusa/ explicación: 'intenté, pensaba, planeé, tenía la intención, iba a.'

Estas son palabras para ir cuando probablemente estamos juzgándonos a nosotros mismos por nuestras intenciones. Pero al hacer esto, probablemente estamos haciendo y aceptando excusas para nosotros mismos. ¿La razón? Todas estas son frases que excusan comportamientos y los tipos de frases usadas por- adivinaste- los principiantes y perdedores.

Cuando no ponemos excusas, logramos hacer más cosas más a menudo y somos un poco mejor al juzgarnos a nosotros mismos de una forma similar en Cómo otros nos juzgan – por acciones. Las excusas pueden aparecer en nuestras mentes justo antes del fracaso o al darnos cuenta que no vamos a cumplir la meta que queríamos o esperábamos.

Nuestra primera reacción típica algunas veces es, no puedo ser yo. Nuestra última reacción es sostener un espejo. ¿Tal vez sostener el espejo primero podría ahorrarle a todo el mundo un montón de tiempo? Difícil de hacer algunas veces.

Aquí hay un ejemplo para ilustrar la diferencia entre intenciones y acciones.

Digamos que tú tienes un amigo con un corte serio que tú has vendado para detener el sangrado pero necesitas llevarlo a él o a ella al hospital o a un centro de urgencias de inmediato, pero cuando tú llegas, estaba cerrado. ¿Qué harías?

Hay Solo dos opciones: Ir a casa o buscar otro centro. Y si tú continúas y el siguiente centro está cerrada, ¿Qué harías?

Existen Solo dos opciones: Ir a casa o a encontrar otro centro. Algunas personas continuarán hasta que encuentren un centro abierto; otras dirán, lo intenté, yo quería, tenía la intención, yo pensaba. Lo siento amigo. Todas estas son palabras que excusan el comportamiento de no cumplir con la meta de un mejor tratamiento. Por qué todas estaban cerradas es otro asunto.

Pero ¿qué pasaría si eres un principiante? Es mejor dejárselo saber a todos aquellos que te juzgarán sabes. No tienes que gritarlo o llevar un aviso, pero tal vez ambos pueden funcionar dependiendo de la situación. Cuando gerencia una compañía de restaurantes, tenía a todos los servidores de primera semana usando un botón que decía, "ESTOY EN ENTRENAMIENTO Y ESTOY INTENTANDO," y Fue increíble como los clientes eran más empáticos con ellos. Si ellos hubiesen usado un botón que decía, " SOY EL MEJOR SERVIDOR EN AMÉRICA," no creo que la empatía hubiese estado tan alta hacia un error.

Por supuesto, nunca coloqué un aviso que decía, " LA AYUDA DE LA COCINA ESTÁ EN ENTRENAMIENTO E INTENTANDO. BUENA SUERTE CON SU COMIDA." eso hubiese sido exagerado. Usted probablemente no puede decir que está entrenando e intentando en su puesto, porque no es cierto.

Por lo que si no somos principiantes ni perdedores, que somos? Un productor.

Producimos resultados. De hecho, fuimos contratados o promovidos o asignados o nacimos en el rol donde se espera que obtengamos resultados. Si no lo hacemos, tal vez deberíamos considerar el hecho de que podríamos estar exhibiendo comportamiento de principiantes o perdedores porque ambas categorías no saben cómo hacer las cosas.

Si tenemos una reputación o imagen como un productor o como alguien que cumple, cuando damos una explicación una situación en la que ocasionalmente no se ha cumplido, es más probable que se nos juzgue por dar una explicación que por poner una excusa. Si no gozamos de esa credibilidad por nuestra actuación en el pasado o por nuestra novedad, entonces Carlton tiene razón.

Moral of the story: Don't expect everyone else to be as easy on you as you are.

La próxima vez que des una explicación/ excusa. Piensa en que las excusas son para principiantes y perdedores y búscate a ti mismo basándote en tus acciones, no en tus intenciones, y lo harás mejor.

CAPÍTULO 6: LOS SUEÑOS DE CALIFORNIA

Todo es tu Culpa

Ella es llamada Nana.

Cinco hermanos compartieron el rol de asegurarse de que nuestra madre de más de noventa años tuviera una visita diaria de uno de nosotros. Cuando eran mi día o mis días, me detendría y haría un par de cosas simples de la lista que ella algunas veces hacía para mí. Ocasionalmente, fregaba los platos, organizaba el refrigerador, y sacaba la basura. Estuve en el negocio del restaurante por varias décadas, por lo que no solo son viejos hábitos difíciles de romper, resulta que soy muy bueno en la mayoría de mis viejos hábitos. Dos de mis hermanas realizaban funciones mucho más importantes y frecuentes.

Como parte de mis visitas, proporcionaba una actualización detallada sobre, bueno, lo que hacía: Dónde había estado, cómo me había ido y con quién había estado. (¿alguien sabe si es *quién* o a *quién*? Creo que es quién, así que voy con ese.)

Una semana Luego de un reporte particularmente robusto a ella sobre mi servicio voluntario para organizaciones viejas y nuevas, algunas experiencias médicas, un evento de música en vivo o tres, una diligencia o dos, y un poco de viaje, ella me miró directo a los ojos y dijo, "Has llevado una muy, muy interesante vida. Y es todo tu culpa." me dio pausa. Mi madre era una filósofa profunda.

Me di cuenta que yo sí había llevado una vida interesante, ahora que lo menciona. Manejando de regreso del apartamento de mi mamá, pensé sobre el hecho de que siempre he llevado una vida interesante. Quiero decir siempre.

He tenido años donde fui a más de 120 shows de música en vivo, y otros donde fui a setenta juegos de las grandes ligas de béisbol, y años donde viajé en jets privados (la razón por la que no me gusta montarme en montañas rusas).

He corrido media maratón, un maratón completo, he estado en docenas y docenas de estadios de fútbol, baloncesto y hockey. He conocido gobernadores, embajadores, senadores, sin mencionar a las estrellas del country Shania Twain, kenny Chesney, y Keith Urban y a la leyenda del rock Peter Frampton. Incluso he compartido una pizza con un tipo llamado Wayne Huizenga el dueño de los Miami Dolphins, y fui a tomar con un tipo llamado Al Copeland, el fundador de Popeye's Chicken, en San Francisco.

Y por supuesto, estar casado con la chica de mis sueños, actualmente mi correctora, por más de muchos años ha sido muy interesante también.

Así que yo he llevado una vida interesante. Pero ¿por qué? ¿Accidental o planificado? Comencé a pensar acerca de quién es el trabajo de hacer nuestras vidas interesantes. ¿A quién le asignamos esa responsabilidad? ¿Cuándo se la asignamos? La realidad es que mi mamá estaba en lo cierto: Si tu vida es interesante, o si no lo es, tu propia culpa. A nadie le importa acerca de que tu vida sea interesante tanto como a ti. Nadie tiene más en riesgo que tú.

Si miras la parte del trabajo de las cosas, podría formularse: ¿De quién es el trabajo de hacer a tu trabajo interesante? Si tú dependes totalmente en tu compañía o supervisor para hacer que tu trabajo sea interesante, probablemente tienes un trabajo aburrido.

Cuando piensas en las partes más interesantes de tu trabajo o tu vida personal, me imagino que tú tienes algo que ver con eso al personalizar el rol o crear ese giro o esa mejora algo básico que realmente encuentras interesante.

No es demasiado tarde para hacer tu vida interesante. Aquí está un simple ejemplo de la vez donde la vida interesante era la meta.

Trabajé en California con un tipo de New Hampshire, Bill Garrett, y nos compadecíamos porque estábamos demasiado lejos de Fenway o del Garden o de Foxboro para asistir a los partidos y nos perdíamos la experiencia. En aquella época, por ejemplo, hubo un año en que los Celtics ganaron el Campeonato del mundo, y los partidos ni siquiera se retransmitieron por televisión en Los Ángeles. No en T.V era difícil disfrutar de los Deportes de Boston allí.

Una noche, mientras tomábamos un chardonnay barato en Stearns Wharf, en el puerto de Santa Bárbara (el mejor lugar del mundo para beber y un lugar muy interesante por sí mismo), se nos ocurrió la idea de hacer más interesantes nuestras vidas como ha funcionado a los deportes de New England.

En dos años, habíamos visto a los Patrios jugar en Anaheim y Seattle. Vimos jugar a los Medias Rojas en San Diego, Anaheim, Oakland y Seattle, y a los Celtics y los Bruins en Los Ángeles. Les aseguro que nuestras vidas fueron más interesantes. Programábamos nuestros viajes y horarios de trabajo para estar en esas ciudades cuando jugaba uno de nuestros equipos favoritos. En realidad no era tan difícil.

Utilizo Este ejemplo para ilustrar el hecho de que muchas personas no llevan una vida interesante porque renuncian a la capacidad de hacerlo. Vivir una vida interesante no es su objetivo. Muchas personas se conforman con lo aburrido.

Por qué la semana pasada no fue interesante para ti? A quién le asignaste la tarea de hacer que tu semana fuera interesante? Qué crees que podría hacer tu vida interesante esta semana si tu objetivo fuera hacer tu vida interesante? (manteniéndolo legal y socialmente aceptable.)

A lo largo de la semana, hazte preguntas interesantes. Por ejemplo, estás viendo la tele porque te aburres? O te aburras porque estás viendo la tele? El mundo no te debe nada interesante; tú te debes algo interesante. Si tienes una vida interesante o no, está claro que es culpa tuya. La culpa es tuya.

La Retroalimentación es un Regalo

Todos somos buenos en algo. Algunos son buenos en varias cosas. La forma más rápida para mejorar es recibir retroalimentación, pero unos pocos son buenos dándolos, y muchos menos, son buenos recibiéndolos. Cada año durante la temporada de revisión de rendimiento, yo trato de animar a las personas a recibir la retroalimentación que les podría ayudar.

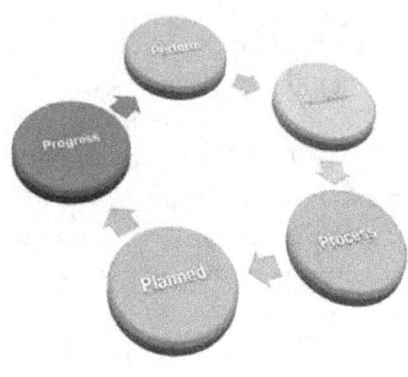

Algunos aceptan la retroalimentación y mejoran. Otros eran las "personas más inteligentes en la sala" y las rechazaban. En mi mente, una decisión terrible en la carrera y financieramente.

Esa historia Es sobre la vez que recibí una retroalimentación muy contundente y de cómo cambió el curso de mi carrera empresarial, para mejor.

Cada vez que veo el cartel de Texaco, pienso en esa historia.

Al principio de mi carrera, trabajé como director Regional de operaciones para una cadena Nacional de restaurantes, y mi territorio consistía en el Centro y el Sur de California.

En total, tenía cincuenta y seis restaurantes en mi área de responsabilidad, millones de dólares en ingresos y miles de empleados, y puedo contar historias durante días sobre los dos años que pasé en ese mercado.

Llevaba un par de meses en el puesto y había llegado el momento de que el vicepresidente regional recurriera a las tiendas conmigo. Recorrer tiendas es el término técnico para visitar muchas tiendas en un solo día, conocer a los encargados y al personal, hacer una inspección rápida, quizás tomar un café o hablar de una promoción O política de marketing y seguir adelante.

Salimos de nuestra oficina de Santa Bárbara sobre las 7:00 a.m. y condujimos cien millas hasta Los Ángeles, donde visitamos entre diez y doce lugares antes de dar por terminada la jornada. Cómo hacía este tipo de cosas con regularidad, había una gasolinera Texaco en Camarillo, en la autopista Ventura, más o menos a mitad de camino, donde siempre paraba a llenar el tanque por la noche de camino a casa, para estar listo para viajar al día siguiente (en este trabajo, recorría más de cincuenta mil millas al año, por lo que era importante planificar un tanque lleno).

Ya mi tarjeta de crédito Texaco visible en el auto, tenía un sobre con recibos entre los asientos, conocí a la gasolinera y el surtidor en el que tenía que estacionarme, y me había aprendido el proceso a la perfección.

De la estación Para volver a la oficina regional, el RVP me dijo algo así: "después de pasar el día contigo y visitar tus tiendas, he identificado lo que mejor sabes hacer". Yo estaba bastante emocionado de que esta persona mayor compartiera sus pensamientos conmigo Hasta que dijo: "conseguir gasolina". En respuesta a mi mirada incrédula, me dijo: "Ed, realmente sabes cómo conseguir gasolina, pero a menos que hagas un mejor trabajo en muchas otras cosas, no vas a conseguirlo."

Conseguir gasolina. Un gran elogio en el mundo de Los Ángeles, pero no exactamente el tipo de comentarios que estaba buscando.

A lo largo de los seis meses siguientes, en parte porque fui muy receptivo a sus comentarios, nuestras sesiones semanales individuales se convirtieron en clases particulares de entrenamiento, en lugar de sesiones de martilleo.

Él compartiría un concepto o criticaba mi trabajo, y yo probaba el método o revisaba mis métodos y la informaba. Poco a poco, mis números y otros factores mejoraron, y en las siguientes visitas a la tienda, la limpieza, la organización y los conocimientos y profesionalidad del equipo directivo también mejoraron.

No solo se me daba mejor conseguir gasolina, aunque seguí haciendo uno de mis puntos fuertes. De hecho, mejoré en muchas otras cosas y aproximadamente un año después, cuando ese vicepresidente fue ascendido a la dirección del noreste de Estados Unidos y necesitaba una persona que le ayudara a dirigir la región de San Francisco en su nuevo puesto, adivinen ¿A quién eligieron? El tipo qué, en un momento dado, solo podía enumerar la obtención de gasolina en la columna de la excelencia.

Las lecciones que me enseñó siguieron aplicándose en mi nuevo puesto de director de operaciones en el Norte de California, y mis habilidades se desarrollaron y ampliaron, y finalmente, cuando se trasladó a la oficina corporativa, ¿adivinen quién se convirtió en el nuevo vicepresidente regional para San Francisco y Seattle? Yo y mi tarjeta Texaco.

No hay ninguna garantía de que te Hacienda si aceptas la retroalimentación. Tampoco hay garantía de que serás más feliz o te sentirás mejor en tu vida personal si recibes la retroalimentación. Pero si está garantizado que no progresarás ni te desarrollarás al mismo ritmo si creas una burbuja sin retroalimentación a tu alrededor.

En mi carrera, he observado que el desperdicio de talento más frecuente se produce cuando alguien no acepta la retroalimentación. Todos hemos oído hablar del techo de cristal. Algunas personas cargan con su propio cristal porque rechazan los comentarios que no coinciden con su propia percepción. Casi todos los que leen esto conocen a alguien así. Si es tu caso, te recomiendo un enfoque diferente.

Mi carrera empresarial no es el resultado de que me dijeran que lo que mejor se me daba era echar gasolina. Lo que cambió la trayectoria fue que alguien se tomara el tiempo de dar su opinión a alguien que la quería. En este ejemplo, si hubiera rechazado la retroalimentación, podría estar en un lugar muy diferente. ¿Quién sabe?

Para que el ciclo de la retroalimentación funcione, requiere de:

Realizar: Actuación o actividad demostrada con alguien que presta atención. Es decir, alguien que debe prestar atención o alguien a quién le importa.

Si no tienes a nadie que te preste atención, encuentra a alguien a quien le importe. Y si no tienes a nadie a quién le importe, encuentra a alguien que le preste atención. Tu actitud a la hora de aceptar los comentarios Tiene un gran impacto en este aspecto.

Permiso: La persona o personas que prestan atención necesitan estar autorizadas o tener permiso tuyo para dar su opinión.

Puede que sea difícil recibir retroalimentación, pero mi experiencia me dice que es aún más difícil darlos. Rara vez he dado mi opinión sin permiso. No funciona bien. ¿La mejor manera de dar permiso? Pedir opiniones. Eso no solo concede permiso, sino que demuestre tu actitud hacia la aceptación de opiniones y tiene un gran impacto en ese aspecto.

Proceso: La información debe ser aceptada, comprendida y procesada. Hay que escuchar y oír para que se entienda la retroalimentación. Quién te da la retroalimentación sabe que lo recibes por la bombilla que tienes sobre la cabeza cuando se enciende. Tu actitud a la hora de aceptar la retroalimentación Tiene un gran impacto en eso.

Planificar: La retroalimentación debe incorporarse al comportamiento planificado en el futuro. Hablar es barato, la forma de demostrar que has procesado la retroalimentación es a través de tus acciones futuras. Tu actitud a la hora de aceptar la retroalimentación Tiene un gran impacto en esto.

Progresos: También hay que hacer un seguimiento de los progresos o el rendimiento. La persona que está prestando atención o a la persona a la que le importa (en un mundo perfecto, la misma persona) tiene que volver y verificar o validar el cambio. Tu actitud a la hora de aceptar la retroalimentación Tiene un gran impacto en este proceso.

Si antes tenías alguna duda, deberías sentirte bastante cómodo sabiendo que tu actitud a la hora de aceptar opiniones tiene una enorme repercusión en tu futuro. ¿A quién conoces que puedes decirte que lo mejor que puedes hacer es conseguir gasolina?

No Intentes Esto en Casa

Todos desarrollamos nuestro propio estilo de Liderazgo si se nos encarga liderar a otros. Incluso si no tenemos informes directos, podríamos tener compañeros o amigos a influenciar, y desarrollamos un estilo, sino una reputación, que se nos cuelga.

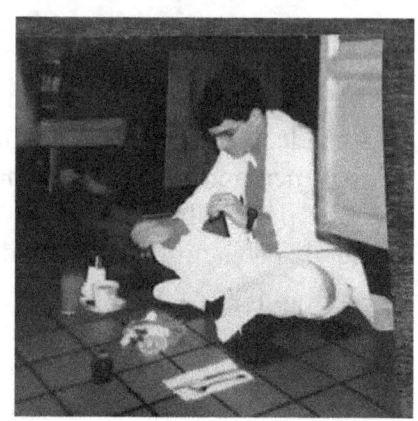

Existe un estilo para el que no necesitas tomar un curso universitario para entender, e incluso no necesitas leer un libro.

Siempre he encontrado que liderar con el ejemplo, o por lo menos intentar fuertemente liderar con el ejemplo, está en el núcleo de la mayoría de los buenos estilos de Liderazgo. Ha sido mi modelo personal, y yo intento muy fuerte, todos los días, liderar con el ejemplo.

Lo opuesto a liderar con el ejemplo es hipocresía, y eso desanima A casi todo el mundo, y es la forma más rápida de perder a un equipo, perder el respeto, y la etiqueta del líder.

Existe también una expresión, "es difícil meterse en problema con tu boca cerrada." este es una historia de una vez donde abrir mi boca, implementando un cliché, y liderando con el ejemplo funcionó bien en un esfuerzo Para inspirar a otros a subir los estándares y destacar. Involucra un Waffle, un esmoquin y una banda marcial.

Tras un período bastante exitoso en la zona de Los Ángeles - santa Bárbara - el condado de Orange, me ascendieron durante una reorganización para dirigir un grupo de sesenta y ocho establecimientos que representaban casi $50 millones en ingresos para una oficina de San Francisco que abarcaba el Norte de Carolina y parte de Nevada. El territorio incluía Sacramento, Lake Tahoe y Reno, y sí, por suerte para mí, la región vinícola del Valle de Napa.

Un secreto bien conocido de los supervisores de unidades múltiples en cualquier lugar y en cada ocupación es: La primera tarea en una nueva asignación es limpiar las cosas. Eso podría significar las finanzas, el inventario, los recursos humanos, el paisaje, o el equipo gerencial. También podría significar la sanitización, y en mi caso, para esta nueva región, significaba todas las anteriores.

En principio, las cosas estaban tan mal que no estaba seguro si había sido promovido o castigado con mi nuevo rol. No había muchas locaciones en mi nuevo territorio donde dejaría a mi esposa o mi madre usar el baño - siempre mi estándar para un restaurante limpio. Consejo de infiltrado: Si los restaurantes están limpios, la cocina también está limpia. Toma mi palabra en eso.

La única parte buena del trabajo era una oficina genial en el vigésimo cuarto piso en el centro de San Francisco.

Algunos de ustedes pueden saber que California tiene un tipo diferente de código sanitario. Las violaciones son consideradas, o eran consideradas en aquel entonces, actos criminales. Así es. Adicionalmente a cerrar el restaurante por violaciones serias, aquellos responsables pueden ser colocados en la cárcel. De vuelta en LA, durante mi primer mes en el trabajo, en realidad comparecí en la corte a nombre de una ubicación que todavía no había visitado, con un juez que amenazó con colocarme en la cárcel A menos que la limpiara. (para los curiosos, tuve éxito y no pagué condena.)

En cualquier caso, mi punto es que los departamentos de salud en ese estado, no andan jugando, y antes de enfrentar las finanzas, el inventario, los recursos humanos, el paisaje, o el equipo de gerencia, tenía que limpiar las cosas.

Mi plan era simple: Visitar cada restaurante regularmente. Realizar sugerencias sobre mejoras. Reconocer el progreso y los resultados.

Visitas regulares: Decidí que anunciaría mis visitas en lugar de clandestinamente, aunque créeme, hice eso una o dos veces. Estaba más preocupado sobre lo que sabían los equipos de las tiendas que lo que usaban. Hasta que supiera cuál podría ser su nivel de conocimientos real, no podría ser capaz de entender Cómo resolver cualquier situación. Mi lógica era simple: Si algo estaba mal en una visita anunciada, ellos o no sabían que estaba mal, o no sabían Cómo arreglarlo, y enseñarles era la solución. Yo me refiero a la brecha entre lo que ellos sabían y lo que ellos usaban como la brecha de hipocresía.

Sugerencias: Clasifiqué cada restaurante en cada visita ya sea verde por bien, amarillo por llegando allí, o rojo por este lugar realmente apesta. En cada visita, hice algo para avanzar en la causa de la pulcritud. Puede haber sido hecho con palabras de aprecio para mantener el estándar, o puede haber sido hecho a través de palabras más directas (recuerden, la retroalimentación es el desayuno de campeones). Confesaré que en muchas de las tiendas, le mostré al gerente Cómo limpiar una poceta, y en otras tiendas, estaba de rodillas fregando los pisos y los rodapiés, mientras que en otras, limpié la grasa acumulada en la zona de la parrilla o de la campana extractora de la freidora. Mucho mandando a lavar mis trajes En aquellos días.

Reconocer el esfuerzo y progreso: Siempre somos juzgados en dos cosas a la vez, sin importar nuestro trabajo o nuestra ocupación:

- Al inicio de nuestra asignación o proyecto o trabajo, somos juzgados en base a Nuestro esfuerzo y nuestro Progreso.
- Una vez que hemos estado en el lugar por un tiempo, y sabemos las cosas, somos juzgados en base a nuestro progreso y nuestros resultados.
- Finalmente, somos juzgados en base a nuestros resultados y nuestros resultados.

Y así es como yo juzgué a los restaurantes expandí el programa de inspección luego de unos pocos meses y anuncié que cualquier restaurante que ganara una calificación verde por el cuarto ganaría una placa a la Excelencia que presentaría en mi próxima visita. Y compartía los resultados en una newsletter semanal a todas las tiendas.

No me había dado cuenta de lo descuidado que estaba el mercado hasta mi primera gira de visitas para presentar las placas. Al principio me sorprendió que acudieran familias a las presentaciones, incluso niños que no iban a la escuela. En algunas de las ciudades más pequeñas, acudió el periódico, junto con algunos oficiales electos y personalidades locales.

Algo que simplemente estaba haciendo para limpiar las cosas resultó activar el orgullo y proporcionar un reconocimiento que se había echado mucho de menos.

Déjame mencionar aquí que yo no estaba visitando a las tiendas de vez en cuando; yo estaba en el campo cuatro días a la semana, algunas veces cinco. Promedia más de mil visitas a tiendas en un año cuando estaba ubicado en San Francisco. Divide eso entre sesenta y ocho tiendas. En una gira típica, yo saltaría al asiento del copiloto con el primer gerente regional, manejaríamos alrededor de todas sus tiendas, realizaríamos estrategias en la autopista entre paradas, y en la última tienda, el siguiente RM nos encontraría, y yo continuaría el viaje.

Lo que estaba sucediendo ante mis ojos era simple: La región estaba mejorando, y aquí está un ejemplo de cómo el estándar estaba subiendo:

- Digamos que en un lunes, una tienda en particular no está muy limpia.
- El martes, ellos se enteran que voy con el gerente regional.
- Para el jueves, ellos han elevado el nivel de limpieza tres tantos.
- El viernes, yo aparezco, luce bastante bien y luego me voy.
- El sábado, la limpieza baja dos tantos, pero todavía es mejor que lo que era la semana anterior, se movió un tanto.

Este es el enfoque tres pasos adelante dos pasos hacia atrás. Aunque funcionó, no lo hizo tan rápido como yo había esperado, o yo era impaciente. No importaba, necesitaba algo más, y lo encontré.

Luego de una gira por algunas tiendas en el valle de Napa, se me ocurrió una idea. En la próxima reunión semanal con los gerentes regionales, pronuncié las palabras Inmortales que ayudaron a cambiar la marea.

Simplemente dije, "mi definición de un restaurante limpio es uno donde yo puedo comer del suelo. En el primer restaurante que cumpla con ese estándar, eso es lo que haré."

El equipo zumbó. Y empezaron las preguntas: ¿Del suelo? ¿Como sin plato? ¿Cuándo? Anuncié que en la siguiente Ronda de sesenta y ocho, el restaurante más limpio se ganaría la recompensa de que yo entraría a comer del suelo en horario laboral.

La persecución había comenzado. El número de tiendas verdes se duplicó; el número de tiendas rojas casi cayó hasta cero. El restaurante ganador está ubicado en San José en el camino McKee. Bonnie era el nombre de la gerente, y Bot era el gerente regional.

Aparecí en el gran día usando un esmoquin blanco. Para no ser menos, el gerente regional había contratado a la banda de música de la secundaria local, la cual estaba tocando en el estacionamiento cuando yo llegué.

Un reportero y fotógrafo para el San José *Mercury News* estaba en la escena para la futura historia de primera página.

Entré caminando, me senté al lado del mostrador, y sonreí para el camarógrafo, quien estaba en una escalera sobre el punto designado. Había un servicio de mesa listo: Cuchillo, tenedor, cucharilla, servilleta, y menú. El servidor se acercó, tomó mi orden de un Waffle especial, con huevos revueltos y tocineta, café, y un jugo de grapefruit, y yo traté de no desmayarme debido a la adrenalina bombeando por mis venas.

La orden vino en un plato, y el servidor la empujó sobre la baldosa del suelo. ¿Ahora qué? Tomé una pieza de tocineta. Ok, había comenzado, había ordenado un Waffle, imaginándome te quedaría bien el suelo y no sería demasiado sucio, pero me olvidé del sirop del Waffle. Con todos los ojos puestos en mí y los espectadores empujándose para ver mejor, levanté la pequeña jarra de cristal con sirope de Arce (¿con una floritura?) y lo rocía sobre el Waffle y vi como el sirope corría por la línea entre las baldosas. Vaya, vaya. No lo intentes en casa.

Después de ese desayuno, dediqué más tiempo a poner en orden las demás cosas – las finanzas, el inventario, los recursos humanos, el paisajismo, y el equipo gerencial – porque entender las normas de limpieza ya no era un problema regional.

Mis estándares se hicieron claro, yo iba en serio, y yo había liderado con el ejemplo.

El reconocimiento Nacional para la región y para mí no tardó en llegar. Cuando el presidente del Consejo me preguntó cuál era mi secreto para dar un vuelco a la región, le dije que tenía cuatro secretos: Cuando inicié la transformación, reconocí el esfuerzo y el progreso. Luego pasé a reconocer el progreso y los resultados. Ahora estábamos en un espacio en el que lo que yo reconocía eran los resultados y los resultados.

Él dijo, "Pero esos sólo son tres."

Y yo dije, "Y me esfuerzo mucho, cada día, por liderar con el ejemplo."

CAPÍTULO 7: CAMINANDO EN MEMPHIS

Asombrosamente Hipnótico

Poco antes de terminar mi primer año en UMASS, obtuve las buenas noticias de que uno de mis nuevos hermanos de la fraternidad me había ayudado a obtener ese trabajo de verano en el astillero de General Dynamics en Quincy, muy cerca de mi casa.
La posición sería como instalador de tuberías de un sindicato (de tercera clase no cualificado), ganando la increíble suma de $2.89 por hora Cuando el salario mínimo era $1.60. (por supuesto, la gasolina costaba 36 centavos, y el apartamento promedio se alquilaba por $108 al mes.)

Si no iba a ser rico trabajando ese verano, iba a estar muy cerca, pensé. Las buenas noticias continuaron. Yo había estado trabajando en Secundaria como un parrillero en un lugar de hamburguesas de comida rápida y también estaría trabajando allí por el verano como un encargado de turno durante las noches. Dos trabajos, cerca de setenta y cinco horas por semana. Dulce.

Cómo procedía de una familia numerosa, cuando me fui a estudiar el otoño anterior, mi dormitorio pasó a manos de un hermano pequeño, pero teníamos un sofá estupendo que se convertiría en mi espacio para dormir. Como acabé trabajando de lunes a sábado en El Astillero, de 6:30 a.m. A 2:30 p.m. (sí el sobre tiempo del sindicato!), y de jueves a domingo por la noche en el restaurante (3:30 p.m. 1:30 a.m.,) dormía muy poco de todas formas.

Al ser nuevo en el trabajo sindical, conocí de primera mano la atención entre la dirección y los trabajadores casi de inmediato. Formaba parte de una Cuadrilla de instaladores de tuberías, unos doce, que trabajaban en un buque de la marina de los Estados Unidos que, en cuanto se terminó, fue designado para dirigirse a Vietnam, ya que esa guerra estaba en pleno apogeo.

La Cuadrilla se reunía a las 6:30 a.m. En un lugar designado bajo cubierta y esperaba las instrucciones de un jefe con casco blanco antes de dirigirse a obras o proyectos concretos. Todos los jefes llevaban cascos blancos, tal vez una reminiscencia de la época de los vaqueros? Los instaladores de tubería llevamos cascos azul bebé.

Cada uno de los otros oficios tenía su propio color de casco. Estaban los chasers (rojo), los carpinteros (creo que verde), y así sucesivamente.

El segundo día en el trabajo, nosotros doce estábamos esperando para comenzar a trabajar, y un casco blanco se dirigió hacia mí y me preguntó porque estaba parado sin hacer nada. Recuerdo lo que tartamudee, pero recuerdo que él me dijo que no le hiciera nuevamente, o él me reportaría, Hmm.

Mi mentor ese verano, un Irlandés llamado Ray, me dijo cuando llegamos al lugar de trabajo que el casco blanco me había atacado a mí porque no estaba sosteniendo un cigarrillo; el contrato del sindicato permitía el fumar, pero si estaba parado sin hacer nada, el contrato no me protegía. Interesante.

Al día siguiente, cuando estábamos parados con esperando para comenzar, le robé un cigarrillo a Ray a para sostenerlo. Y el casco blanco retrocedió.

El tercer día, cuando se dio cuenta de que solo estaba sosteniendo un cigarrillo sin encender, él se acercó a mí y dijo, "enciéndelo."

Para la segunda semana, otros miembros de La Cuadrilla estaban cansados de que yo les robara los cigarrillos y me dijeron que comprara los míos, lo cual hice. Puedes adivinar lo que sucedió después? Sí, me convertí en un fumador. Cortesía de un contrato sindical, un casco blanco intratable, y el gobierno de los Estados Unidos.

En aquellos días, todo el mundo fumaba.

- Puedo recordar la niebla cuando mis padres tenían visitas para jugar carta o para una cena. La mayoría de las casas tenía ceniceros por doquier, y eran una gran idea de regalo en las navidades.
- Hasta los 90, los aviones tenían secciones de fumadores en la parte trasera, y Tan pronto como esa señal del cinturón de seguridad se apagaba, veinticuatro o treinta o cuarenta y ocho personas los encendían. Difícil de creer si tú no estabas allí.
- Las clases de entrenamiento y las reuniones Tenían un lado

fumador y un lado no fumador. Por supuesto, los restaurantes tenían secciones de fumadores y no fumadores. Tú entiendes el panorama. Todo el mundo fumaba. En todos lados. A todo momento. También en el interior. ¿Puedes imaginártelo?

Mi trabajo de instalador de tuberías me inició en dos décadas como un fumador. Por supuesto, intenté dejarlo intermitentemente. Mi problema? Realmente me gustaba fumar. Blasfemo, lo sé. Pero lo hice, y mis esfuerzos por detenerme fueron detenidos por el hecho de que en el fondo, no estaba comprometido.

Intento serio 1, los Ángeles, california: Muchos años después, tenía un bebé recién nacido, y tenía una razón adicional para dejarlo, pero sabía que necesitaba ayuda. Estos eran los días antes de los parches de nicotina y las gomas de mascar y otras ayudas para dejar de fumar.

Había oído hablar de la terapia de aversión Schick shock en un periódico o a través de un amigo (recordemos que tampoco había internet). Así que investigué el concepto. He aquí la definición:

> La terapia de aversión es un método de tratamiento en el cual una persona es condicionada a que le desagrade un cierto estímulo debido a su emparejamiento repetitivo con un estímulo poco placentero. Por ejemplo, una persona intentando dejar de fumar podría pincharse su piel cada vez que se le antoje un cigarro.

Dos o tres veces por semana, iría a una oficina en el centro de LA con dos paquetes de cigarrillos, cada uno con veinte cigarros, por sesión.

Yo me registraba y luego pasaría a lo que era básicamente un clóset de 3x4 con un escritorio.

El escritorio estaba cubierto con miles de colillas de cigarro en ceniceros desbordados y un conjunto de contactos eléctricos sobre los cuales colocaría mi muñeca. (¿trabalenguas? Colocar mi muñeca.)

El técnico ajustaría una cinta alrededor de mi dedo anular en la mano de fumar. Estábamos listos para comenzar.

En caso de que se estuvieras preguntando, el clóset/ cuarto apestaba hasta el cielo.

Definitivamente quería tapar mi nariz. Era de esa forma por diseño.

Rara vez lo limpiaban, esperando maximizar el disgusto de cada Cliente por el olor a cigarrillo.

Por las siguientes cuatro horas, yo fumaría todos o parte de veinte a treinta cigarrillos. Sí, leíste correctamente.

Ves que mi mano derecha levantaba un cigarro a mi boca, mi muñeca izquierda experimentaba un leve choque, como soltar una banda de goma contra mi brazo. El cuarto no tenía ventilación, ¿no mencioné eso? Se llenaba cada vez más de humo y era cada vez más apestoso.

Existían varios ejercicios, por ejemplo:

Fumar de velocidad: Yo tendría 60 Segundos para fumarme un cigarrillo completo hasta el filtro. Aspira, aspira, aspira tan rápido como podía, sin descanso, sin pausa, hasta que se acababa. Eso gastaba aproximadamente el 25 por ciento de los cigarrillos.

El humo se mete en tus ojos: Luego por supuesto, había un ejercicio donde fumaba un cigarro con mi cara paralela al suelo de forma que el humo entrara directamente a mis ojos. Otro 25 por ciento de los cigarros eran quemados de esa forma.

Para ser honestos, no recuerdo los otros ejercicios muy bien; el paso del tiempo y nuestra eliminación natural de los malos recuerdos pueden ser factores.

¿Lo dejé? Si respondo más o menos, aquellos fumadores actuales o antiguos entenderán. Pare de fumar Comparado a los dos paquetes al día habituales que anteriormente fumaba pero me convertí en un experto para esconder cigarrillos y fumarlos muy eficientemente. La práctica puede haberme movido a medio paquete al día pero realmente no hizo su trabajo.

Recuerden, me encantaba fumar, pero muy en el fondo, debido a que no estaba completamente comprometido, incluso el nacimiento de un nuevo bebé no pudo ayudarme, y la terapia de aversión que me hizo evitar fumar en closets solo funcionó parcialmente.

Intento serio 2, Memphis, Tennessee: Adelantándonos solo un par de años. Nos habíamos reubicado en Memphis por trabajo, y mi esposa deja un anuncio de periódico para una sesión de hipnoterapia a ser llevada a cabo en un salón de baile de un hotel en un par de semanas, donde el charlatán tiene la capacidad de hipnotizar hasta trescientas personas a la vez para dejar de fumar.

Me anoté, no porque tenía que dejar de disfrutar un cigarrillo en momentos claves de mi día, sino porque fumar se estaba convirtiendo en una molestia. Una molestia real. Ya no había ceniceros en cada salón y oficina.

- No solo eso, sino que ahora las personas ¡tenían la audacia de pedirte que fumaras afuera! Un verdadero dolor.
- No solo eso, sino que también ahora eras visto como un ser humano inferior por ser fumador.
- No solo eso, lo que originalmente era 45 centavos por un paquete de cigarrillos ahora eran más de un dólar, y eso se traducía a cientos de dólares por año. Caramba.

Por lo que me registré para ser hipnotizado en un salón de baile con trescientas personas. Pero algo era diferente.

No me malentiendas, yo eres escéptico. Muy escéptico. También estaba absolutamente seguro que yo no iba a ser hipnotizable. Incluso entonces, mi disciplina mental era famosa, y yo sabía que ningún tipo en un escenario en un salón de baile en Memphis, Tennessee, posiblemente Podría tener el poder de hipnotizarme. De ninguna forma. Pero realmente quería dejarlo y no me importaba si era una solución rápida. Quería marcar todas las casillas hasta dejarlo, y si la hipnosis era una de ellas, que así sea.

Las instrucciones decían que trajera tu cigarrillos al evento. El salón estaba repleto. Había uno de esos ceniceros de aluminio en cada asiento. El asunto era que el programa sería en dos partes. Parte uno: Tú podrías fumar, y el hipnotista explicaría algunas cosas sobre el proceso, los hábitos y más.

En el medio tiempo, él nos indicaba que sacáramos nuestro cigarrillos, y nos fumáramos un último cigarrillo en el receso, y que votáramos todo el tabaco antes de regresar adentro para la parte 2. El hotel proporcionó grandes barriles para que todo el mundo lanzara sus cigarrillos.

Por lo que detrás del Hyatt Hotel, con el ruido del tráfico sobre la I- 240 en el fondo, lancé Mi último Marlboro y regresé adentro del salón de baile, esperanzado pero todavía escéptico a pesar de lo que él nos había dicho antes del receso - la clave era convertirse en un no fumador en lugar de dejar de fumar. El concepto era reemplazar lo negativo de dejar con lo positivo de convertirse.

Las luces eran tenues. Voz suave. Él indicó el tiempo de inicio del ejercicio, luego inició un gran contador en el escenario y le dio la vuelta para que no pudiéramos ver el tiempo que había pasado.

Todo el mundo relajado, apéndice por apéndice.

Luego él dijo algo como, "Tú no querrás un cigarrillo con café", y yo estaba pensando, *maldición si no lo quiero*. Y él dijo, "Tu no querrás un cigarrillo a primera hora de la mañana." y él continuó, enumerando cerca de cada situación que él pudo pensar donde yo posiblemente quería un cigarro.

Cerca de la mitad de la letanía, comencé a esperar fuertemente que estuviera hipnotizado y que no quisiera un cigarrillo con una cerveza o alguna de las otras situaciones. Pero no estaba seguro que esto iba a funcionar.

Las luces fueron encendidas, y todos regresamos a una completa conciencia. Él preguntó una simple pregunta que cambió mi vida. Él pidió que levantaran la mano aquellos que creían que habían sido hipnotizados por menos de un minuto.

Un puñado de manos. Luego realizó la misma pregunta para varios intervalos, y yo levanté mi mano como que yo creía que habíamos estado en el ejercicio cerca de cuatro minutos.

Él luego nos dijo que miráramos al contador que él había volteado y a nuestros relojes, y yo me asusté. Fueron -glup- casi veinte minutos. ¿Me estás tomando el pelo? ¿Yo el de la mente Poderosa? ¿Yo el de la disciplina mental? ¿Yo quien no tenía posibilidad de ser hipnotizado acababa de pasar por una experiencia que pensé que había durado cuatro minutos y en realidad fueron veinte?

Tal vez funcionó. Manejé a casa sin cigarros y llegué cerca de las 8:30 p.m. Le dije a mi esposa que me iba directo a la cama, ya debido a que, si mal no recuerdo, nunca había fumado mientras dormía. Quería pasar unas 8 horas sin fumar antes de caer en la tentación. Cuando me desperté como no fumador, sentí el impulso de coger un cigarrillo, pero extrañamente se me pasó en unos segundos. Luego me tomé un café. Un pequeño impulso. Se me pasó igual. Luego conduje hasta el trabajo. Las mismas ganas.

Igual se me pasó.

El primer día, tenía ganas cada diez minutos, pero se me pasaban. El segundo día, cada dos horas. Al final de la semana, las ganas eran esporádicas, un par al día, y pasaban. A la segunda semana, los impulsos habían desaparecido y yo estaba feliz de haber sido hipnotizado para convertirme en un no fumador.

Nunca sabré si fui capaz de ser hipnotizado porque estaba comprometido a ser un no fumador o si estaba comprometido a ser un no fumador porque fui hipnotizado.

Pero eso me ayudó de una forma muy específica que probablemente puede no ser aparente. Cambió la forma en que pensaba sobre la forma en que pensaba. Me di cuenta de dos cosas a partir de esa noche lluviosa en Memphis.

En primer lugar, la mayoría de nosotros no somos tan listos como creemos, y es importante Buscar a personas que sean más listas o que tengan más conocimientos que los nuestros. Ya se trate de asesoramiento Financiero, nutricional, psicológico o de otro tipo. Desde aquella noche, me he afanado en ponerme en contacto con quiénes son más listos que yo, ya sean empleados o expertos funcionales.

En segundo lugar, me di cuenta de Cuántas veces nos engañamos a nosotros mismos y fracasamos porque "creemos" que estamos comprometidos; Tienes que estar totalmente entregado.

Las personas exitosas forman el hábito de hacer las cosas que a los fracasados no les gusta hacer, y una de esas cosas que a los fracasados no les gusta hacer es estar comprometidos por completo.

Cuando miro atrás a aquellas cosas en las que fui exitoso, y aquellas en las que no lo fui, puedo armar un caso y debatir que la principal diferencia era mi nivel de compromiso.

Nunca sabré si fui capaz de ser hipnotizado porque estaba comprometido a ser un no fumador o si estaba comprometido a ser un no fumador porque *fui* hipnotizado. Para ser completamente honesto, incluso no sé si *fui* hipnotizado. Hoy en día eso no importa, pero sí sé que estaba comprometido a ser un no fumador, y estamos a más de tres décadas después.

(La hipnosis no es una panacea para la adicción al tabaco y no funciona para todo el mundo. esta historia no debe ser considerada como una promoción de la hipnosis; es solo una historia sobre lo que funcionó para mí. Lo que funcionó Para mí fue un compromiso a un nivel superior al que había experimentado antes. Si usted fuma, le deseo mucha suerte. Vea más abajo otra razón.)

El compromiso hacer un no fumador me ha ahorrado mucho dinero, según un artículo publicado en el *Worchester Daily Voice*.

Un fumador de un paquete por días de Massachusetts gastará $3.17 millones a lo largo de una vida en cigarrillos, ingreso perdido, atención sanitaria, y otras pérdidas financieras debido a la adicción al tabaco, de acuerdo con WalletHub's "The Real Cost of Smoking By State." Massachusetts es el estado más caro en la nación para hacer un fumado.

El estudio considera varias categorías, incluyendo el costo en efectivo por comprar cigarrillos; costo de oportunidad financiera, el cual incluye cuánto habría ganado una persona al invertir el dinero en el mercado de valores en lugar de cigarrillos; costos de asistencia sanitaria; ingreso perdido debido al absentismo laboral, prejuicios en el lugar de trabajo o menor productividad debido a problemas de salud relacionados con el tabaquismo; y otros costes como el aumento de las primas de los seguros de los propietarios de vivienda y el precio del humo de segunda mano para los demás.

Anualmente, el uso del tabaco le cuesta a los fumadores de Massachusetts más de $66,000 por año, dice el estudio.

Llevando la Cuenta—De la Forma Correcta

Cuando mi hijo tenía casi 2 años de edad, nuestra familia se mudó a Memphis, Tennessee, desde el área de Los Ángeles, y vivimos allí un poco más de 10 años, por lo que tuvimos la experiencia completa de Memphis.
Todos nosotros (la diferencia de todos ustedes) fuimos a la Graceland de Elvis Presley cerca de una docena de veces y escribimos nuestros nombres en la pared de ladrillos fuera de La Mansión, con miles de otros, más de una vez.

Habíamos hecho una barbacoa en el restaurante Redezvous. Es literalmente en un callejón oscuro, bajo tierra, detrás de un basurero, donde el mesonero promedio tiene más de 20 años de servicio y es tan probable que te diga lo que deberías ordenar en lugar de tomarte tu orden.

Más de una vez, mi esposa y yo tuvimos la oportunidad de Escuchar El blues en Lou's un auténtico club de blues sureño con vista al río Mississippi, justo al salir de Beale Street.

En una ciudad sin quitanieves, excepto en el aeropuerto, una vez pagué $20 a un camionero emprendedor para que me empujara por una Modesta pendiente en mi desesperado camino al aeropuerto durante una inolvidable tormenta de nieve. Imagina 6 pulgadas de nieve amontonada junto a los autos, nunca arada, y tratada esparciendo cenizas sobre la calzada después de nevar.

Comíamos bagre con regularidad, incluyendo, por supuesto, una cena de pascua en casa de un amigo nuestro primer año en la ciudad.

En general, nos encantaba vivir allí. Era un lugar tranquilo, barato y fácil de recorrer. Nuestra casa en un pequeño lago era el lugar perfecto para que nuestro hijo creciera a poca distancia de la escuela primaria.

Oh sí, y mi hijo y yo ganamos un torneo de Gol padre e hijo del Día del Padre en un curso en el campo de la antigua Universidad Holiday Inn en Olive Branch, Mississippi de una manera muy inusual por una razón muy inusual.

Creciendo: Cuando Joe tenía tres años de edad, como parte de un plan para ayudarlo a alcanzar su potencial, me dediqué al Golf para poder jugar con él cuando fuera mayor. De joven, podía caminar de forma limitada. No largas distancias y no precisamente con gracia, pero podía caminar. No utilizó andadera en la escuela primaria y no usó silla de ruedas hasta la secundaria, como resultado de una cirugía mayor de columna.

Por lo que estábamos emocionados cuando un nuevo campo de golf abrió justo al cruzar la línea del estado en Mississippi, a diez minutos de distancia, nos dirigíamos hasta allí y tomábamos turnos golpeando una cesta de pelotas por más o menos una hora, y luego nos dirigíamos a la casa del Club por una cerveza de raíz y algunos videojuegos o skee-ball. Probablemente Éramos unos de los mejores clientes, y por supuesto, todo el mundo conocía nuestros nombres.

Clare, la hermana del dueño, trabajaba allí la mayoría de las noches, y el lugar estaba abierto todo el año. Había veces en las que Joe y yo éramos los únicos clientes, y pasaríamos el rato luego de utilizar el campo de golf y jugar pinball u otros juegos. Pienso que teníamos una tarjeta de cliente frecuente o algo así. Con el tiempo llegamos a conocer a toda la familia del dueño y, de hecho, Joe celebró allí una de sus fiestas de cumpleaños; un buen rato para todos los niños y los padres, sobre todos los papás, me entiendes.

El Holiday Inn fue fundado en Memphis, y su universidad, donde los gerentes de hotel eran entrenados, estaba ubicada a unos quince minutos en Mississippi y tenía un gran (quiero decir fácil) campo de golf, realmente a un hotel y a un centro de conferencias. Cuando yo jugaba golf de verdad, lo cual no era muy a menudo, era mayormente en este campo (renombrado Whispering Woods, ahora cerrado).

Un año vi un cartel que promocionaba un torneo de golf del Día del Padre, un evento para padre e hijo, en el que los miembros del equipo se alternarían los golpes durante 18 hoyos. Perfecto para mi hijo y para mí. Un gran momento para estar con los chicos y estar juntos. Para hacer las cosas aún más interesantes, se utilizaría un sistema de hándicap de doble bogey ciego.

No golfistas: Atención

Por favor pregunten a un golfista que conozcan para una mejor explicación sobre lo que sigue. Es difícil de explicar Si tú no juegas Golf.

Sección de definición

Golf hándicap: Wikipedia dice, " un Golf hándicap es una medida numérica del potencial de un golfista que es usado para permitir que jugadores de distintas habilidades puedan competir entre sí. Los mejores jugadores son aquellos con los hándicaps más bajos."

En las competencias de Hándicap Stroke Play, el hándicap de juego de un golfista se resta del número total de golpes realizados para obtener una puntuación neta, que se utiliza para determinar los resultados finales.

Puntuación Neta del Hándicap Bogey Ciego:

Nunca había escuchado sobre este tipo de sistema, y aquí está una explicación del internet:

Los Hoyos ciegos del bogey se marcan, y los golpes sobre par en esos Hoyos se totalizan. Ese total se duplica. Ese es el hándicap de Bogey ciego del golfista. Esa asignación se resta de la puntuación bruta del golfista, cuyo resultado es su puntuación neta del hándicap de Bogey y ciego.

En otras palabras, en un torneo usando este sistema, los Hoyos son elegidos al azar, y las puntuaciones en esos Hoyos son restadas del total, para que los golfistas con habilidades diferentes puedan competir. Mientras peor sea el golfista, mayor será el hándicap de golf de bogey ciego y más baja la puntuación neta.

Así que para este evento, las puntuaciones finales serían lo que sea que fuese tirado menos ese hándicap de golf de bogey ciego para nivelar el campo de juego o nivelar los greens, cualquiera que prefieras.

Cuando aparecimos para el evento, estábamos emocionados de enterarnos que el dueño del campo de golf y su hijo, de casi dieciocho años de edad, estarían en nuestro cuarteto, y partimos.

Su carrito llevaba la cuenta y, después de cada hoyo,

anunciábamos lo que habíamos tirado y ellos también. Después de unos cuantos hoyos, mi hijo empezó a sospechar de cómo llevaban la cuenta, así que empecé a prestar más atención.

Efectivamente, debían haber aplazado matemáticas cuando iban al colegio, porque los siete, ochos y nueves se convertían en cincos, seises, y siete con regularidad. Mi hijo me preguntó si podíamos llevar la cuenta como el otro carrito de golf, y le dije que jugaríamos directamente y llevaríamos la cuenta de nuestro rendimiento real.

Podríamos ser malos, pero éramos precisos. No valía la pena falsificar los números. (nota rápida: Yo soy el nerd que devuelve el cambio cuando el cajero me ha dado de más.)

Es que hay lectores allá afuera que usan el método de llevar la cuenta que los miembros de nuestro Cuarteto usaban. Según mi entendimiento es un método bastante popular, incluso utilizado por un antiguo presidente, para contar puntuaciones. Ya no juego al golf, así que No sabría.

Para serte sincero, me sentí mal cuando anotamos un par de doces y al menos un catorce, porque fue un poco vergonzoso. Pero no estábamos allí para impresionar; estábamos allí para compartir el Día del Padre en un hermoso campo de golf.

Terminamos los dieciocho hoyos, nos dimos la mano y nos fuimos a disfrutar de la barbacoa que había detrás del Club. La barbacoa en el sur es como la langosta en Maine, los cangrejos en Maryland, el pargo rojo ennegrecido en Luisiana, los tacos en California o la pizza en Nueva York - lo hacen bien.

Tomó bastante tiempo para que los directores del torneo calcularon las puntuaciones de los más de cien golfistas, debido a que ellos tenían que seleccionar los Hoyos para calcular los hándicaps, luego aplicarlos a las puntuaciones y contarlas.

Estábamos en nuestros propios asuntos cuando los equipos del cuarto, tercero y segundo lugar fueron anunciados. Y luego ellos anunciaron a los ganadores de todo el evento como Joe y Ed Doherty de Memphis.

Nos miramos el uno al otro con sorpresa, nos levantamos de la mesa de picnic, y orgullosamente recibimos el trofeo más grande que he visto.

El trofeo nos fue concedido porque en el sistema de Bogey

doble ciego no hicimos trampas, y eso en realidad nos ayudó. Nuestros Hoyos malos que se registraron con precisión acabaron restándose de nuestra puntuación Total como nuestros hándicaps de golf y nos dieron la puntuación neta más baja.

Moral de la historia: cuando regresamos a nuestra casa y nos tomamos una foto con el trofeo, ambos sabíamos que sin el sistema de hándicap de golf doble ciego, alguien más habría ganado el trofeo. Pero el propósito del sistema era crear un campo de juego equitativo para que todo el mundo tuviera una oportunidad de ganar. Funcionó y lo hicimos.

También sabíamos que jugaron esta mente contribuyó a que ganáramos el trofeo. Nunca sabremos si fuimos los únicos golfistas que ese día registramos cada golpe, pero lo que siempre hemos sabido es que registrando cada golpe y jugando bien, ganamos. Y funcionó. No solo caminábamos por Memphis, sino que caminábamos con la cabeza alta por Memphis.

Siempre es Hoy, ¿Cierto?

Todos somos persistentes. Todos nos abrimos paso a golpes a través de los obstáculos Y problemas. Algunos alardeamos de lo resistente que somos o de los duros que podemos ser cuando nos enfrentamos a problemas o de cómo hemos respondido bajo una intensa presión. Todo lo que decimos y creemos es cierto.

Podemos pensar en docenas de ocasiones en las que no nos rendimos, no retrocedimos O no nos doblegamos ante situaciones externas.

Por muy orgullosos que estemos de las cosas que hemos sido capaces de superar, a veces o muchas veces en nuestra vida, nos hemos enfrentado o nos enfrentaremos a una montaña que no somos lo suficientemente fuertes para escalar

Eso sucede.

Tú puedes ser la persona más fuerte del puerto (o el HP más malo en el valle, como alguien dice) pero cuando las olas más grandes pegan. Tu determinación no te mantendrá seco.

Muchas veces en nuestras vidas, el tamaño de la ola que estamos enfrentando Es simplemente muy grande para que nosotros la soportemos. Puede ser el nacimiento de un bebé prematuro. Puede ser una seria crisis personal. Puede ser una enfermedad hereditaria. Puede ser una adicción. Puede ser una crisis financiera. Puede ser el rechazo de un ser querido. Puede ser la pérdida de un trabajo. Puede ser la muerte de alguien cercano. Puede ser cualquiera de las miles de grandes olas que nos barren.

Hay momentos en nuestras vidas cuando enfrentaremos una ola más grande que la que hemos enfrentado anteriormente, y nos derrumbará. No hay vergüenza en estar abrumados por una gran Ola. Casas, playas, y caminos todos han sido destruidos por grandes olas. Las ciudades han sido devastadas por olas más grandes de lo esperado.

Lo que separa a los mediocres de los buenos y los grandes de los casi grandes es lo que sucede luego de que la ola golpea. Qué tan rápido sólido es reconstruido el camino, o el país, qué tan pronto la vida se restablece, o cuan efectivamente la playa es restaurada.

La lista de grandes olas lanzadas hacia nosotros es casi interminable:
- El emprendedor que lo pierde todo y luego se levanta nuevamente.
- El adicto que patea el hábito y se mantiene limpio.
- La ciudad que fue golpeada por un tornado y regresa más grande y mejor que nunca.
- El lanzador que ha tenido cirugía en el brazo y logra regresar a las grandes ligas.
- La persona que es despedida y luego regresa para liderar la compañía.
- El niño que tiene leucemia y la vence.

Esos también son ejemplos de personas y cosas en nuestra sociedad que realmente admiramos. Todo el mundo es derrumbado y continuará siendo derrumbado. Admiramos más a aquellos que superan la adversidad para triunfar.

Yo Admito que cuando estás tirado sobre tu espalda luego de recibir uno de los devastantes golpes de la vida, puede ser difícil en ese momento darse cuenta de que fue el tamaño de la ola y no tú. Pero el intervalo de tiempo entre ser derrumbados y volverse a poner de pie obviamente determina qué tan rápido tú regresarás a donde perteneces.

Así que la próxima vez que te enfrentes con una montaña muy alta o un río muy profundo o una ola muy grande para que la manejes, recuerda que lo que necesitas hacer es enfocarte no en lo que tú no acabas de hacer, o lo que no pudiste hacer, sino en lo próximo que necesitas hacer.

Muchos años atrás, mi hijo de 4 años de edad lo entendió. Yo estaba sentado en una silla de jardín en el frente, y él estaba montando su triciclo alrededor, él se acercó a mí y dijo, " siempre es hoy, ¿cierto, papá?"

Sí, Joe, siempre es hoy.

- El ayer se ha ido, y lo que tú hiciste o no hiciste entonces no es tan importante como lo que tú haces hoy o mañana.
- Lo que sucedió ayer determina tu historia.
- Lo que sucede hoy determina tu futuro, y tú determinas lo que sucede hoy.
- Tú determinas lo que sucede hoy, y siempre es hoy.

Si un niño de cuatro años pudo reconocer eso, debería ser fácil para nosotros. Que todas tus olas sean pequeñas y tu determinación sea fuerte hoy.

CAPÍTULO 8: ROCKIN' AND ROLLIN'

Equidad de la Paleta

Cuando mi hijo, Joe, estaba en Secundaria, conseguimos una mesa de Ping – Pong, como muchas familias lo hacen, y la colocamos en el sótano. Debido a que él era nuevo en el juego él pasó suficiente tiempo frustrándose cuando él no podía hacer un tiro o regresar una volea.

La mayoría de su frustración era el resultado de estar en una silla de rueda y tener una visión diferente de la mesa sin oportunidad de realizar un fuerte remate sobre la cabeza en mi cara. Para las personas usando una silla de ruedas la mesa está al nivel del pecho o a nivel del cuello. Imagínate comer pasta en una mesa a esa altura? Colócate una servilleta en tu camisa.

Hablando de altura, mi estatura de pie y mi movilidad superior eran difíciles de superar, así que el objetivo de mi hijo en el sótano cuando empezó a jugar era simplemente aprender a jugar lo suficientemente bien como para que nuestros partidos fueran competitivos. Con el tiempo, fue adquiriendo destreza y confianza, pero yo seguí haciendo el más hábil de la familia en la volea y podía ganar la mayoría de las veces si ponía mi cara de juego.

Nunca he sido de los que pierden los juegos ni de los que se dejan ganar, aunque de vez en cuando puedo ceder un poco con algún miembro de la familia, excepto cuando se trata del scrabble. Juego para ganar, sin importarme de quién sea la herida. Un día, al entrar en nuestro estadio privado de Ping - pong del sótano, eché un vistazo a una vieja silla de escritorio con ruedas que había en un rincón y se me encendió una bombilla. Cogí la Silla, la acerqué a mi lado de la mesa y me senté.

Los ojos de Joe se abrieron completamente cuando se dio cuenta lo que estaba sucediendo. En un instante, su perspectiva sobre el Ping - pong cambió de una actividad con su papá a algo diferente, porque ahora el juego es más equiparable.

Mi privilegio de la altura se había, bueno, ido. Más que eso, Joe en realidad tenía más experiencia y habilidad que yo en esta versión más cerca al piso del Ping – pong. Jugamos ese día, y cada día de allí en adelante, conmigo sentado en esa silla.

Jugar Ping – Pong con una persona en silla de ruedas cuando está sentado nivela el campo de juego bastante rápido. De repente, los partidos eran más competitivos y más interesantes para los dos. Mi hijo adquirió más confianza en sí mismo y se centró en ganar, como hace Ahora cuando me Machaca en palabras con amigos. Probablemente Jugamos el doble de veces porque era más divertido.

Bueno, eso, además de que soy el tipo de persona que quiere una revancha cuando pierdo, y esa manzana no cae lejos del árbol.

Algún tiempo después en ese año escolar, la clase de educación física de mi hijo fue forzada al interior en un día lluvioso, y las mesas de Ping pong fueron colocadas en el gimnasio. El instructor estaba bastante sorprendido cuando mi hijo fue el primero en agarrar una raqueta y acercarse a una de las mesas.

Él aguantó en contra de un oponente anónimo que estaba de pie, a pesar del privilegio de la altura del niño. Pero Joe estaba tan confiado en su habilidad (no mencioné que la manzana no cae lejos del árbol?) que el resto a su próximo oponente a jugar con él Sentado en una silla.

El instructor no se lo pensó dos veces y se apresuró a poner una silla frente a mi hijo, dándose cuenta al instante de que había algún tipo de elección de vida Esperando a toda la clase.

Incómodamente los estudiantes debieron comprender al instante que se les iba a quitar el privilegio inherente a la altura y que eso igualaba las condiciones. Así que imagino que otro chico con coraje o alguien que también vio la lección a. O algún otro chico genial aceptó el reto. Todo el gimnasio debió detenerse cuando empezó el partido.

Por supuesto, joe le ganó a ese chico y a todos los demás ese día en esta nueva competición equitativa de Pimpón porque era muy bueno en esta versión particular de este juego en particular. A todos los niños con los que jugó les encantó jugar de esta manera, algo nuevo e innovador, y todos ellos recibieron una lección experimental sobre el privilegio de la altura.

Eventualmente se corrió la voz de todo esto en la secundaria, y él Kings High School tenía a otro chico genial, este en silla de ruedas. Al profesor de educación Física le gustó tanto lo que vio que la mayoría de los días de lluvia sacaba las mesas de ping pong en la clase de Joe. De hecho, creo recordar que mi hijo le ganó al profesor una o dos veces ese año.

Cada persona tenía la misma raqueta = igualdad. Jugando Ping – Pong en una silla = equidad.

La equidad y la igualdad están presentes en nuestra vida cotidiana de formas que damos por sentadas o pasamos por alto. Tomemos como ejemplo los zapatos. Los zapatos se venden sobre la base de la equidad; sería duro que todo el mundo tuviera que llevar la misma talla, cierto? Por no hablar de los vestidos, los sombreros o los pantalones cortos. La ropa, para venderse, tiene que ser equitativa; tiene que ser lo que se necesita. De hecho, habría centros comerciales y la ropa no se vendiera en condiciones de equidad?

Sándwiches, por otro lado, son vendidos en base a la igualdad: Tu tamaño, edad, altura, y el hecho de que tú estés en una silla de rueda o no, no tienen nada que ver con lo que obtienes. Puedes imaginarte comprar un Big Mac y que te pongan diez hamburguesas de ternera, salsa especial, lechuga, queso y pepinillos en un panecillo con semillas de sésamo porque mides siete pies de alto? En cualquier caso, no es un buen uso de tres mil calorías.

El café utiliza tanto la igualdad como la equidad para vender: Los tamaños de tu café están predeterminados para ser pequeño, mediano, grande, extra grande, gigantes y boxful (o si habla Seattle, tall, grande, venti), pero puedes equiparar tu taza con crema o azúcar o edulcorante o incluso algo bajo en grasa para que sepa fatal, si quieres. Incluso Aunque yo era el papá de Joe, no tenía idea de lo que él realmente estaba enfrentando cuando comenzamos a jugar Ping pong, y tampoco la tenían ninguno de sus compañeros de clase ese día lluvioso.

Hay una vieja de presión que mi padre utilizaba mucho para resolver problemas que dice: "Si no puedes levantar el puente levadizo, baja el río". A veces pienso que cuando nos enfrentamos a un obstáculo, y no podemos levantar el puente levadizo, nos detenemos en eso en lugar de buscar formas de bajar el río o jugar desde una silla. La equidad es algo que beneficia a todos y, como en esta historia, en muchos casos no le cuesta nada a nadie. La equidad no es un juego de suma cero; puede haber más de un ganador; igual que en el Ping pong, cuando uno se lleva su propia raqueta y su propia silla.

La Elipse Horizontal

Para todos los que hoy sienten lástima de sí mismos, esta es la historia de un chico de dieciséis años que fue noqueado de espaldas, literal y figurativamente, y se levantó de la lona a base de trabajo duro y, por supuesto, persistencia.

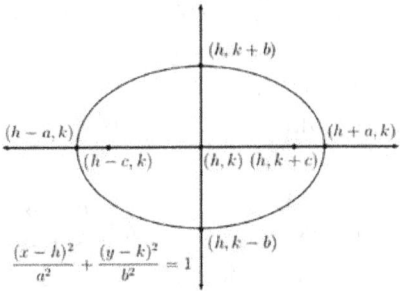

Es la historia de cómo álgebra 2 estuvo a punto de noquearle luchó para ganar y aprendió una valiosa lección sobre la persistencia.

Si Tú recuerdas, álgebra 2 es la materia que fue inventada por alguien que odia a los estudiantes de secundaria, para confundirlos y complicarle sus vidas. Si tú eres un padre, te toca atravesarla nuevamente cuando tu hijo la curse en Secundaria.

Existen tantas fórmulas. Ellas se combinan, y cuando piensas que tienes la respuesta correcta, no la tienes, y cuando tienes la respuesta correcta, no estás seguro de cómo la obtuviste. (un tipo de metáfora para la vida, pero eso es tema para otro día.)

Al comienzo del segundo año de mi hijo en Secundaria, el inevitablemente perdió las primeras seis semanas de clase debido a que él tuvo una cirugía mayor en su columna. Seguro ellos enviaron la tarea a la casa, pero eso puede ser difícil de hacer luego de una cirugía mayor.

Cuando Joe finalmente comenzó la escuela, con mucho tiempo y trabajo duro, fue relativamente sencillo ponerse al día con estudios sociales, ciencia, inglés, y otras materias.

Álgebra 2 fue otra historia completamente diferente. Tú simplemente no puedes perderte las primeras seis semanas de álgebra 2 y sobrevivir, pero teníamos que encontrar una manera. No encontramos mucho el primer cuarto, y él recibió una F, pero tranquilamente podría haber sido una H por *sin esperanza*.

Yo era un ayudante incompetente de tareas, y estábamos tan perdidos, tan atrasados, tan confundidos con álgebra 2 que estuvimos muy cerca de rendirnos. Eventualmente decidimos comenzar una búsqueda intensiva de un tutor. Colocamos un aviso, pedimos referencias, intentamos todo, pero nadie apareció para rescatarnos. Eventualmente, encontramos un tutor – yo.

No la primera elección de nadie, créeme. Realmente no estaba cualificado para el trabajo. No era una solución ideal. Pero nosotros éramos responsables, y realmente no teníamos opción. Así que desarrollamos un plan para superar álgebra 2 al hacer horas de tareas por *noche*.

Nos imaginamos, que cuando estamos totalmente perdidos y con dudas, intentamos el trabajo duro.

Él hizo todas las tareas asignadas y cada problema que pudo encontrar en los capítulos anteriores. Se conectó en línea y tomó pruebas de práctica en algún sitio web. Le envío correos electrónicos a otro sitio web con nuestras preguntas y dificultades. Él hizo esto todas las noches durante el segundo periodo evaluativo, incluyendo sábados y domingos; aunque ocasionalmente se tomó una noche libre, más o menos, para ir a un juego de baloncesto.

Incluso esa noche libre ocasional era un poco diferente. Por aquel entonces, teníamos abonos de Primera fila para un equipo de baloncesto de las ligas menores de Cincinnati y, aunque parezca mentira, se llevaba los libros de álgebra 2 a los partidos. Calentamientos, o si el juego era aburrido o durante los tiempos muertos, sentado en nuestros asientos a nivel del tabloncillo, trabajaba en álgebra 2.

Los acomodadores solían mirarnos a nosotros como que estábamos locos. ¿Quién lleva libros de texto a los juegos de baloncesto?

Luego de unas pocas semanas, ambos desarrollamos un ritmo y comenzamos a comprender *algunos* conceptos. Me detendría en una oficina de FedEx de camino al trabajo, copiaba el siguiente capítulo, y lo revisaba durante el almuerzo. También podía hacer algunos de los problemas de forma de que cuando llegara a casa en la noche, pudiera ayudar con la tarea.

Para el segundo periodo evaluativo, Joe ganó una C, y Déjenme decirles, yo estaba impresionado, eso era un gran logro.

Desafortunadamente, el año continuó, el material se volvió más difícil, y ninguno de nosotros nunca ha sido acusado de ser un genio matemático, por lo que las horas cada noche continuaron. Joe de hecho, llevaba la cuenta de las horas que trabajaba en un documento maestro (por supuesto, era una hoja de cálculo Excel), así que sabíamos que pasaba una media de dos a tres horas por noche en el comedor haciendo el trabajo.

De hecho, para hacerlo más fácil, convertimos nuestro comedor en una sala de álgebra e incluso pusimos una pizarra para facilitar el trabajo en común.

La profesora de mi hijo en la sala de estudio, la Sra. Woods, estaba tan inspirada por el esfuerzo y el progreso que Joe estaba haciendo, que hizo algo absolutamente extraordinario: ¡Renunció a su periodo Libre por la mañana y asistió a una clase de álgebra 2 *todos los días* con el profesor de mi hijo para poder ayudar a mi hijo cuando llegara a la sala de estudio al final del día!

Ella renunció a su único período libre para ayudar a un estudiante! Para el tercer cuarto, él ganó una B, y no creerías qué tan orgulloso y feliz estábamos con eso, incluyendo a la Sra. Woods.

Al entrar en el cuarto trimestre, realmente sabíamos Cómo atacar algebra 2, aunque álgebra 2 todavía sabía cómo atacarnos. A pesar de que el material no se hizo más fácil, el profesor estaba inspirado por su progreso y esfuerzo, su profesora de la sala de estudio estaba muy motivada por su progreso y esfuerzo, y se estaba convirtiendo en la comidilla del departamento de matemáticas.

La historia del chico que perdió las primeras seis semanas de clase y obtuvo una vez era claramente material del salón de profesores. Nada de eso le permitió a él reducir la cantidad de tiempo que pasaba con el material, porque como tú sabes, ¡las elipses horizontales no esperan por nadie!

Pero hay mucho que decir sobre el efecto acumulativo del esfuerzo, porque cuando las cosas se volvieron realmente difícil, Joe tenía los hábitos, había invertido el tiempo, tenía el sistema de apoyo y la motivación para manejarlo bien.

Él lo manejó tan bien, tan increíblemente como todavía parece para nosotros; su persistencia le permitió ganar una a en álgebra 2 para el cuarto final. Una a en toda regla, uno de los dos únicos de su clase. El ascenso de H a, A inspiró literalmente a todos los que lo presenciaron, incluidos sus padres.

Su profesor escribió una nota diciendo que era la experiencia más memorable que había tenido en quince años como profesor de matemáticas. Ella nunca había visto nada parecido al desempeño de mi hijo y su subida desde desesperanzadamente atrás hasta resultado superiores. Incluso ahora, cuando pienso en ello. Reviento de orgullo por lo que él hizo. Puro trabajo duro, realmente el trabajo duro es importante.

Un voluntario inspirado en la forma de su profesora de la sala de estudio, estudiar durante el descanso y una pizarra en el comedor fueron también claves para su éxito, pero el componente más importante? la persistencia. Él simplemente nunca se rindió, nunca tomó un día libre, no colocó excusas, justificó un receso o ninguna de esas otras cosas que hacemos Cuando somos muy flojos o no estamos motivados para caminar la milla extra.

Joe era una máquina de perseverancia que no se iba a detener. Cuando reprobó el primer cuarto con f, no sabíamos que iba a sacar a en el cuarto final, pero sí sabíamos que, fuera cual fuera la nota, sería una nota que reflejaría que había hecho todo lo posible. Se marchó con la a que más le había costado sacar en toda la historia del álgebra 2, pero había otra recompensa por su perseverancia.

Antes de ese año y de álgebra 2, mi hijo no había expresado mucho interés en ir a la universidad; aunque tenía notas decentes y estaba en el camino de la preparación para la universidad, pero no tan inclinado. Como resultado de lo que aprendió sobre la persistencia, el trabajo duro, los hábitos de estudio y aplicarse en álgebra 2, para cuando se graduó de la secundaria, lo hizo con el estado de Ohio otorgándole una beca para el campus Raymond Walters de la Universidad de Cincinnati. Pasó de estar desesperadamente rezagado a graduarse de la universidad gracias a su persistencia.

Así que incluso si estás desesperadamente atrasado, mientras lees esto hoy, y sintiendo un poco de lástima por ti mismo, date cuenta de que lo que estás haciendo No es álgebra 2; es probable que estés bien entrenado para hacer tu trabajo, no hay fórmulas misteriosas para memorizar, que tienes un sólido sistema de apoyo en su lugar, y no tienes dieciséis años de edad con una F en el primer cuarto con la que lidiar.

Considerando esos hechos, si es aplicable, probablemente es tiempo de dejar de sentir lástima por ti mismo, incluso aunque puedas justificarla, y céntrate en resolver esos problemas que enfrentas.

Si quieres sacar una a cuando realmente importa, si quieres inspirar a otros para que te ayuden, tienes que ponerte en marcha.

Nada en el mundo puede sustituir a la persistencia. El Talento no lo hará; no hay nada más común que los hombres con talento que no tienen éxito. El genio no lo hará; el genio no recompensado es casi un proverbio. La educación no lo hará; el mundo está lleno de vagos educados. Solo la persistencia y la determinación son omnipotentes. El lema sigue adelante ha resuelto y siempre resolverá los problemas de la raza humana (y los problemas de álgebra 2 también).

Así que sigue adelante, y en caso de que te olvidaras, la fórmula de una elipse horizontal todavía es $(x-h)^2/a^2 + (y-k)^2/b^2 = 1$.

Le Cantamos a Shania Twain

Por varios años, manejé una compañía de restaurantes en Cincinnati, Ohio, con 20 locaciones franquiciadas desde Perkins restaurant and Bakery. Ellos requerían que un porcentaje de las ganancias se destinará a la publicidad en los medios, mayormente la televisión. En el mercado local, destinamos una pequeña proporción a la promoción en radio.

Adicionalmente a las publicidades pagas, nuestra compañía apoyaba a las caridades locales, mayormente con donaciones de comida a organizaciones sin fines de lucro solicitando artículos para subastar u otro apoyo.

Dado que el concepto de Perkins fue originalmente fundado en Cincinnati, éramos muy bien conocidos en la comunidad. Durante los años que vivía en el mercado, hicimos donaciones allí, una donación acá, y así sucesivamente. También habíamos hecho algunas promociones donde nuestros restaurantes locales eran centros de acopio para cosas recolectadas por la comunidad.

En algún momento durante la cúspide de su popularidad, el director de promociones de Y96, la joven estación de radio country en el mercado y una estación propiedad del grupo con el que estábamos publicitando, se me acercó proponiendo usar los restaurantes como centros de acopio para recolectar los alimentos enlatados que la estrella de música country Shania Twain realizó antes de cada uno de sus conciertos ese verano.

La organización sin fines de lucro de Shania, Shania Kids Can, estaba dedicada a ayudar a los niños con desventajas y, en esos días, recolectaba bienes enlatados así como también donaciones. De radio se me acercó porque la colecta original no iba tan bien como esperaba. Ellos se acercaron para ver si nuestro grupo de restaurante podía ayudar. Luego de discutirlo con el equipo, aceptamos, y las dieciocho en el mercado se convirtieron en centros de acopio, y trabajamos para llenar un camión remolque pintado con Shania

Twain con comida por un período de tres semanas.

Los anuncios promocionales y los comerciales de radio local a visitar los restaurantes y a traer comida enlatada. Los restaurantes dieron un generoso descuento a aquellos que lo hicieran. Era un tipo de sociedad perfecta publicista – estación. Como parte de las negociaciones "astutas" de mi parte, el plan era que yo entregaría uno de los grandes cheques a Shania Twain antes de su espectáculo en Cincinnati. Original, lo sé. El hecho de que mi hijo, Joe, fuera un gran admirador de Shania Twain y pudiera acompañarme a la entrega del cheque era una ventaja, por no decir la emoción de su vida (y la mía?).

La noche del show en el anfiteatro a cielo abierto en Riverbend en Cincinnati, estábamos allí temprano y estábamos esperando cuando Patty Marshall, la directora de promociones, nos dio las malas noticias: Shania había estado firmando hasta tarde en la ciudad de Nueva York la noche anterior y estaba indecisa en si estaría disponible o no previo al show para la presentación del cheque.

Noticias devastadoras para mi hijo de catorce años, quién vio su emoción de toda una vida disolverse. Luego de una pequeña pausa, Paty me dijo, "Esto es lo que haremos si ella cancela. Joe va a conocer a Shania de todas formas, incluso si yo tengo que saltar al escenario durante el show y que tú me lo pases."

En ese solo momento, en esa sola oración, en esa solo pensamiento, la palabra *lealtad* fue redefinida para mí. Paty iba a hacerse cargo de nosotros, ella iba a cumplir, y no sería detenida. Tenía que dar un paso al frente cuando ella me necesitara, y ella iba a dar un paso al frente cuando nosotros la necesitáramos. La lealtad definida. Sin embargo, unos 30 minutos antes de que iniciara el show, Patty nos hizo señas para que fuéramos entre bastidores; la presentación del cheque era un hecho. A Joe, mi esposa y a mí nos metieron en un espacio reducido, en el que todo el mundo chorreaba sudor. Estábamos en la sala con la mega estrella Shania Twain y algunos empleados de la emisora de radio. Puede que la sonrisa de mi hijo no se haya igualado Ni antes ni después. Además, antes de la presentación del cheque, teníamos otra tarea: Cantarle cumpleaños feliz a Shania Twain. Así es, era su cumpleaños.

Como resultado de esta experiencia, puedo decir que le cantamos a Shania Twain en el anfiteatro de Riverbend en Cincinnati por el resto de mi vida, como recién lo hice. El hecho de que yo no estaba en la tarima con ella es irrelevante a la fanfarronería. El hecho de que ella sonrió y compartió con mi hijo hizo mi día, mi semana, mi mes, mi año. Fue la emoción de toda una vida.

Nosotros presentamos el cheque, se tomó la foto, conversamos por un rato, y salimos del área de bastidores y disfrutamos un tremendo concierto. Recolectamos unos pocos miles de dólares y diez mil libras de comida - cinco toneladas. No fue un mal rescate.

Yo recuerdo tres cosas de esa noche: Cumpleaños feliz a Shania, la mirada en el rostro de mi hijo cuando él la conoció, y la lealtad de Patty Marshall. Algunas cosas simplemente son geniales.

Bienvenidos a la Jungla

La defensa de la justicia tiene distintos significados para distintas personas, y la equidad y la igualdad están muy presentes en las noticias. La defensa de la equidad, al menos para mí supera a todos los demás tipos de defensa; es una cruzada.

Historia trata de una ocasión en que mi hijo y yo abogamos por el cambio, por un resultado justo, y dejamos tras de sí un beneficio del que han disfrutado cientos, o quizá incluso miles, de personas en las últimas décadas.

También es una historia de mala gestión, pero eso es menos importante que las lecciones más obvias.

Es la cosa sobre el cambio; una vez que ha cambiado, ha cambiado. Cómo lo verás, nosotros comenzamos simplemente queriendo ir a un juego de fútbol en un estadio nuevo. No estábamos siendo tratados justamente, por lo que hicimos algo al respecto con un montón de ayuda de otros que usaron sus recursos y compromisos de Justicia para hacer una diferencia.

Bienvenidos a la jungla: En el verano del 2000, los Cincinnati Bengals estaban a punto Un nuevo estadio, un regalo de los contribuyentes del Condado de Hamilton en Ohio, como un incentivo para quedarse en Cincinnati. Amenazando con dejar la ciudad estaba un modelo de negocios bastante popular para los equipos de la NFL en 1990.

Como residentes locales, seguimos la consulta popular, el financiamiento, la construcción, y esperamos con impaciencia el primer partido de exhibición para así poder ver dentro del edificio multimillonario. (disculpen, pero siempre he querido usar la palabra *edificio* en una frase, y ahora puedo tacharlo de mi lista de cosas de hacer antes de morir.)

Debido a que mi hijo usa una silla de ruedas para desplazarse, hemos tenido el hábito de revisar previamente cada lugar al que vamos por primera vez: Restaurantes, locales, y estadios. Primero nos fijamos si el en el estacionamiento y luego en la accesibilidad general. Imagínense nuestra sorpresa cuando nos enteramos de que no había estacionamiento para minusválidos en ese flamante estadio. Mira, tú también Te sorprendes, y probablemente tengas la mitad de conocimientos sobre la Ley de Estadounidenses con Discapacidades que nosotros poseemos.

(La Ley de Estadounidense con Discapacidades [ADA] y la sección 504 de la Ley de Rehabilitación de 1973 prohíben la discriminación por motivo de discapacidades en la admisión o el acceso a programas, servicios y actividades para el público, o en la administración de los mismos.)

La situación es que el estadio se construyó en terrenos públicos y fue administrado por los Bengals. Los estacionamientos alrededor del estadio también estaban en terreno del condado, pero se administraban por separado. Me sigues? El condado (o los Bengals, no estoy seguro de cuál) vendía pases de estacionamiento de temporada con los abonos. Sí, por ejemplo, había cien plazas en un lote, vendían cien pases de estacionamiento de temporada sin tener en cuenta el estacionamiento para minusválidos. Así es, el número correcto de plazas para minusválidos estaban pintadas en el asfalto, pero no estaban a disposición de los aficionados menos válidos y eran utilizadas por aficionados sin placas o matrículas. cien plazas equivalen a cien plazas de estacionamiento de temporada sin tener en cuenta la condición de minusválido.

El tema del equipo era "Welcome to the Jungle," pero parecía que los discapacitados no eran "Bienvenidos en la jungla."

Como tengo mucha experiencia en que me subestimen, me puse manos a la obra.

- Llamé a los Bengals para explicarles el problema. Me dijeron que no podían ayudarme porque el condado controlaba el estacionamiento. Me dijeron que podíamos estacionarnos en un garaje del centro.
- Llamé a la Oficina del Comisionado del Condado. Ellos no podían ayudarme; todos los pases de estacionamiento habían sido vendidos. Yo, en su lugar, podía estacionarme en un garaje del centro, me dijeron ellos.
- Llamé al Fiscal General del Estado de Ohio. Su oficina no

podía ayudarme; en su mente, no era un asunto de ADA (ellos estaban equivocados).
- Llamé a las oficinas de la National Football League en la ciudad de Nueva York. Ellos no podían ayudarme; dijeron que era un asunto local y me refirieron a los Bengals.
- Llamé al Departamento de Justicia en Washington, DC, a múltiples oficinas. Ellos tampoco podían ayudarme, pero no recuerdo por qué; podría haber sido Porque ninguna discriminación había ocurrido todavía. Pensé que si podía llamarlos nuevamente luego de unos pocos juegos, yo podría ser capaz de armar un caso.
- Llamé a muchas personas de nuevo, esperando encontrar una voz diferente y una respuesta diferente, ninguno estaba disponible.
- Llamé - tú entiendes la imagen. A Cualquiera y a todo el mundo en que podía pensar. Mientras más llamaba y *no* era ayudado, más determinado me volvía. Okay, también me molestaba más.

Llevé un registro meticuloso de las dos docenas de personas con las que hablé: Fecha, hora y respuesta. La cadena de televisión local ABC valoró muy positivamente mi registro cuando se lo entregué, pero me estoy adelantando a los acontecimientos.

Llamé una vez más a los Bengals, porque un amigo tenía un contacto allí, y si no puedes entrar por la puerta de enfrente, una puerta lateral es buena antes de que derrumbes las puertas.

Resulta que estaba donando sangre cuando los vengas me devolvieron la llamada. Bajo el espíritu de compromiso, le sugerí a este ejecutivo que si no había más espacios, que tal vez un lote remoto o un garaje en el centro con un transporte al estadio funcionaría bien, así como el que la Universidad de Cincinnati usaba para sus eventos para acomodar a los minusválidos que necesitaban estacionarse.

Cuando él me dijo que ellos no harían eso debido a que los culparíamos si nos perdíamos la patada de salida, poco sabía la mecha que encendió, o que el vio analista tendría que agarrar mi brazo para mantener la aguja adentro.

Le dije que no tenía una oportunidad. Cuando él me preguntó

lo que quería decir, simplemente le dije, "Para ti, es solo un trabajo, pero no para nosotros, es nuestra vida". Tú te rendirás. Nosotros no. Yo luchaba con locura.

Recuerda que la inauguración del estadio era *la* gran noticia en Cincinnati, y todo el mundo hablaba de ello a todas horas: En las comidas, en los actos sociales, en las conversaciones de la radio deportiva – estaba en todos lados. Personalmente, tuve tres conversaciones bastante inocentes que acabaron teniendo una gran repercusión.

Primero, hablé con el director general de una emisora de radio local. Sabía que mi hijo estaba en silla de ruedas y, cuando le conté lo que había estado haciendo, se ofreció voluntariamente para que la emisora alquilara un estacionamiento y ofreciera un servicio de transporte a todos los partidos como servicio público. Por supuesto, acepté, y por supuesto, fui a la radio, hablé del tema y les agradecí su generosidad. Warm 98. Dan Swenson. Un gran tipo que creó el primer dominó.

En segundo lugar, estaba almorzando con uno de los proveedores de mi empresa, que resultaba ser un gran anunciante en la principal emisora de radio deportiva del mercado, incluido el programa de la tarde, presentado por Andy Furman. El vendedor me dijo que me pusiera en contacto con Andy (que actualmente se emite a nivel nacional en Fox Sports radio) y concertar una cita para ir a su programa y contarle la historia. JTM Food Group. Tony Maas. Un gran tipo que preparó el siguiente dominó.

En tercer lugar, el presidente y director general de la cadena ABC, canal 9, formaba parte conmigo de una junta de una fundación sin ánimos de lucro, en una conversación informal, le mencioné la situación, y pensó que sería un buen tema para que su grupo de investigación, el I- Team, se encargara de un proyecto. Cuando le hablé de mi documentación, se cerró el trato. WCPO. El difunto Bill Fee. Un dominó muy grande se puso en marcha.

Aquí está Cómo fueron tumbados los dominó.

Eres estacionamiento que donó la emisora de radio entró en vigor para el segundo partido. Se utilizó y se informó sobre él. La gente parecía contenta con la solución, y creo que los comisarios del Condado de Hamilton y los vengas pueden haber tachado ese asunto de su lista de problemas como resuelto. No tan rápido.

A continuación, me agendaron en un programa de radio de deportes de la WLW para un segmento de diez minutos. Tenía el número privado que usaban los invitados para llamar; era muy genial.

Para mi sorpresa, el presentador empezó a recibir llamadas y, antes de que me diera cuenta, mi segmento de 10 minutos se convirtió en un festival de charlas de noventa minutos, con llamadas de veteranos heridos, ancianos y otras familias discapacitadas que, por supuesto, apoyaban la causa. Se notaba el impulso. Poco después, el Canal 9 hizo un reportaje introductorio a su serie de investigación. En él se describía la situación, el problema y algunos de mis esfuerzos.

Ocho Días en Octubre

1. *Domingo:* El próximo domingo, era Día de juego. Me encontré con un camarógrafo en la estación de televisión, se subió en el asiento de copiloto de mi van, y durante el juego, cuando los estacionamientos estaban llenos, hablé con todos los estacionamientos alrededor del estadio, y él grabó en video espacios vacíos para minusválidos que podían haber sido utilizados o, aún mejor/ peor (tú elige) videos de autos en espacios para minusválidos que no tenían un cartel o una placa que autorizara el uso de dicho espacio.

2. *Lunes:* Cuando esa historia circuló el lunes por la noche, durante las noticias de las seis y las once, el ventilador comenzó a girar - si sabes a lo que me refiero - y sabía que era solo cuestión de tiempo.

3. *Martes*: El martes, un periódico de Cincinnati me llamó y quería que nosotros fuéramos al estadio para una entrevista y una foto para una historia que circularía más tarde esa semana.

4. *Miércoles:* El miércoles, un alto oficial del Condado me llamó luego del Torbellino de publicidad. Continuó haciendo un tópico caliente en la radio deportiva todos los

días, y la estación de televisión estaba promocionando la investigación del I-Team en cada momento. Recuerdo nuestra conversación como si fuera ayer porque fue un poco sobre la línea en la escala de beligerancia. Recuerden, era nuestra vida y solo su trabajo.

Oficial importante: Estamos tratando de trabajar con usted, pero toda la publicidad está causando un problema.

Yo, solo un padre: Problema? Ustedes pronto estarán deletreando problemas- C-N-N.

Oficial importante: C-N-N?

Yo, solo un padre: Sí, si esto no se resuelve, arreglaré para que cientos de sillas de Rueda rodean el estadio en el próximo juego de local. Eso estará en CNN, y entonces realmente ustedes tendrán un problema.

Realmente no sé por qué dije eso o de dónde provino. Lo que sabía era que era tiempo de arreglar el problema.

5. *Jueves:* Al día siguiente, Recibí una llamada del mismo oficial, que quería comunicarme que el estacionamiento de una de las suites en la Second Street en Pete Rose Way, el más cercano al estadio, se convertiría en el estacionamiento para minusválidos antes del siguiente partido. Con cien plazas. Era la penúltima ficha del dominó. (*penúltima*? Esa es la palabra correcta?)

6. *Viernes:* La historia del periódico circuló el viernes, y en lugar de más defensa, era más un artículo de Victoria o celebración.

7. *Sábado:* Tenía un montón de correos electrónicos de agradecimiento, y por supuesto, el tema todavía estaba zumbando en las radios deportivas.

8. *Domingo:* El día del partido, cargamos nuestra van, y llevamos a amigos y familiares para hacer el "tailgate" en el nuevo estacionamiento, Dan Swenson, de Warm 98, se pasó por allí y creo que Bill Fee, del Canal 9, también nos visitó. puede que incluso la cadena de televisión hiciera un

resumen de la historia. Mientras comía, llamé al programa previo al partido de Andy Furman, le di las gracias en directo y le conté las buenas noticias. Me dijo que deberían Llamar al terreno Ed Doherty Memorial Lot. le dije que todavía estaba vivo, pero agradecí nuevamente su ayuda. WLW. Andy Furman, defensor de la equidad.

9. *Hoy:* A día de hoy, ese solar sigue siendo utilizado por personas en silla de ruedas, hombres, mujeres y niños discapacitados y aquellos que simplemente no pueden caminar tanto, y la frase "Welcome To The Jungle" sigue aplicándose para todos los aficionados.

CAPÍTULO 9: PAIS SOBREVOLADO

Nadie es Perfecto, Que Yo Conozca

La mayoría de los vehículos que han conducido han tenido quemacocos. No soy tan extrovertido como para conducir un convertible, y un vehículo con quemacocos tiene todas las ventajas de una capota de trapo con utilidad de un techo de cristal en el mal tiempo y el invierno.

Entré en casa después de un largo día de principios de primavera.

Había conducido hasta la casa con el techo abierto de par en par. Las temperaturas probablemente rondaban los cincuenta o sesenta grados.

Estoy seguro que cené un poco más tarde y puede que incluso me sentara un rato en el jardín con una buena copa de chardonnay barato o viera el partido de los Medias Rojas en la tele.

Recuerdo que era una noche Clara y extraordinariamente hermosa, que me llenaba de la promesa de una gran primavera y un verano en camino.

Creo que me acosté sobre las 11:00 p.m. y dormí profundamente hasta que los truenos me despertaron sobre las 4:00 a.m. de la madrugada. Cuando me di la vuelta, apenas consciente, pude escuchar la lluvia golpeando, quiero decir, golpeando el tejado. el tejado? cuando me levanté, medio despierto se me ocurrió que no estaba seguro de haber cerrado el techo del coche después de cenar.

Medio despierto o medio dormido, dependiendo de donde caigas en el espectro del vaso medio lleno, baje las escaleras vestido con pantalones cortos de gimnasia y una camiseta, corriendo por la puerta principal bajo la lluvia torrencial en un clima de 40 grados, con las llaves del auto en mano.

El impacto del frío de la calzada en mis pies descalzos me ayudó a concentrarme – Inténtalo alguna vez. me acerqué a la parte superior del auto con la esperanza de tocar el cristal. Ya bastante mojado y al menos tres cuartas partes despierto, y debo Añadir que totalmente refrescado por la lluvia torrencial, me di cuenta de que no, que no había cerrado el quemacocos y que el agua había estado llenando el espacio interior del vehículo durante unos veinte minutos.

Hice lo que se hace a las 4:00 a.m. bajo la lluvia torrencial en la entrada de casa, con el quemacocos del auto abierto de par en par y sin estar del todo despierto: me metí al auto para girar la llave y cerrar el techo. Aún recuerdo el susto que me llevé cuanto mis pantalones cortos de gimnasia y mi camiseta tocaron el charco de agua a cuarenta grados que había en el asiento.

Ahora completamente despierto, cerré el techo, salí del auto y me quedé de pie bajo la lluvia torrencial en la entrada de mi casa, a oscuras, con los pantalones cortos y la camiseta muy, muy mojados, y me eché a reír.

La moraleja de la historia? Varias.

- Nadie es perfecto - ni tú, ni yo.
- Algunas veces nos distraemos en un día hermoso.
- Todo el mundo olvida algo importante de vez en cuando.
- Todos quedamos impactados algunas veces cuando nos sentamos, y las condiciones han cambiado.
- Todos nos despertamos a ritmos diferentes, con diferentes estimulantes, aunque no recomiendo lluvia torrencial; el café es mejor.
- Todos necesitamos reírnos de nosotros mismos De vez en cuando, y por supuesto, si tú tienes un quemacocos, cerrarlo en las noches.

Cállate y Colorea

¿Alguna vez has estado en un contexto social y escuchado una frase sobre tu hombro que te ha hecho dejar de hablar y tratar de escuchar a la conversación detrás de ti Estaba en una reunión social del vecindario cuando, de algún lugar detrás de mí, escuché la frase, "Cállate y colorea," y captó mi atención.

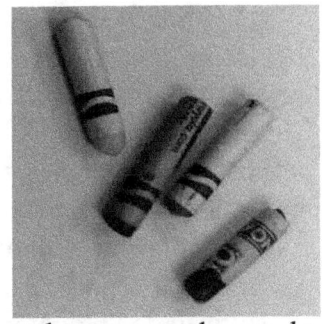

No podía imaginarme cuál podría ser el tema, por lo que lo titulé en mi cabeza y escuché lo que estaba sucediendo a mi lado. Dos de mis vecinos estaban hablando sobre una de sus amigas mutuas, una maestra de escuela primaria en una ciudad cercana. Uno compartía que este maestra cuando estaba muy ocupada para preparar un plan de clases para el siguiente día, solía decir, "Bueno, imagino que mi plan de clases para mañana será decirles a los alumnos 'cállate y colorea.'"

Mi primer pensamiento fue preguntarme Cuántos de *mis* días en la escuela eran días de cállate y colorea para mis maestros?

Me recordé de una maestra de tercer grado floja que solía colocarnos a copiar los problemas a ambos lados del trabajo de matemáticas. Esa debe haber sido una técnica de cállate y colorea.

También recuerdo tener unos pocos maestros cuando era mayor que nos dejaban trabajar en nuestra tarea durante la clase. ¿Era esa la versión de cállate y colorea de secundaria? Pensando en eso, ¿No es cada salón de estudio, un periodo de cállate y colorea patrocinado por el directo?

Mientras caminaba a casa esa noche, recuerdo pensar que cállate y colorea realmente no era una buena actitud a tener para un maestro en lo que respecta ser un maestro y una falta de respeto hacia los estudiantes.

Ahora, conozco a un montón de grandes maestros y no intento implicar que todos ellos usan esta técnica. También entiendo que los maestros no pueden ser siempre 100 por ciento honestos (particularmente durante las reuniones de padres y maestros). Pero lo que hace a la mentalidad de cállate y colorea difícil para mí es que combina dos características negativas: Falta de preparación, combinada con asumir que los niños pueden ser o serán engañados.

Y mientras más pensaba en eso, más me daba cuenta que incluso como adultos, se nos dice cállate y colorea más de lo que pensamos, por las personas mal preparadas que nos encontramos. Cualquiera que se supone debe cumplir con un servicio o proporcionar apoyo y no se planifica al inicio y termina haciéndonos perder nuestro tiempo podría muy bien estar entregándonos un crayón

Puedes imaginarte preguntarle a la recepcionista en el consultorio de un doctor, luego de esperar cuarenta y cinco minutos después de la hora de tu cita, cuándo serás llamado y ella diciéndote, "cállate y colorea"? Oh, ¿eso *no te ha* sucedido a ti? Seguro que sí; solo que ella usó palabras diferentes.

¿Puedes imaginarte deteniéndote en un autoservicio, y nada sale a través del parlante, y tú dices, "H-o-l-a?"

Entonces del parlante, la respuesta es breve, "Espérese, ya estaré con usted," lo cual, traducido, significa por supuesto, "cállate y colorea."

Y ¿Qué tal acerca de esperar por una cita para la peluquería? ¿No son esas revistas de hace años el equivalente a los libros para colorear? Estamos tan bien entrenados que cuando vemos una revista en una sala de espera sabemos que deberíamos callarnos y colorear.

Incluso las palomitas de maíz que te colocan en algunos restaurantes te dan el mismo mensaje. De hecho, he estado en varios restaurantes donde ellos en realidad te dejan colorear el mantel de papel. Hmm. Descarados!

Si tu equipo deportivo favorito no ha ganado un campeonato en un largo tiempo (yo olvido *ese* sentimiento, estando en Boston), al final de la temporada cuando ellos dicen, "Esperen hasta el próximo año," de alguna forma están diciendo Cállense y continúan coloreando.

La mayoría de nosotros no podría o no debería agregar una red de seguridad de cállate y colorea a nuestra planificación personal sin importar cuánto lo veamos en la vida diaria.

Eso es en parte debido a que probablemente tratamos con una audiencia más sofisticada, ya sea en el hogar o en el trabajo, que la maestra que acuñó la frase en este ejemplo.

Pero la mejor razón para evitar usar el cállate y colorea es que eso reduce nuestra credibilidad de alguna forma. ¿No *puedes* darte cuenta cuando alguien te dice cállate y colorea? Es una actitud a través de la cual es bastante simple de ver.

La efectividad, ya sea planificando para cincuenta o para uno, comienza con gran preparación, y aunque pudiera incluir crayones geniales y un libro para colorear excelente, también incluye una dosis saludable de respeto por la audiencia.

Tú puedes engañar a algunas personas todo el tiempo y a todas las personas algunas veces, pero no puedes engañar a todas las personas todo el tiempo; simplemente no hay suficientes crayones para eso.

La Inspiración a Partir de una Papelera

Considera inspirarte en las papeleras de la gasolineras, tiendas, farmacias, o restaurantes de comida rápida.

¿Por qué están allí?

¿Puede parecer como una pregunta sencilla para ti, pero qué sucedería Si no existiera ninguna papelera en los restaurantes de comida rápida o en las oficinas postales o en Walmart?

Sin papeleras en las paradas de descanso de las autopistas llenas con los vasitos de papel por cientos de millas de distancia. Ninguna papelera en McDonald's llena de basura de Dunkin' Donuts. Ninguna frente a la gasolinería llena de bolsas de plásticos de un supermercado. ¿Qué harías tú, queríamos todos si no hubiera papeleras en estos lugares?

Primero que nada, podrías incluso ni siquiera notarlo, y tú solo vaciarías la basura de tu carro en la papelera de tu casa. ¿Cierto? ¿La lanzarías en el piso de la oficina postal o entre las bombas de gasolina o en el césped del frente en una escuela? Poco probable. Hoy en día.

Sin embargo, hace muchos años, antes de que tirar basura no estuviera de moda, eso exactamente lo que hacían algunas personas. Sé que debe sonar tan extraño como describir un teléfono público a un adolescente, pero la gente tiraba cosas de su coche. En un momento inmensamente innovador, a las empresas se les ocurrió la brillante idea de colocar unos cubos de basura en los lugares de los delitos, y funcionó.

Brillante! Brillante? Piénsalo: Existen en realidad negocios – miles de ellos – quienes gratamente aceptarán tu basura cuando los visites debido a que:

Tienen miedo de que la tires al suelo? No realmente.

Están interesados en el valor intrínseco de la basura? No es probable.

Lo hacen porque siempre lo han hecho - resolvió un problema años atrás: Está incorporado al sistema ("Hey, ¿Dónde está la papelera? No podemos abrir todavía."), y todavía lo hacen porque siempre lo han hecho. ¿Qué hacen tú y tu negocio todos los días porque siempre lo han hecho?

Mi fascinación personal por las papeleras se remonta décadas atrás, y tuve la suerte de tener la capacidad y la autoridad para validar las suposiciones anteriores en el mundo real.

Una historia real: Retiré todas las papeleras exteriores de los veintidós restaurantes de la empresa que dirigía. Las alejé de las puertas principales y de los estacionamientos y las tiré a los contenedores de basura.

Los empleados de local tenían lo que pudiera ocurrir ya que todos los días se llenaban las papeleras recién salidas, lo que requería tiempo para vaciarlas, colocar nuevas bolsas y espacio del contenedor.

La primera semana de este nuevo plan radical, ¿sabes lo que sucedió?

Ni una sola cosa.

¿Durante el primer mes? Nada, ni una sola cosa. ¿Durante el primer año? Nuevamente, ni una sola cosa.

Décadas después, todavía no hay papeleras afuera de la mayoría de esos restaurantes. (estoy seguro de que alguien no tan "trash woke" como yo reemplazó algunas de ellas.)

Nadie se quejaba, nadie se daba cuenta y no había basura esparcida por la entrada de las tiendas. No pasó nada porque todos los que tenían basura en el coche la tiraron en otro sitio. Bueno en realidad la empresa se ahorró unos cinco mil metros cúbicos de costes de retirada de basura por los contenedores que no necesitábamos recoger tan a menudo y decenas de miles de dólares en costes de mano de obra por las papeleras que no vaciábamos.

¿Cuál es tu papelera? ¿Tienes alguna?

¿Qué estás haciendo esta semana porque lo hiciste la semana pasada? ¿Qué puedes eliminar, y nadie más notará? ¿Quieres más tiempo para trabajar en las cosas importantes?

Comienza por no hacer las cosas que a nadie les interesa. Elimina las papeleras en tu mundo que resuelven problemas que nadie necesita que sean resueltos. Nadie notará Si tú dejas de hacer esas cosas.

Desastre de las papeleras; no se considerará tirar basura.

Oh Bueno. Ahora Ya Lo Saben

Un día, poco después de mudarme a Tennessee, un compañero de trabajo está hablando maravillas de su iglesia y de su pastor en la sala de descanso, y me invitó a una reunión del club de hombres de la iglesia. Yo no conocía a nadie en la ciudad y tampoco sabía lo que era un club de hombres pero me pareció una buena idea.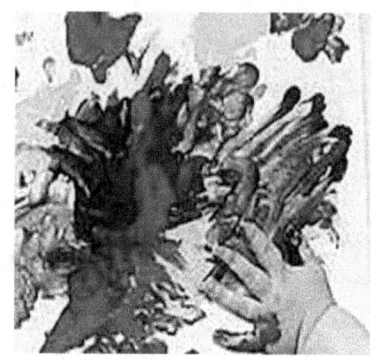

Cuando entré en la sala de reuniones de la Iglesia de la Resurrección, ya había allí un grupo de chicos, y al párroco, Monseñor Peter Buchignani estaba pasando el rato con ellos y todos se reían y bromeaban.

Era obvio que era un tipo con los pies en la tierra. La prueba de ese pensamiento fue que estaba bebiendo cerveza y formando un cigarrillo Cuando entré, y mi primera reacción fue: "*Esta es mi clase de iglesia*", especialmente porque yo era bebedor de cerveza y fumador en ese momento.

Tal vez no sea la razón perfecta para unirse a una iglesia, pero el resultado final a veces es lo que cuenta, y esa visita llevó a otra, y en poco tiempo, supe que era oficial cuando recibí una pila de sobres de donativos fechados para la cesta que se pasa durante la misa.

Como recién llegados a una ciudad extraña, en lo que, para nosotros, era una parte extraña del país, la sensación de acogida y de pertenencia que nos ofreció la iglesia era justo lo que necesitábamos.

Pero en el camino, me frustré por un par de pequeñas cosas que realmente impactaron mi vida y, potencialmente, la vida de docenas de otras personas. No, no era tan grave como los escándalos eclesiásticos que acabarían saliendo a la luz. Era más sencillo: una mala planificación.

Inscribimos a nuestro hijo en la parte preescolar del programa de educación religiosa. Esos niños se reunían durante la misa de las

9:00 a.m. Como bien saben los padres con niños pequeños, la fórmula es: *dejar a los niños antes de la misa + recogerlos después de la misa = misa tranquila y sin preocupaciones.*

Sin embargo, existen básicamente dos cosas que pueden salir mal con esta fórmula universal, y nos encontramos con ambas casi inmediatamente.

Punto de Frustración 1: Hacíamos cola fuera del aula después de la misa con otros veinte grupos de padre, y la clase se alargaba. ¿Qué sentido tenía esto? no era una sorpresa que la misa fuera a durar cincuenta minutos. ¿Cómo no estar preparado?

Punto de Frustración 2: Al problema de las clases largas se sumaba otro tipo de frustración: parecía que cada dos semanas llevábamos a casa algún tipo de ilustración de preescolar que aún no estaba seca, por lo que teníamos que llevarla horizontalmente hasta el auto y colocarla con cuidado en la repisa de la ventanilla trasera (cuando los autos tenían repisas de ventanilla traseras) para volver a casa. Si se abría una ventanilla por error, se manchaban los asientos con pintura azul y amarilla. Realmente el plan de clase decía: "Espera hasta justo antes de recoger el auto para usar pintura?"

Los que me conocen bien pueden adivinar lo que hice a continuación: me ofrecí como voluntario para dar esa clase de preescolar al año siguiente, junto con mi esposa, para que al menos una clase terminara tiempo y tuviera material gráfico seco para el camino de regreso a casa. Mi estilo era hacer algo al respecto en lugar de simplemente quejarme.

El primer día de nuestra primera clase, cuando los nuevos "maestros" se presentaron durante la sesión para conocer a los padres, les dijimos a todos que vinieran primero a nuestra aula si tenían varios niños en diferentes cursos, porque siempre estaríamos listos y, hacemos todo nuestro trabajo artístico al principio de la clase, no al final. A algunos lectores les resultará difícil imaginarme en una clase de niños de preescolar y, mirando hacia atrás, a mí también me cuesta imaginarme en ese espacio. Creo que mi esposa hizo la mayor parte del trabajo.

En el transcurso de nuestro único año en preescolar, nos hicimos muy populares entre los padres. En otras palabras: éramos estrellas de rock. terminando a tiempo con las pinturas de dedos secas? Quién no nos querría? aunque tuviéramos un gracioso acento de Boston.

El director de educación religiosa, que buscaba desesperadamente un profesor de tercer grado de CCD (Cofradía de la Doctrina Cristiana), también se fijó en nosotros, así que nos apuntamos a esa clase al año siguiente. un año de preescolar es probablemente suficiente para la mayoría de los preescolares, y definitivamente fue suficiente para nosotros.

Poco sabía entonces, pero durante diecisiete años, sería profesor de CCD de tercero grado. Durante nueve años, cada miércoles me dirigiría a la misma iglesia de Memphis y tenía a un grupo de entre veinte y veinticinco alumnos del tercer grado embelesados.

Justo después de trasladarnos a Cincinnati, a la Iglesia del Buen Pastor, hicieron un llamamiento para contratar a un profesor de tercer grado, y yo respondí a la llamada y di clase durante otros ocho años. Estaba bastante familiarizado con la materia y el plan de estudios. pero también tenía algunos métodos secretos que hacían que ser profesor fuera un poco más fácil.

Secreto 1 solo una norma: yo solo tenía una norma, y la exponía al principio de cada curso y de cada clase, y cuando empezaba la inevitable algarabía (intentaba deletrear esa palabra sin errores ortográficos), pedía silencio y luego pedía a los niños que dijeran cuál era esa única norma. ¿mi regla? yo soy el único cómico. yo podía ser gracioso, al menos para un niño de ocho años, y no quería que nadie fuera cómico o más cómico que yo.

Secreto 2, lápices: Mi mayor arma secreta eran los lápices. todos los niños de tercero necesitan lápices, y yo tenía un sistema por el cual el niño que daba la respuesta correcta recibía un lápiz de color, o a veces yo decía: "Si todo el mundo está callado durante el próximo minuto, todo el mundo recibirá un lápiz." Funcionaba muy bien. Los utilizaba como sobornos – es decir como recompensa durante la clase. Incluso tenía noches de intercambio de lápices en las que, por ejemplo, si no querías un lápiz de My Little Pony que te habían dado la semana pasada, podías cambiarlo por un lápiz de béisbol. Los niños también podían negociar entre ellos durante estos intercambios de lápices.

Secreto 3, padres: La regla en ambas parroquias era que uno de los padres de cada niño Tenía que apuntarse para ayudar en una clase y ser codocente conmigo. Los padres veían lo que hacíamos y se metían un poco en el plan de estudios. Mis métodos no eran un secreto.

Secreto 4, coaching, más o menos: Lo que yo sabía, como padre, era que cuando se recogía a los niños y se le colocaba en el asiento trasero del auto, mamá o papá preguntaban: "¿Qué has aprendido hoy?" por supuesto, la respuesta habitual era: "Nada" me propuse a cambiar eso. Durante los últimos cinco minutos de la clase, ensayamos la respuesta a esa pregunta, a veces con un rap (sí ese tipo de rap), a veces con una frase memorizada. Normalmente lo hacíamos sentados en el suelo, con un ritmo de palmas al compás de las palabras.

Resulté ser un profesor muy popular. A los padres les gustaba mi humor cuando estaban en clase. Les gustaba mi planificación cuando los niños estaban en fila y listos para irse al final de la clase. Y les gustaba que los niños dijeran que habían aprendido algo.

Me gustaba dar clase porque, después del primer año, no tenía que hacer un plan de clases. Simplemente utilizaba el del año anterior, así que mi inversión era solo el viaje hasta la iglesia, la clase y el viaje de vuelta a casa.

Lo que más me gustaba de todo era la cantidad de días malos que tenía en el trabajo y que se disolvía en cuanto veía a los entusiastas alumnos de tercero.

Enseñar en esa clase y pasar de días de mucha presión, exigentes y llenos de problemas a un trabajo en el que era voluntario y hacía el bien en el mundo realmente me ayudó mucho en muchos sentidos.

La decepción durante el día se compensaba con la vibra de hacer el bien y marcar la diferencia. Equilibrio Perspectiva. Paz. Muchos beneficios para mí y un ejemplo real de cuanto más te esfuerzas, más ganas.

Siempre ha estado ocupado (y espero que productivo), y no habría sido voluntario durante diecisiete años si no estuviera sacando algo de ello. Creo que la experiencia me ayudó a entenderme a mí mismo, mi fe y mis prioridades. Aunque piensen que ya soy mayor, me gusta pensar que sigo creciendo y el tiempo que pasé como profesor de CCD fue una parte importante de ese crecimiento.

quinientos niños habían escuchado clases entusiastas sobre mis mandamientos favorito (Honra a tu Padre y a tu Madre; ellos cuidan de ti ahora y tú cuidarás de ellos más tarde), pero yo sabía que mi carrera como profesor había terminado.

Al final de la última, clase mientras estábamos todos sentados en el suelo practicando que decir cuando subiéramos al auto, y para matar el tiempo, pregunté si había alguna pregunta.

Una niña del fondo levantó la mano y preguntó con voz suave: "Sr. Ed ¿Qué es un comediante? tantos años, tantos niños, tantos lápices, y nunca definí esa palabra para los alumnos de tercero. Bueno, ahora ya lo saben.

CAPÍTULO 10 ES DIFÍCIL ESCONDER ALGO BUENO

Está En Oferta Por $11.95

Entré en una estación de inspección en Ohio y me dijeron que el auto que conducía no había pasado la prueba de emisiones. Al parecer hay una prueba que se realiza en la etapa de la gasolina; ya sabes, esa cosa que desenroscas detrás de la pequeña puerta antes de bombear gasolina? Quién lo iba a decir?

Me dijeron que tenía que cambiar el tapón de la gasolina. como nunca había comprado uno, pregunté al empleado donde podía conseguirlo. me indicó que había una tienda de repuestos a solo cuatro millas de distancia.

Conduje hasta allí con la seguridad de que si volvía rápidamente con mi reluciente tapón de gasolina nuevo, podrían volver a inspeccionarme y certificarme para conducir en Ohio sin causar daño significativos al medio ambiente. Entré en la tienda de repuestos Sin nombre y pedí un tapón de gasolina para la marca y modelo exactos del auto que conducía.

Un empleado del tipo que tiene las uñas grasientas, abrió un libro gigante, el doble de grande que las páginas Amarillas (¿las recuerdas') y miró, estudió y escudriñó. Puede que me hiciera un par de preguntas. s Sentí como si aumentaba mi ansiedad Y pensé: *"No estoy buscando un inyector de combustible para un Dodge Dart de 1968 ni una pieza para un cohete SpaceX. qué está pasando aquí?"*

Tras varios minutos de incómodo silencio, simplemente dijo: "No."

A lo que yo respondí (seguramente con sarcasmo): "No qué?"

Me dijo: "No, no tenemos ese tapón. No almacenamos muchos tapones de gasolina."

Confiando enormemente en mis habilidades superiores de interrogación, logre sacarle la información de que había un competidor a unas dos millas más adelante en la misma ruta.

Lo que se suponía que iba a ser un viaje rápido para conseguir una etiqueta para el auto se fue complicando y se estaba convirtiendo en una forma Nada agradable de pasar la tarde; estoy seguro de que conocen la sensación. Así que cuando llegué al competidor, una tienda AutoZone, está empezando a creer que un tapón de gasolina podía ser una pieza de repuesto rara, y está deseando que se dieran prisa en inventar Amazon para poder encontrar uno en mi porche.

También estaba un poco desanimado. Como todavía estaba muy motivado para tachar este asunto de la inspección de mi lista de cosas que hacer ese día, entré a la tienda y le pedí al dependiente bien arreglado, con Jersey rojo un tapón de gasolina para el Seabring descapotable (ya te dije que fue hace tiempo) que estaba averiado.

Mientras sonreía y sin perder el contacto visual conmigo, metió rápidamente la mano debajo del mostrador, sacó una caja y me dijo: 'Aquí tiene. Está de oferta por $11.95." Me que un poco desconcertado después de mí intento anterior. (Solo los escritores utilizamos la expresión "desconcertado" y nos encanta cuando podemos hacerlo

Cómo soy curioso, le pregunté cómo lo hacía y le pregunté si sabía que yo iba a ir. Lo único que me dijo fue: "Hay una estación de inspección de misiones a unas seis millas de aquí, y siempre viene gente buscando tapones de gasolina, así que los guardamos aquí debajo del mostrador." Le di las gracias, el medio de las gracias e incluso me ayudó a instalar el tapón de gasolina (tienes que conectar ese condorcito de plástico que impide que lo pierdas).

Unos minutos y seis millas más tarde, salí de la estación de emisiones con mi etiqueta de inspección y el aire de Ohio un poco más seguro para respirar, pero también me dirigí a casa con una gran lección sobre el servicio al cliente, la anticipación, la planificación anticipada, y la importancia de la calidad de los miembros del equipo.

Servicio: Todos servimos a alguien en nuestras funciones. Puede tratarse de clientes, voluntarios, los unos a los otros, alguien de otra empresa u otra oficina, o un familiar o varios miembros de la familia. Todo esto es una forma de servicio al cliente.

El viejo cliché de que si no está sirviendo al cliente, está sirviendo a alguien que está sirviendo al cliente es universalmente cierto para la mayoría de las funciones. Todo el mundo puede distinguir la diferencia entre los dos enfoques a los clientes en esta historia concreta.

Un buen servicio de atención al cliente es difícil de ocultar, se detecta fácilmente y se comparte con los demás (y yo he compartido esta historia durante muchos años), y estoy seguro de que tú tienes tu propia historia que repites a la primera de cambio.

Anticipación: La mayoría de las veces sabemos lo que nos espera. Sin embargo, la gente compra palas Después de la tormenta de nieve o paraguas después de la lluvia. Con solo un poco de anticipación, como atar los cabos después de que un par de personas hayan pedido tapones de gasolina, podemos estar esperando que ocurra algo que ocurre y estar preparados.

Planificar con antelación: Perdemos mucho tiempo buscando cosas que antes teníamos en las manos. Algunos estudios han demostrado que los oficinista promedio pasa una semana el año buscando cosas en su escritorio (probablemente más ahora que el escritorio está en el dormitorio o el comedor). Trasladar esos tapones de gasolina a un lugar práctico justo debajo del mostrador para ahorrar pasos y tiempo es una buena planificación. Planificar con antelación no es una forma Universal de impresionarse a uno mismo y a los demás?

Calidad de los miembros del equipo: Esa segunda persona del mostrador con las uñas limpias, un Jersey rojo brillante (que probablemente no le gustaba llevar), dio una impresión mucho mejor que el empleado confuso con una camisa de estilo Industrial manchado de grasa de la primera tienda.

Una de las cosas más fáciles de reconocer es la calidad de un miembro del equipo, ya sea un acomodador en un partido de béisbol, una anfitriona en un restaurante, un conductor de reparto de Amazon o el dependiente de una tienda de repuestos de automóviles. Los miembros de un equipo de calidad lo hacen todo más fácil, y un miembro de un equipo deficiente lo hace todo más difícil: una cuesta empinada que subir. Pero había una diferencia aún mayor entre los lugares, y era la gestión.

Gerencia: para llegar de la estación de control de emisiones a Autozone, todos los clientes potenciales paraban en la otra tienda, ya que el empleado de la estación de control de emisiones les enviaba allí.

Piénsalo. La primera tienda lo tenía todo a su favor; está más cerca, el centro remitía a los que no aprobaban la prueba, contaba con un flujo constante de conductores que desconocían el protocolo del tapón de gasolina, y mucho más. La segunda, a dos millas de distancia, estaba en desventaja. La diferencia entre las dos tiendas se compensaba con la atención al cliente, la anticipación, la planificación, y la calidad del personal, o lo que algunos llamarían una buena gestión. ¿Dónde *guardas* los tapones de la gasolina?

Es Difícil Esconder Un Buen Restaurante

Estaría perdido sin clichés. A veces presumo de ser una máquina de clichés. Los clichés y las analogías son mis amigos porque me permiten, a mí y a ustedes, transmitir un mensaje creando una imagen común o un acuerdo sobre un asunto o un tema. La última vez que lo comprobé, el acuerdo escaseaba en nuestro país, así que pongo de mi parte para ayudar a todos a unirse utilizando clichés.

"Es difícil encontrar un buen restaurante." Con unas cuantas décadas en el sector de los restaurantes, este cliché nació allí pero tiene una aplicación mucho más amplia. Es una expresión que utilizo con regularidad en diversas circunstancias porque prepara el terreno para un montón de analogías.

Date cuenta que también es difícil ocultar un buen concesionario de autos, una buena tienda de comestibles, un buen contratista, una buena cafetería, una buena zapatería, un buen peluquero, un buen gimnasio, una buena organización sin fines de lucro, un buen club de golf, un buen consultor, una buena fraternidad o hermandad, una buena – bueno ya te haces una idea. Si una organización hace un buen trabajo, los clientes la encontrarán, ya sea en la calle principal o en la parte trasera de un parque industrial.

De hecho, una vez entré en un nuevo negocio repleto, la Cervecería Seven Saws, en la parte trasera de un parque industrial de mi ciudad. Los fundadores de la cervecería hicieron un gran trabajo para esconderla: sin carteles, a media milla de distancia, no visible desde la calle principal y sin publicidad ni promoción.

Los 200 – 300 clientes que estaban allí la noche en que lo encontramos también lo encontraron. El local no tenía cocina, solo un camión de comida en el exterior, una licencia de alcohol solo para cerveza, ninguna decoración real excepto las grandes ventanas que daban a los tanques, pero eso no fue suficiente para mantenerlo alejado del público.

Dos días antes, visitamos un flamante restaurante que permanecerá en el anonimato por motivos legales. Era un Friendly's remodelado que parecía haber tardado años en remodelarse. Justo en la calle principal, frente a la oficina de correos de Estados Unidos, en la esquina quizás más visible de toda la ciudad.

Si la cervecería tenía un recuento de tráfico en su puerta principal en las docenas, este lugar tenía un recuento de tráfico en la calle principal en las decenas de miles. Después de una visita, no vamos a volver, y no voy a compartir los detalles, pero nos quedamos muy decepcionados en casi todo sobre el lugar.

Dos nuevos negocios, a una milla de distancia, uno totalmente oculto, otro con mayor visibilidad y la expectativa que va con meses y meses de construcción visible.

No se trata de la ubicación, sino de lo que hay dentro. El cliché "Es difícil de ocultar un buen restaurante" se basa en que los clientes son inteligentes a la hora de gastar su dinero.

No siempre tienen razón, pero siempre son justos, y si ofreces buenos productos y prestas un buen servicio, te encontrarán, por muy difícil que te lo pongas y sea cual sea tu negocio.

Por otro lado, si no ofreces tanto buenos productos como un buen servicio y un ambiente y una actitud adecuado, solo te encontrarán una vez, porque no están buscando lugares mediocres donde gastar su dinero. te ignorarán.

Buzz, Buzz, Ding, Ding

Estar en la industria de los restaurantes por tantos años significa que hay cosas que no puedo desaprender desafortunadamente, o afortunadamente, cuando voy a un restaurante, y veo cosas que los otros pueden no ver y llego a conclusiones a las que otros pueden no llegar.

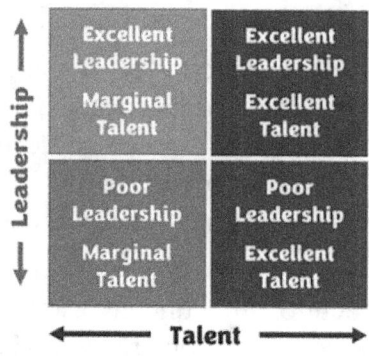

Los siguientes pensamientos son inspirados por una visita poco inspiradora a una panadería café.

Yo originalmente iba a titular esto "la gallina o el huevo" pero eso no parecía correcto. Luego iba a hacer llamado "liderazgo o talento." Eso parecía un título aburrido, y supe que Buzz, Buzz, Dinng, Dinng supe que sería un título que haría que se leyera,

Ves, tenía razón

La matriz de Liderazgo – Talento

¿Qué importa más, el liderazgo o el talento? ¿Cuál es más importante para un equipo exitoso?

¿Qué mejor forma de organizar los pensamientos sobre esto que una matriz, cierto? Graficar el liderazgo del talento sobre dos ejes me ayudó a pensar acerca de la respuesta.

Simplemente hay cuatro estados básicos de esta dinámica y cada unidad de cada organización, y de hecho, cada equipo en cada liga cae en una de estas cuatro categorías generales:

- Excelente Liderazgo, excelente talento
- Excelente Liderazgo, talento marginal
- Pobre Liderazgo. Excelente talento
- Pobre Liderazgo, talento marginal

Campeones y Perdedores

No necesita ser un genio o tener un título en negocios para darte cuenta que el excelente liderazgo y el gran talento es la combinación que más probablemente ganará un juego de fútbol o una porción del mercado y la mejor combinación para un negocio y un equipo deportivo profesional (veamos a los New England Patriots, los Golden State Warriors, y los New York Yankees).

Si bien no requiere mucho el evitar apostar en una combinación de pobre Liderazgo – talento marginal ya sea en negocios o con un equipo deportivo profesional (veamos de Baltimore Orioles, los New York Jets, y los New Orleans Pelicans).

¿Cómo lo sabes?

Donde el debate toma lugar es cuando existe solo una o la otra, ¿Cuál combinación la mejor posibilidad de tener éxito? ¿Excelente liderazgo con talento marginal o pobre liderazgo con excelente talento?

La pregunta es, ¿Qué es más poderoso, el liderazgo o el talento?

Debido a que todos hemos experimentado el trabajar con malos líderes, probablemente diríamos que nada puede superar Al pobre Liderazgo. Algunos de nuestros equipos deportivos favoritos han tenido más que suficiente talento para ganar pero no suficiente liderazgo para tener éxito.

Validación Deportiva

Si miramos a los deportes para una validación metafórica de que el liderazgo es un factor que contribuye más significativamente al éxito, existe suficiente evidencia y este concepto es generalmente cierto.

Un gran entrenador puede compensar por los déficits de sus jugadores con una planificación de juego fuerte, ajustes en el juego, y cientos de mini decisiones, sin mencionar seleccionar El talento correcto. Lo mismo aplica a todos los tipos de organizaciones.

Sin importar qué talentoso ellos puedan ser, los jugadores habilidosos no pueden compensar completamente a un entrenador con un plan de juego débil, una falta de entendimiento o conciencia de lo que está sucediendo en el campo, en la cancha, o en el hielo, y colocar a jugar a los jugadores incorrectos en la posición incorrecta. Esto también aplica a todos los tipos de organización.

Preguntas Más Útiles

Pero una pregunta más útil podría ser cómo sabes cuándo una operación está por debajo de los estándares, se debe al liderazgo o al talento o ambas. Aquí está una descripción de la experiencia que tuve que me impulsó a hacer esta pregunta. Es la historia acerca de un negocio pobremente manejado. Pero antes de comenzar, me gustaría mencionar mis credenciales:

- Cliente: Tuve mi primera comida de restaurant a la edad de cinco o seis en el ahora difunto Howard Johnson's, comiendo afuera desde entonces. Promedio múltiples comidas fuera de lo hogar por semana.
- Experiencia: Por más de treinta años, trabajé para una cadena Nacional de restaurantes, en un Rango que varía desde la comida rápida a Pizza a servicio rápido a servicio completo a servicio de veinticuatro horas, con ubicaciones desde Seattle a San Diego a Florida a New Hampshire y la mayoría de los estados intermedios. He pasado mucho tiempo evaluando el desempeño operacional y visitando las ubicaciones, algunas veces como un pez gordo de la oficina central o regional.
- Consultor: Como consultor, se me pide que estudie en profundidad las cosas que observo, las analice y formule recomendaciones para mantenerlas o mejorarlas.

Cómo Darse Cuenta Si Es Pobre Liderazgo

Tengo una oficina central, pero también tengo sucursales en todo el estado y el país en forma de una cadena nacional de cafés panadería que ofrecen un acceso a internet sorprendentemente fuerte y gratuito.

Suelo frecuentar mis sucursales en ciudades concretas, cerca de mis clientes o contactos, incluido un lugar que no mencionaré porque es el tema de esta historia y no tengo departamento jurídico.

Por la mayor parte, estas ubicaciones han creado un cierto estándar de expectativa en mí, como la mayoría de las operaciones de cadena lo hacen, Debido a que probablemente soy un visitante dos o cuatro veces por semana, tengo una buena idea de esos estándares y sistemas operativos, así como también de la fuerza de su café.

Yo normalmente no salto a las conclusiones en una visita a menos que la mala gerencia me pegue en la cabeza. Incluso entonces, no solo para estas sucursales sino para cualquier negocio, soy el tipo de persona que le da a la mayoría una segunda oportunidad.

Antes que tú saltes a la conclusión que la historia que sigue sucedió de la forma que lo hizo porque es difícil conseguir empleados, tú deberías saber que yo descontinué esa teoría porque observé a muchos empleados en su labor, muy pocos clientes, y solo una orden en la zona de pedidos.

Aquí está mi pista:

- *Demasiado ocupado:* Me dirigí al mostrador, y la empleada que estaba detrás está demasiado ocupada con algo para ayudarme, así que llamó a alguien de atrás. La primera pequeña alarma o no en mi cabeza.
- *Uh - Oh!:* El empleado que buscó me tomó mi pedido de un panecillo y un café y le di mi número de teléfono me dijo que el precio era $6.72. Le dije que le había dado mi número de teléfono porque estaba en el club mensual de bebidas: Un precio y obtienes bebidas ilimitadas todo el mes. Me dijo que no lo había registrado.
- *Petición:* Le dije: "Por favor, llame al gerente." no lo hizo y murmuró algo. Me compensó el café de otra manera, y me alegré porque no tenía tiempo para un debate, pero sonó otra alarma, está un poco más fuerte. Tomé el timbre que me ofrecía, uno que entendí que se encendería, parpadearía y vibraría cuando mi pedido estuviera listo, llamándome a la ventanilla de recogida.
- *Vacío*: Me acerqué al mostrador donde se encontraban las jarras de café, el azúcar, el edulcorante, las tapas y la Nata Y tomé la jarra de Mitad y Mitad; estaba vacía me di la

vuelta, vi a otra empleada detrás de otro mostrador jugueteando con algo, le acerqué la jarra y le dije: "está vacía puede rellenarla por favor." Asintió. Llegados a este punto, ya había perdido la cuenta del número de alarmas que sonaban en mi cabeza sobre el funcionamiento del lugar.

- *Esfuerzo mínimo:* Volví al mostrador y empecé a mezclar mi infusión mientras esperaba la nata.
- *Huh?* Uno o dos minutos Después, me llamó desde detrás del mostrador: "Todavía quieres la mitad y mitad?'. dejo la jarra en el mostrador, cerca de la caja, a diez pasos de distancia, y desapareció. Me acerqué y la tomé. Debería haber llevado la taza a la caja, haber usado la mitad y mitad y haber dejado la jarra allí, pero fui demasiado educado Y llevé la jarra llena al punto de partida. Además en mi cabeza las alarmas sonaban tocando la "Quinta" de Beethoven."
- *Buzz, Buzz, Ding, Ding:* Pasé por la ventanilla de recogida camino a mi puesto para dejar el café y encender mi laptop, pero me pareció ver un bagel esperando a ser recogido, pero supuse que no podía ser mío porque el timbre que me habían dado no había zumbado, parpadeado ni vibrado. Eché un vistazo al resguardo bajo el plato y, efectivamente, decía "Edward". Era mío. Ding, Ding, Ding.

Me senté y Miré a mi alrededor, y solo Había otro cliente en el comedor. No había los grupos de anciano tomando café habituales en esta cadena. No había mamás con cochecitos descansando después de que pasara el autobús escolar recogiendo a los niños, algo habitual en esa cadena.

Anoté algunas ideas, apagué la laptop, terminé mi panecillo, tomé mi café y me fui a otra sucursal a unas pocas millas de distancia.

Segunda Oportunidad

¿Cómo podía estar tan seguro que estas pequeñas e irritantes promesas rotas hacia mí como cliente eran evidencias de pobre gerencia? No podía saberlo con seguridad. Pero en el modo predecible de darles una segunda oportunidad, regresé dos semanas después.

¿Adivina qué? Sin Mitad y Mitad. La llevé al mostrador, como lo hice la última vez, pero no había nadie allí. Solo la dejé cerca de la registradora.

¿Adivina qué? Nadie apareció para saludar o servir a los cuatro o cinco clientes que estaban hablando entre ellos al frente del mostrador. Debido a que estaba apurado, y mi mente predijo que tomaría un momento el obtener la mitad y mitad, tomé la leche de almendra para probarla en su lugar.

¿Adivina qué? Vacía. La coloqué en el mostrador al lado de la jarra de Mitad y Mitad vacía que no se habían llevado y regresé a mi mesa, terminé mi reunión de negocios, y me alisté para irme. La persona con la que estaba reunido quería ordenar un bagel para llevar y se levantó para ordenar.

¿Adivina qué? Luego de un rato, cuando el timbre no sonó, lo encontramos en la estación de recogida listo para llevar y enfriándose.

Los malos empleados pueden producir una mala experiencia una sola vez, pero la mala gerencia consistentemente produce malas experiencias.

La próxima vez que esas alarmas suenen en tu cabeza de que algo no está bien con este negocio, confía en tu instinto porque cuando las alarmas suenan en tu cabeza, puede estar seguro de que están sonando en la cabeza del gerente, donde pertenecen.

Buzz, buzz, ding, ding.

Los gerentes consiguen los empleados que merecen

En el apogeo de la época en que era difícil conseguir buenos empleados, fui a desayunar al 122 Dinner de Holden, Massachusetts, a unas dos millas de nuestra casa. Domingo por la mañana, 9:00 a.m., casa llena. Buena comida, buen servicio y muchos empleados.

Que sean muchos empleados formados, motivados y entusiastas. Mientras observaba como los ocho empleados de recepción interactuaban con los clientes, se repartían la comida unos a otros, se reponían el café en la sala y sostenían los asientos para los más pequeños, pensé que la supuesta escasez de empleados no estaba afectando mucho a esta operación.

Mi conclusión inmediata fue que debía de haber una buena gerencia, o un buen propietario, o ambas cosas, porque este restaurante de pueblo funcionaba a las mil maravillas y corroboraba la teoría de que es difícil esconder un buen restaurante.

Mis pensamientos cambiaron hacia el porqué. ¿Por qué este local no tenía un problema de empleados? Y al mirar a mi alrededor y ver mucha de las caras de los empleados que he visto a lo largo de los años, me di cuenta de que tenía suficiente personal de calidad porque los buenos se quedaban. También vi caras nuevas y me di cuenta de que los buenos empleados probablemente recomendaban el restaurante a sus amigos y que el restaurante tenía fama de ser un buen lugar para trabajar.

(Advertencia: No tengo ningún interés en este negocio, no conozco al gerente ni al propietario, y solo lo visito una o dos veces al mes. Nadie en el negocio me conoce.)

Uno de los debates constantes en todas las Industrias es el tema del por qué los empleados renuncian.

Me asombra de que esto sea incluso una discusión, debido a que todos sabemos por qué los empleados renuncian, ¿cierto?

Olvídate de las encuestas y entrevistas de salida de recursos humanos, probablemente acertadas pero dominadas por respuestas muy distinguidas de tipo insegura o vainillas. Y también sería menos que honesto contigo si no admitiera que hay veces cuando he querido que un empleado renuncie. No todas las pérdidas son malas, aunque todas las pérdidas reflejan un error de juicio de algún tipo.

Lo que estás a punto de leer a las encuestas o lo que has observado con tus propios ojos o a través de tu propia experiencia, pero es una reflexión un poco entre líneas.

De mi experiencia como gerente de personal, responsable de decenas de miles de empleados a lo largo de los años y con el conocimiento de que miles de empleados han abandonado las unidades de negocio que es supervisado, creo que hay una explicación mucho más sencilla de por qué la gente abandona un trabajo.

Podrías pensar que la respuesta que voy a dar es el dinero, pero no es así. Aunque el dinero es obviamente un factor en el 99 por ciento de las decisiones que tomamos y no se limita a las decisiones laborales, no creo que sea la razón principal por la que la gente deja el trabajo.

Es el gerente. La gente renuncia a los jefes más que a las empresas, pero para ser justos, para la mayoría de los empleados su jefe es la empresa o, al menos, la parte de la empresa que más les afecta.

El tío de mi madre, Joe, un hombre sabio, solía decirme cuando era niño: "Es dudoso que una organización se haya decepcionado alguna vez con un empleado antes de que el empleado se haya decepcionado con la organización." sustituya la palabra *directivo* por *organización*, y tendrá razón. Cuando la gente se decepciona con su superior directo, dimite o le pasa por encima con otras consecuencias.

¿Por qué los gerentes son la razón por la que la gente renuncia? La razón más obvia es que dirigir no es fácil. De hecho, gestionar es difícil. Los directivos luchan al gestionar. La prueba es la cantidad de libros sobre gestión que hay en Amazon o Barnes and Noble (si vas a Amazon y escribes libros de *gestión* en el cuadro de búsqueda, aparecerán más de cien mil títulos.)

En mis años de dirigir y dirigir a gerentes y de dirigir a los directivos de los directivos, así como de formar a gerentes, este es mi versión de las tres cosas con la que más luchan los gerentes.

Fracasan al Priorizar a las Personas

La mayoría de los gerentes, sobre todo los que ascienden de categoría, tienen un alto grado de experiencia en un campo o conocimiento técnicos. Eso es lo que les hace ascender.

Desgraciadamente, una vez que Pasan a formar parte de la dirección, *no* se les juzga por sus conocimientos técnicos, ni por con lo que se ganan la vida, ni por lo que esperan de los empleados a lo que supervisan.

No, se les juzga por su capacidad para dar instrucciones. Muchos nuevos gerentes creen que la supervisión se suma a su función de "experto", y es justo lo contrario. La supervisión es prioridad principal, primera y máxima de un directivo, y la parte técnica o experta es secundaria. Muchos nuevos directivos no entienden esto y fracasan en la gestión. Si eres directivo, tu función principal es dirigir a los demás, no ser el experto técnico.

Falta de Adaptabilidad del Estilo

A la mayoría de los directivos les gusta un determinado estilo de gestión o utilizan o un estilo de gestión. Se escuchan términos como *autocrático o participativo, o centrado en el empleado* y otros términos de moda.

La realidad es que todos estos estilos funcionan, pero solo para los empleados que responden bien a estos estilos. Desde mi experiencia en restaurantes, los camareros nuevos, los que nunca han servido mesas, necesitan que se les *diga* lo que tienen que hacer; es decir, sugerir el postre, no participar en la discusión. En cambio, los camareros veteranos pueden decidir qué postre vender Y cuándo hacerlo.

Utilizar un estilo directivo con los servidores veteranos hará que se marchen por culpa de la micro gestión, y utilizar un estilo participativo con los nuevos servidores hará que se marchen por sentirse abrumados. No variar el estilo de liderazgo en función de la destreza, capacidad o preparación de un seguidor para una tarea específica es un cheque en blanco para la rotación del personal.

Egoísmo

He estado en varias situaciones en las que la gestión o el liderazgo eran deficientes, y llegué a la siguiente conclusión: No era porque a los líderes no les importara o no lo intentaran o fueran intrínsecamente malos.

Más bien era porque estaban sobrepasados y/o hacían algo por primera vez. Creo que no hay diferencia en el impacto, si alguien está sobrepasado o haciendo algo por primera vez; no es divertido ser un empleado en ese ambiente. ¿Por qué? Porque en esas situaciones, como empleado, ves más que el líder y te preguntas constante y consistentemente ¿por qué?

Mi explicación de por qué esto es cierto es que cuando uno está sobrepasado o haciendo algo por primera vez, está demasiado preocupado por sí mismo – por cómo lo está haciendo o por su aspecto- para preocuparse por sus empleados. Incluso si los empleados no lo dicen, lo saben. Siempre lo saben.

Si eres un gerente de personal, ten en cuenta lo siguiente para mejorar los resultados de tu equipo:

Haz que el supervisar a las personas sea tu prioridad número 1.

"Nunca Estoy demasiado ocupado para hablar contigo." Es un gran mantra para que un líder lo comparta con su personal. En homenaje a la investigación sobre recursos humanos, el factor número 1 que los empleados utilizan para evaluar a un jefe es la respuesta a la pregunta ¿te preocupas por mí?

Preocúpate más para reducir las pérdidas.

Varía tu enfoque.

Tratar a todos por igual está bien en lo que respecta a las políticas de la compañía, justicia, equidad, y la ley. Pero tratar a todos los empleados de la misma forma cuando se proporcionan instrucciones Ignora el hecho de que todos provienen de diferentes lugares con diferentes experiencias.

Varía tu estilo basado en A quién estás manejando y la tarea que Está realizando. Una talla no sirve para todos en la gerencia. Un nuevo empleado y un empleado de veinte años de antigüedad no tienen las mismas aptitudes, capacidades y preparación para todas las tareas.

Tómate tu tiempo para evaluar En qué. se encuentra oración a la tarea que le va a asignar. Las ganas no significan automáticamente experto, y la juventud no significa automáticamente estar verde detrás de las orejas. Todos nos enseñan a supervisarlos; solo tenemos que prestar atención.

El modelo de Liderazgo situacional y la formación en liderazgo situacional son una excelente fuente de información y desarrollo de habilidades en esta área.

Encuentra tantos mentores como puedas.

Solo hay dos formas de salir de una situación que te supera o de un momento en el que lo haces por primera vez. La primera es superarla, recoger las cicatrices de una experiencia dura y aprender de ella. La segunda es conseguir un mentor.

Los mentores pueden reducir la brecha entre tu experiencia personal y la experiencia que necesitas para ser eficaz. Los mentores no solo pueden encontrarse en otras áreas de la organización o fuera de ella, sino que a veces pueden encontrarse entre los empleados supervisados.

Ser el jefe no implica conocer todas las respuestas. Ser el jefe conlleva la obligación de tomar la decisión correcta, independientemente de la Fuente de la que proceda la información.

Las Palabras Viajan Rápido en una Ciudad Pequeña

Así que no sé nada sobre la gestión o los dueños del 122 Diner, pero te diré que en palabras de Miranda Lambert, artista de música country, "Todo el mundo muere famoso en un pueblo pequeño" y si el 122 Diner no tuviera buenos empleados y una buena gestión, habría desaparecido, al igual que el restaurante al que sustituyó.

Los gerentes buenos y geniales minimizan las pérdidas al:

1. Preocuparse por sus empleados y poner la supervisión en primer lugar en la lista de prioridades.
2. Variar el estilo de liderazgo en función de la habilidad, capacidad o preparación del empleado.
3. Centrarse en tomar la decisión correcta en lugar de ser la persona más inteligente de la sala.

Imagino que ellos consistentemente hacen las tres cosas en el 122 Diner

Puede que no tengan cero pérdidas, pero tienen un gran equipo al que supervisar; ellos tienen los empleados que se merecen.

CAPITULO 11: BAILANDO CON LAS ESTRELLAS

Parte 1: ¿Valiente o estúpido?

Hace muchos años, un ejecutivo de una compañía local de seguros médicos me preguntó si podía colaborar como voluntario en una recaudación de fondos para una asociación cívica de un barrio de Boston.

Se trataba de Bailando con las estrellas de Boston. Para mi sorpresa, y la de muchos de mis círculos social y profesional, dije que sí.

Durante seis semanas de entrenamiento, puse en palabras, a modo de diario, mis sentimientos experiencias y actitudes. Alerta: No gané el concurso.

Registro de entrada: 18 de Abril- INTRODUCCIÓN

Más de cuarenta y cinco personas votaron en mi encuesta informal, y la gran mayoría quería que el espectáculo continuara, así que supongo que esto va a suceder el 4 de junio.

Algunos de los consejos que recibí antes de decidirme:

- "Por favor no, con amor mamá"
- "Yo voté sí, ¿qué tan malo puede ser? Paul, un amigo.
- "Estaré allí. 15 lecciones, wow, suena divertido". Joan, hermana.
- "¡Yo lo vería! Y estoy segura que debido a que eras un jugador de fútbol, ¡eres lo suficientemente coordinado para hacer un gran trabajo!" Sandy una amiga.
- "Divertido. ¡Rápido diles que no!" Brian, hermano.
- "No podría hacerlo... Pero todas las estrellas dicen da un paso fuera de tu caja.... Es lo mejor que ellos han hecho". Susan hermana.
- "¡Estoy es sin palabras!", Sherry amiga.
- "Tu disposición para hacerte un tonto traerá gran atención a tu organización sin fines de lucro es admirable." Paul hermano.

Registro de entrada: 9 de Mayo- UN NUEVO PAR DE ZAPATOS

Coloqué dos monedas de 10 centavos en el parquímetro y me alegré de tener un sitio justo delante de la tienda que había estado intentando encontrar en Wesllesly. Creo que el miedo me golpeó por primera vez cuando abrí la puerta de la tienda. Antes, cuando solo "pensaba" qué ocurriría, estaba bastante tranquilo.

Cuando Carol, mi profesora profesional de bailes de salón, me preguntó por qué había afectado a participar en Dancing with the Stars, la verdad es que no tenía una buena respuesta, porque no sé muy bien porque lo hago.

¿Quizás porque me da miedo hacer bungee Jump? ¿Quizás porque no he leído un buen libro últimamente? ¿Podría ser porque dos de mis sobrinas, Shannon y Ryanne, eran bailarinas, y ellas pensarían que soy genial?

- El miedo no me invadió en la primera clase, cuando entré el estudio y vi las paredes de espejo y el suelo de parque.
- No lo hizo cuando conocí a Carol, la instructora profesional que se encargaría de gestionar este Sueño imposible.
- No lo hizo a medida que aprendí los pasos básicos del Foxtrot, el vals, la rumba, y el chachachá (enseguida supe que no me gustaba el chachachá).
- El miedo ni siquiera me invadió cuando aprendí a sujetarme las manos y de a dejar el brazo de Carol descansar sobre el mío mientras yo le tocaba el hombro cosas avanzadas.
- La verdad es que estuve bastante relajado durante toda la primera clase, doblando las rodillas, apoyando el pie en la punta, ya sabes, las cosas básicas que hacemos los bailarines.
- Creo que el miedo me invadió por primera vez cuando abrí la puerta de aquella pequeña tienda.

Se cerró atrás de mí, pude ver a una niña con sus par de zapatos nuevos, con puntillas, enseñándole a mamá cómo podía hacer ruido con los pies. Pude ver los mostradores con leotardos y mallas y el resto de cosas que los bailarines, jóvenes y mayores, necesitan para ser bailarines.

No vi mucha mercancía que un tipo de mi edad pudiera utilizar, por lo que mantuve mi mirada baja, podía ver a un papa sacando su billetera mientras que su hija adolescente con retenedores sonreía con esa sonrisa especial que solo las hijas pueden mostrarles a sus padres, y el dependiente hizo una broma sobre que el día de hoy no costaba $200.

Pensé en mi hermano, quien debería haber estado en tiendas como esta, con una billetera como esa, probablemente docena de veces con sus dos hijas, quienes han sido bailarinas desde que aprendieron a caminar.

Sin hijas propias, era un parte de la vida que se me había escapado. sin ningún interés en el baile, era una parte de la vida por la que nunca me pregunte. Ahora me estaba enfrentando con la fría y dura realidad de que estaba en Capezio's Dance Theather Shop con una tarjeta de 10 por ciento de descuento que le había conseguido en Arthur Murray's Dance Studio.

Todo sucedió tan rápido que apenas podía creer que ¡yo era un comprador preferencial en una tienda especializada en suministros de baile!

Allí fue cuando el miedo me invadió, y me invadió bastante fuerte.

Supe con certeza, en ese lugar y momento, de que estaba completamente fuera de mi liga, que no tenía nada que hacer al involucrarme, que iba a ser el ridículo completo, y que realmente no quería gastar $100 en "zapatos para baile de salón masculinos."

Sí, sí era rápido, podía escabullirme del lugar y devolverme al Auto - demasiado tarde. "Señor, puedo ayudarlo?" que el dueño me preguntó mientras estaba calzando unos zapatos de ballet a una niña de ocho años. Si mis amigos pudieran verme en este momento. Era todo lo que estaba pensando

Así que, en poco tiempo, allí estaba yo, sentado en el banco junto a una futura bailarina, preguntándome si habría mercado para zapatos de baile de salón masculinos de segunda mano. Lo único en lo que podía pensar era en Cómo deshacerme de los zapatos que aún no había comprado cuando terminara el evento.

Fue entonces cuando me asaltó la segunda oleada de miedo. Temblaba mientras me probaba los zapatos, temblaba mientras pagaba y, con voz temblorosa, indiqué que no necesitaba bolsa; ya podía irme.

Mientras pasaba junto a los leotardos y a las medias especiales que se interponían entre la puerta y yo, agarrando a mi primer par de zapatos masculinos de baile de salón, me dije que no tenía nada que temer salvo al propio miedo. Pero ese pensamiento cambió por el de qué, en realidad, tenía mucho más que temer que al propio miedo.

Me colaba en un mundo nuevo, como si aterrizara en otro planeta. Esa gente del baile iba en serio. Yo era un farsante y, todo el mundo muy pronto vería a través de mi farsa.

Realmente podría ser bailarín en 30 días? Cuánto tardamos en llegar a la luna? Contemple brevemente la posibilidad de fingir una lesión, como sería en mi situación. Para cuando llegué al auto, había decidido que sí, o ya que, iba a hacerlo, al menos lo haría con la energía suficiente para sorprender. Ese se convirtió en mi objetivo nacido del miedo: sorprender.

Sorprender es muy distinto que sobresalir, estoy de acuerdo, pero quizás no. Si hago algo que nadie creía que pudiera hacer y de una forma que nadie creía que pudiera hacer, eso es como sobresalir. ¿no? No, Yo tampoco lo creo.

Registro de Entrada: 10 de Mayo - BAILANDO EN TODOS LADOS

La primera clase con mis nuevos zapatos de baila pasó rápidamente. El día anterior a mi segunda clase, esperaba *no* sorprender a ningún obrero de la construcción en la oficina vacía. Había estado luchando un poco con las transiciones de un tipo de paso a otro. Y sabía que necesitaba mejorar milagrosamente antes de mi lección de las 3:15 p.m. Si quería tener alguna esperanza de sobrevivir.

Por desgracia para mí, acababa de pasar la noche en Boston y me esperaba un día ajetreado. Puede que no tuviera tiempo para practicar, así que sabía que tendría que improvisar. No estaba seguro de si iba a practicar mis pasos en el sótano, en el baño de hombres, en los pasillos de la oficina o en los pasillos de Moctezuma. Al final, se me ocurrió una idea.

Así que allí estaba yo a las 6:15 a.m., en una oficina abierta que estaba en remodelación en el edificio donde trabajaba. A esa hora no había alfombra, ni paredes, ni obreros de la construcción. Tenía todo el maldito salón de baile (quiero decir, la oficina) para mí solo. ¿Me imaginas con los auriculares escuchando "Mac The Knife" y dando zancadas por la sala, abrazado a mi pareja imaginaria? yo tampoco, Pero eso es exactamente lo que estaba haciendo.

Durante cuarenta y cinco minutos, golpeé el suelo de cemento con mis mocasines con borlas hasta que al menos pude dar un par de vueltas sin perder los pasos, el ritmo o la cabeza. Era el tipo de actuación que uno espera Ver en YouTube.

En el lado positivo, no había estado a. de sobre mi trasero! Cuando te agarras a un clavo Ardiendo, mantenerte erguido cuenta como refuerzo positivo. Como siempre, el pensamiento de *si mis amigos podrían verme ahora* no estaba muy lejos de mi mente. *Espero que no me vean los de la alfombra*, porque está seguro de que en cualquier momento aparecerían los de la obra y se reirían a mi costa. ¿Tal vez un anticipo de las reacciones que se avecinaban?

Registro de Entrada 23 de Mayo- 16 Segundos

So there I was, flying around the vacant office space in our building feeling pretty good by my low personal standards and feeling very much like a light-footed dancer—you know, doing the knee dips and stuff and wiggling my hips when I really got into it—when I noticed a sound. I turned around, and that was when I realized I was still alone, but my fingers were snapping to the music in my head.

Parte 2: Llega Mack The Knife

Oh Dios mío! Me estaba convirtiendo en un tipo de GQ delante de mis ojos. ¿Podría ser que realmente estuviera disfrutando con estas cosas? No. Solo fue un momento fugaz, y el miedo volvió de nuevo.

Ese tiburón de canción "Mack the Knife" puede tener dientes preciosos, nena, y puede que los mantenga blancos como perlas, pero todo este proceso se me estaba yendo de las manos, sobre todo más tarde ese mismo día, cuando mi profesor de baile profesional me dijo que había hecho (y cito textualmente) " un trabajo impresionante."

La canción

"Mack The Knife" o la "Balada de Mack The Knife" (en alemán: "*Die Moriat von Mackie Messer*") es una canción compuesta por Kurt Weill con letra de Bertolt Brecht para su drama musical de 1928 *La Ópera de Tres Centavos*. La canción se ha convertido en un estándar popular grabado por muchos artistas.

Letra de "Mack The Knife":

> OH, el tiburón, nena, tiene tantos dientes, nena
> Y los muestra blancos como Perla
> Así como una navaja tiene el viejo Macheath, nena
> Y la mantiene fuera de vista
> Tú sabes cuando el tiburón muerde con sus dientes, nena
> Las horas escarlatas empiezan a extenderse
> Guantes elegantes lleva el viejo Macheath, nena

Por lo que nunca, nunca hay un rastro de rojo.

Cuando se trata de chasquear los dedos al ritmo de "Mac The Knife", tengo lo que hay que tener. Otra cosa es si puedo bailar la canción, pero *hoy* estoy dispuesto a chaquear los dedos durante dos minutos y dieciséis segundos si hace falta. (En respuesta a numerosas preguntas, no, no llevo uno de esos chalecos tan monos *ni* me estoy depilando el pecho.)

Puede que estés diciendo: "Parece que todo te sale tan natural, Ed", pero te equivocarías. Si chasqueó los dedos, me das una A; si manejo el sombrero fedora, me das una C. Así es, empiezo el baile con un fedora (es un sombrero) en las manos y tengo que ponérmelo en la cabeza mientras me *pavoneo*.

Se trata de una variación básica del tema de caminar y masticar chicle al mismo tiempo que todos conocemos. Tengo que pavonearme y hacer Girar un sombrero fedora al mismo tiempo. No querrás saber cuántas veces tengo que hacerlo bien. El jueves demostraré a mi instructor profesional que se los pasos, los chasquidos de dedos y el ritmo para pasar a la siguiente parte de la coreografía.

Estoy bastante seguro, pero no seguro, de que cuando entre triunfante en el estudio de Arthur Murray en Natick para mi próxima clase, *abre* memorizado los dieciséis segundos de la rutina. Así es, hasta ahora solo he ensayado y trabajado los dieciséis primeros segundos del número. Soy un maestro en los primeros dieciséis segundos de "Mac The Knife," pero nadie sabe cómo voy a aprender los dos minutos restantes de ese baile.

Faltan menos de dos semanas para aprender 2 minutos de baile. Podría hacerlo? A ver, con dos clases dobles esta semana y dos clases triples la semana que viene, va a estar cerca. pero si ya estoy a la altura del twinkle steps, entonces el cielo es el límite para mí. (Sí, el twinkle steps Es un término real.)

Sé que estaré en el escenario con las luces apuntándome a la cara, deseando no cagarme en los pantalones. Por fin me he puesto el sombrero fedora, y mi hijo observó un entrenamiento la semana pasada y me dijo que estaba mejor de lo que él pensaba, pero a estas alturas del Día del Padre, no creo que me esté molestando.

Me he puesto esos auriculares todos los días y he bailado solo, dominando esos dieciséis segundos, en la entrada de mi casa, en el sótano, en la cocina, en la planta baja del estacionamiento de la cuadra de la oficina del correo, y en las escaleras del edificio del estado. Pongo la canción "Mac The Knife" casi sin parar en el auto, visualizando cada uno de los pasos. Esto es lo que sé en este momento: puede que sea malo, pero no soy terrible, y de hecho, puede que incluso sea orgullosamente mediocre.

Mi madre era una gran bailarina de salón y me ha animado. Ella cree que tengo los genes para hacerlo. Después de la clase de hoy, sabré más sobre cuánto tengo que trabajar y cuántos de los genes más necesarios puedo tener. Estoy pensando que tal vez el bungee jump habría sido una mejor opción para la crisis de la mediana edad que estoy viviendo en esta.

Sigo aprendiendo. Hoy me he sorprendido un poco al saber que no puedo caminar hacia atrás y contonearme lo suficientemente bien como para incluir un paso tan espectacular en la rutina. Lo de sustituido por caminar hacia atrás y básicamente chocar el trasero con mi compañera. Y aunque no tengo entrenamiento formal, y practicamos muy poco, aparentemente soy un buen chocador de traseros naturalmente.

También aprendí que, aunque la probabilidad de que deje caer a mi compañera en la gran final al caer de espalda sobre mí pierna doblada es escasa, ella sigue estando nerviosa. Ese es su problema. Yo estoy nervioso por todo el maldito baile; ella puede estar nerviosa por los dos últimos segundos.

También he aprendido que tengo que desarrollar una "actitud" y ponerle ganas. Aún no soy "Mack The Knife." Esta podría ser la parte difícil. Creo que siempre supe que podría memorizar los pasos como una máquina y con mucho trabajo. Si puedes memorizar todas esas fórmulas de álgebra puedes memorizar pasos de baile.

Supongo que también siempre supe que con el tiempo encontraría el valor para subirme al escenario, porque tengo mucha experiencia en tener miedo ante una multitud, y siempre he consentido enfrentarme al público. Solo que no estoy seguro de poder conseguir una actitud que no tengo.

Registro de Entrada: 29 de Mayo- ¿DE TAL PALO HASTA LA ASTILLA?

En la clase de hoy, mi esposa ha venido porque la curiosidad la estaba matando, y puede que me haya salvado sin darse cuenta.

Durante la cena, no hablamos mucho de mi rutina, pero ella dijo algo que me hizo llorar entonces y me ha hecho llorar ahora. Dijo que cuando me veía brincar por la habitación, le recordaba a mi padre, "Mack The Knife" era su tipo de canción y su tipo de actitud – como la de Sinatra.

Hacía décadas que nadie decía que le recordaba a mi difunto padre, pero me di cuenta de que tenía razón. Si voy a encontrar esa actitud para la canción que quieren que tenga, supongo que puedo dejar de mirar a mi alrededor y empezar a mirar en mi interior. Mi padre podría tener una actitud, y él podría exagerarlo. Supongo que lo Subiré al escenario conmigo a ver qué pasa. Quizás ha estado conmigo todo el tiempo y yo no podía verlo. No sería la primera vez que recibo ayuda de él que no sabía que tenía.

Registro de Entrada: 30 de Mayo- ATREVIDO, ATERRADOR Y LOCO

Supongo que esta será mi última entrada hasta el concurso. La próxima vez que escriba, habré completado una de las tareas más desalentadoras de mi vida. Subir a un escenario y hacer esto sin tener experiencia ni habilidad para el baile es ¡estúpido, escandaloso, atrevido, aterrador y una locura!

Pero como dice el cartel que cuelga de la pared del baño de Caballeros de los estudios Arthur Murray de Natick "La vida no se mide por los alientos que respiramos, sino por los momentos que nos dejan sin aliento."

Alguien le va a quitar el aliento el próximo Miércoles, y aunque podría ser a mí porque podría olvidarme de respirar, quizás eso sea suficiente. Y aunque puedo decir sinceramente que nunca antes me había inspirado en ningún cartel en la pared de ningún baño de hombres en ningún sitio, la próxima vez que alguien me pregunte cuál es mi objetivo para este evento, voy a mirarle directamente a los ojos, con actitud, por supuesto, y le diré: "dejarte sin aliento." Acabemos con esto de una vez

Parte 3: El Guerrero Pacífico

Registro de Entrada: 4 de Junio: EL GRAN DÍA

Son las cuatro de la mañana. Y estoy despierto listo para salir. Hoy es el día de la gran competencia de Dancing with the Stars de Boston, el paso final del viaje. Cosas extrañas suceden cuando tú cambias tus metas.

Siempre y cuando mi meta fuera sorprender a las personas con mi presentación de baile, mi actitud y esfuerzo reflejen eso; me esforzaba mucho, mucho, mucho por aprender y normalmente era diligente en mis preparativos. El trabajo extra y el máximo esfuerzo me resultaban fáciles.

En cuanto mi objetivo pasó a ser el quitarte el aliento todo mi mundo cambió.

- Así como mi papá, me di cuenta de que puedo ser "Mac the Knife."
- Así como mi mamá, me di cuenta de que tengo un género de baile o dos.
- Así como mi hijo, Joe, me di cuenta que no me rindo.

Al mismo tiempo me di cuenta, del talento de mi colaboradora profesional, Carol, de la paciencia que había tenido conmigo y de lo mucho que dependía de ella. Me di cuenta de que mi número era realmente "nuestro" número, basado en nuestras habilidades colectivas, no solo en las suyas ni en las mías. Me di cuenta de que el número es realmente "lindo," como dicen los otros bailarines; es una buena canción con una buena coreografía.

Reconocí que, como profesional, Carol tiene más en juego que yo, y lo mismo ocurre con el estudio Arthur Murray de Natick. Me di cuenta de que era el viaje, y no el acontecimiento, sobre lo que he estado escribiendo, porque es el viaje lo más importante e interesante.

Lo echaré de menos, no son las cuatro semanas y las veintitrés clases de cuarenta y cinco minutos salpicadas, de algunos choca los cinco, sino muchos más comentarios del tipo "respira," "mantén la vista alta," y "ponle algo de personalidad." Me doy cuenta de que echaré de menos estar con una persona muy sabia y con una persona especial que fue capaz de afrontar esta búsqueda conmigo. Piénsalo: ¿querrías *enseñarme* a bailar?

El orgullo en su cara por mi felicidad cuando finalmente di todos los pasos en el ensayo final era obvio (puede que también hubiera algo de alivio).

Hace poco releí alguna de las citas que me envió la gente Cuando hice la encuesta sobre si debía presentarme como voluntario para este acto. Las respuestas se dividían principalmente en dos categorías: algunos pensaban que sería divertido ver la versión acabada, pero incluso los que no creían que fuera una buena idea, entre ellos varios familiares, nunca duraron de que yo pudiera hacerlo, Y supongo que, en el fondo yo también dejé de durarlo.

Cada una de las personas que respondieron tenía una opinión. Mi pareja de baile profesional no tenía elección ni opinión al respecto. Me presenté con dos pies izquierdo, ella empezó a trabajar conmigo y me movió hasta el punto en que nuestro objetivo llegó a "dejarles sin aliento". No sé quién está más sorprendido de que pudiera ser ese número, si Carol o yo.

Como dije a todo el personal de la academia de danza, que acudió a mi ensayo general, cuando salí del estudio por última vez: "El milagro ya se ha producido. Soy un bailarín."

No me importa lo que pase esta noche; sé qué haremos un buen trabajo. Ya nos hemos impresionado a nosotros mismos. Gracias Arthur Murray Natick. Gracias, Carol. Tu profesionalismo, tu bienvenida, tu apoyo, tu paciencia, tu aliento, me dejaron sin aliento.

No estoy seguro de quién creó esa cita que te deja sin aliento colgada en la pared del baño de hombres a la que me he aferrado. Lo que sí sé es que ya no tengo miedo. Ha sido un viaje corto y totalmente inesperado. He recorrido un largo camino desde aquel hombre siguió asustado que compraba zapatos de baile de salón masculino con una tarjeta de cliente preferencial en aquella pequeña tienda de Wellesley.

Me di cuenta de que había cambiado por la mirada de los observadores que acudieron ayer al estudio para mi última visita. Lo noté en los ojos de Carol cuando terminamos de ensayar. Lo he notado en mi mirada en el espejo esta mañana.

Registro de Entrada: 5 de Junio: LUEGO DEL SHOW:

Mientras me dispongo a dormir tras un día excepcionalmente intenso, sé que ha sido todo un viaje y todo una prueba. Lo que aprendí en el viaje me sigue beneficiando, y me siento muy bien por haber superado la prueba.

Sé que cuando salí al escenario empecé a girar ese sombrero fedora, fue un momento que dejó sin aliento a más de uno. Fue entonces cuando se cruzó la línea que separa la valentía de la estupidez, y logré volver. Ya sabes de qué lado empecé.

Una frase que recuerdo de la ceremonia de iniciación de mi fraternidad estaba en mi mente mientras abandonaba el escenario aquella noche. En aquel ritual el líder dijo: "cuando te enfrentas a los miedos que te acechan, muchas veces desaparecen." Los fundadores de la fraternidad tenían razón en muchas cosas, incluida esta.

La foto de nuestras reverencias tras la rutina captura uno de los momentos de mayor alivio de mi vida: El baile ha terminado. No me he tropezado. No me he roto los pantalones. Hice la mayoría de los pasos. Y, por supuesto, la gente se reía conmigo, no de mí.

Si eres fan del programa de televisión, muchos participantes dicen que salir de su caja ha sido lo mejor que han hecho nunca. Quizás no lo mejor para mí, pero sí muy cerca. Me siento también sobre esto, que puede que me dedique a la cirugía cerebral - no puede ser más difícil.

O tal vez haga una prueba para el equipo de baile de los Boston Celtics? Ahora, eso, amigos míos, dejaría a alguien sin aliento. Ta - dah!
Fin.

Posdata: Así que no la tumbé. No llegué a estar cerca de hacerlo. Durante el entrenamiento para este evento, en su sabiduría, me

recomendó que leyera un libro llamado *El Guerrero Pacífico* de Dan Millman y en el prefacio, él dice: "Me llamo a mí mismo un Guerrero Pacífico…
Porque las verdaderas batallas que peleamos están en el interior"

CAPÍTULO 12: NO QUEDARSE SIN NADA

Marca Personal con un Giro

El 4 de julio hace pensar a la mayoría de los estadounidenses en patios, barbacoas, fuegos artificiales y playas. A mí también me hace pensar en esas cosas,  pero también recuerdo algo más que involucra una bandera americana.

¿Tienes idea de lo motivadora que es una marca personal para un corredor o para cualquier atleta? Si eres corredor, levantador de pesas, pateador de goles de campo, nadador o golfista, seguro que sí.

Alcanzar una marca personal es tan poderoso que los músculos doloridos no duelen *tanto*. Es tan poderoso que no puedes esperar a la próxima vez. Es tan poderoso que nada puede arruinarte el día. Es tan poderoso que tienes que escribir sobre ello, así que lo hago.

Cuando entrenaba para mi primera media maratón, logré una marca personal con un giro inesperado, y el giro resultó ser más memorable que la marca personal.

Mi tarea de entrenamiento al amanecer de un domingo por la mañana era correr 9 millas. En ese momento, nunca había corrido más de 7 millas y no me sentía exactamente tan fresco como una lechuga después de esa distancia. No podía imaginar lo mal que me sentiría después de 9 millas. Pero como era necesario correr 9 millas sí iba a correr 13.1 en una media maratón, estaba dispuesto a intentarlo.

A pesar de cuántas veces lo haya hecho desde entonces, déjenme asegurarles que 9 millas es un camino muy, muy largo. Mi esposa estaba muy preocupada por esta hazaña, así que Le prometí que haría una ruta por la calle principal, donde alguien pudiera verme o ayudarme en caso de que tuviera problemas con la tarea.

Como muchos corredores que siguen el mismo recorrido en sus carreras de entrenamiento, había memorizado cada milla de la calle principal para distancias más cortas, así que sabía exactamente lo lejos que había llegado y lo lejos que tenía que llegar en una ruta de ida y vuelta, pero lo de las nueve millas era algo nuevo para mí. Por supuesto, como soy un planificador, hice la ruta el día anterior y me di cuenta de que nueve millas es un camino muy, muy largo. En el viaje de exploración, tenía aún más dudas sobre esta idea, pensando en excusas o, lo siento, razones válidas para no intentar nueve millas. ¿No bastarían seis millas? ¿Quizás siete? ¿Es hora de hacerme el tobillo, ligeramente?

Cuando salí de mi casa muy temprano ese domingo por la mañana, con la idea de que no volvería hasta dentro de casi dos horas (me estás tomando el pelo, dos horas?), hice lo que mejor se me da: puse un pie delante del otro y me puse en marcha, con la esperanza de que esto iba a ser solo yo golpeando a través de las millas y trayendo la conmigo la persistencia obstinada.

Me sentía bastante bien cuando llegué al punto de inflexión de 4.5 millas y emprendí el regreso de hecho las primeras 5.5 millas fueron tranquilas. Sin dolores especiales, tropiezos o resbalones. Entonces la vi. Delante de uno de los restaurantes de la calle principal, había una bandera americana en el suelo.

Me di cuenta de que era una de las banderas de la ciudad que se había soltado del poste de la luz. Me detuve, inseguro sobre qué hacer a continuación. La bandera es más larga que el mástil al que estaba sujeta, así que no podía apoyarla en ningún sitio porque las barras y las estrellas seguían tocando el suelo. No quería atar la bandera, me parecía muy poco profesional. Y realmente no había ningún sitio donde ponerla o llevarla a esas horas de la mañana, casi nada estaba abierto. Así que la tomé y empecé a correr.

¿Te lo imaginas? Ahí estaba yo, corriendo por la calle principal, sosteniendo una bandera Americana que ondea literalmente detrás de mí. Realmente no sabía qué más hacer. No quería matar mi tiempo de entrenamiento de nueve millas buscando un lugar donde dejarla, así que por puro reflejo, la tomé y corrí Y decidí que la dejaría en la comisaría de policía, siempre abierta, y convenientemente en mi ruta, a solo tres millas de distancia.

Me he adelantado a tus preguntas.

¿Tocaban la bocina los autos a mi paso cuando la ciudad empezaba a despertarse? En realidad, docenas de ellos. me sentí como un patriota? Por supuesto. Se me pasaron volando las millas? Sin duda. Realmente no sé si alguna vez en mi vida había dado un paso con una bandera americana ondeando detrás de mí, pero ese domingo di unos tres mil, y me sentí genial.

¿En qué pensabas mientras corrías? Como un hijo de veterano, no pude evitar pensar en los hombres y mujeres del ejército, vivos y muertos, incluido mi padre, que habían corrido hacia nuestra bandera, con nuestra bandera o por nuestra bandera.

Pensé mucho en el simbolismo de lo que estaba haciendo y en cómo la gente que pasaba en auto debía suponer algo de ese tipo canoso que corría con una bandera americana. ¿Pero qué suponían? En los Estados Unidos de hoy, donde hay tantas divisiones, esperaba sinceramente que todos los que me vieran sonrieran y se sintieran bien por ser estadounidenses.

Esperaba que estuvieran pensando ahora sí que hay un tipo que se preocupa. cuando llegué a la comisaría, pulsé el botón de pausa de mi Fitbit, entre corriendo, entregué la bandera, expliqué de dónde se había caído y reanudé mi carrera, todo ello en menos de veinte segundos.

Echa de menos la bandera cuando terminé el resto del largo recorrido, y empecé a sentir los dolores y molestias que aparecen de forma natural la primera vez que corres nueve millas. La carrera fue notablemente más dura una vez que dejé la bandera. Tal vez ¿había estado corriendo en el aire?

Cuando por fin superé la última colina y llegué a la entrada de mi casa, apenas una hora y cuarenta y cinco minutos después de empezar, recuerdo que pensé que estaba orgulloso de tres cosas: Estaba orgulloso de terminar una carrera tan larga. Estaba orgulloso de haber conseguido mi mejor marca personal y, por supuesto, de ser estadounidense. También deseé tener un jacuzzi, pero en vez de eso me eché una siesta.

Dentro de las Barreras Naranjas y la Arena

La vida sería un poco aburrida si consiguiéramos el 100 por ciento de nuestros objetivos, verdad? Claro, sería fantástica, pero un poco aburrida.

Lo que creo que, eso significa, es que el fracaso es importante para vivir sin aburrimiento?

Lo que creo que, eso significa, es que el fracaso es importante para vivir sin aburrimiento? Es la duda sobre el éxito de lo que puede impulsarnos hacia los logros.

Seguro que alguna vez te has marcado objetivo pero te has dado cuenta casi inmediato de que te ibas a quedar corto y fracasar

Cuando eso sucede, intuitivamente sabemos que tenemos opciones limitadas.

Podemos detenernos, renunciar, y vivir para luchar otro día.

O podemos tomar una pausa, reevaluar, reiniciar la meta, y seguir adelante.

O podemos seguir adelante sin un reinicio y ver qué tan lejos podemos llegar o cuán cerca podemos acercarnos a la meta o, inversamente, aprender exactamente qué tan cortos nos quedamos y fracasamos.

Un año me enfrenté a estas tres opciones (nuevamente) en el centro de Boston, en la carrera de 10 km de la Asociación Atlética de Boston (6.2 millas para los que se les dificulta el sistema métrico).

Cuando empecé el día, me preocupaba el aumento de las temperaturas, que se acercaban a los ochenta grados y el aumento de la humedad, que se acercaba al 80 por ciento. Podría llegar a los noventa grados antes de que se acabara la carrera. Correr con calor es un reto para todos.

Lo había planeado con antelación. pero no lo suficiente. Seguro que te ha pasado. Dejé un paño refrescante en el auto. También había metido en la maleta una botella de agua con la que había pensado rociarme la cara si me acaloraba, y también la dejé en el auto. Mi preparación no mereció una A.

Pero sabía de antemano que el día no iba a ser el de mi mejor marca personal por culpa del tiempo, y había planeado correr una carrera más lenta y mantenerme a salvo. A mi edad, la delgada línea que separa la valentía de la estupidez es una línea peligrosa con la que suelo coquetear. Demasiado calor en mi cuerpo sería estúpido y podría afectar mi capacidad para luchar otro día.

Así que mientras estaba esperando que el evento comenzara, me puse filosófico y me pregunté a mí mismo las siguientes preguntas: por qué correr una carrera que no puedo ganar? (y nunca podré) y no podré establecer una marca personal? a medida que caminé por los alrededores y me paré en la línea para uno de los 250 baños portátiles, no estaba seguro de cuál iba a ser mi objetivo real para el día.

Recuerdo cuando comencé mi carrera, como corredor mi objetivo era modesto: No terminar de último. Desde entonces, he ganado una pared llena de medallas de finalizador que son un recordatorio que lo he hecho bastante bien en ocasiones. Pero todavía no he podido entender porque estaba corriendo.

Yo solo tenía que preguntarme cerca de una milla luego de comenzar el evento. En ese punto, era tan caluroso que tenía que detenerme y caminar. Sé cuándo estoy acalorado, y sé cuándo detenerme. Y cuando estoy muy acalorado, me detengo. Déjame asegurarte, yo estaba totalmente avergonzado de mí mismo.

Tenía cinco millas más para recorrer y ya estaba aniquilado no iba a obtener una marca personal y tampoco iba a correr 6.2 millas no en su lugar iba a arrastrar mi trasero a través de las calles de Boston con niveles prodigiosos de sudor y estaría caminando más millas de las que iba a correr.

Decisiones: yo no iba a cancelar el evento; no podía enviar a seis mil personas a casa hasta otro día más fresco. No podía detenerme, devolverme, e ir a casa y mantener mi reputación intacta. Tenía que continuar, por lo que lo hice, y tenía que desarrollar una meta para este desastre en el momento.

Me di cuenta de que estaba en el centro de Boston. En una mañana soleada de junio. Con otros seis mil. Cuando miré a los alrededores, me sentí un poco mejor porque había tantas personas caminando en lugar de corriendo. (A la miseria le encanta la compañía, sin importar lo que te hayan dicho.)

Por lo que establecí una meta muy inusual: Disfrutar por mí mismo de cualquier forma que pudiera. Una meta extraña, estoy de acuerdo, pero estaba desesperado. Me di cuenta de que una de las formas que disfrutamos nosotros mismos es a través de recuerdos, y me dejé llevar hasta el pasado hasta que pasé a través del presente, literalmente de un paseo por el carril de la memoria.

- Mientras caminaba por detrás de Kenmore Square y del famoso cartel de Citgo, vi la plaza de estacionamiento secreta que solía utilizar en los partidos de los Medias Rojas, gracias a un profesor de la BU que sacó su auto de su plaza para que yo lo utilizara cuando lo necesitara.
- También vi el lugar cercano donde mi batería murió hace años, y triple A vino a ayudarme en menos de quince minutos. (La mayoría de las experiencias con AAA no son buenos recuerdos; esta fue la excepción.) Un par de buenos recuerdos para alimentar mi nuevo objetivo, así que trote un poco. Muy poco. Tenía calor, así que volví a caminar.
- Menos de una milla después, estaba frente a los edificios clásicos de la Universidad de Boston Y pensé en uno de sus licenciados en Administración de Empresas, mi padre. Recorrí cien metros en su memoria. Al poco tiempo, pasé por delante del Paradise Rock Club, donde solía tocar mi hermano menor, líder del grupo Gang Green y donde asistí a una recaudación de fondos para él tras su apoplejía pues este.
- En el punto de retorno, podía ver a todo el mundo detrás de mí, así que sabía que no acabaría la de último y traté un poco más para asegurarme. Estábamos fuera del Nickerson Field, y pensé en la noche en que tenía diez años, y asistí al primer partido de los Boston Patriots.
- Buenos recuerdos. Entonces recordé que jugué allí una vez en el equipo de fútbol de la UMass y vi a uno de mis hermanos jugar allí para Braintree High.
- Cuando pasé por los estudios de WBUR, una emisora de radio pública, recordé cuando una vez hice allí una entrevista para la organización sin fines de lucro que dirigía,

- vaya, ese tramo de la avenida Commonwealth tenía un montón de recuerdos.
- Y entonces pensé en la vez que conocí a mi versión de Mr. Bojangles en el mismo barrio. Un tipo de ochenta años que mascaba una colilla de puro y me contó la historia de cómo Él y su esposa fueron artistas de vodevil hasta que ella falleció, y saltó y chasqueó los talones en el restaurante para demostrarlo. Fui a la puerta de al lado y le compré un puro nuevo.
- Mientras volvíamos porque Kenmore Square, pensé en mi primera maratón de Boston después de un partido de los Medias Rojas con Joseph Cummings, tío de mi madre y tocayo de mi hijo, hace más de setenta años. Decidí que debía correr por el mismo terreno. Muy genial, aunque yo no lo era.
- Al pasar por debajo de Mass Avenue, miré hacia abajo y vi las tres rayas azules en la calzada y recordé que los corredores del maratón de Boston pasaron por ese asfalto hace unas semanas. La mayoría de esos corredores iban mucho más rápido que yo.

Allí fue cuando me di cuenta.

Me di cuenta de que correr sobre estas líneas azules era un privilegio. Sabía la razón por la que corría. Era tan sencillo pero el microprocesador que tenía entre las orejas había acelerado la respuesta. Corro porque puedo.

Cuando me dirigí a la recta final por Cambridge Street y pude ver la línea de meta, las barricadas naranjas a ambos lados de la carretera reforzaron mi conclusión. Había modificado mi objetivo para disfrutar a través de los recuerdos, Pero eso era secundario para mi propósito.

Yo estaba *dentro* de las barreras naranjas. No era un espectador, era un hombre en la arena. No corría para ganar la prueba. No corría para batir mi marca personal, aunque eso sería una ventaja. Corría porque quería ser ese hombre al que se refería Theodore Roosevelt en su famosa cita.

> No es el crítico el que cuenta; no es el hombre que señala como tropieza el hombre fuerte, o dónde podría haberlo hecho mejor el realizador de las hazañas. El mérito

pertenece al hombre que está realmente en la arena, cuyo rostro está marchado por el polvo, el sudor y la sangre; que se fuerza valientemente, que se equivoca, que se queda corto una y otra vez, porque no hay esfuerzo sin error y sin quedarse corto; pero que realmente se esfuerza por hacer las obras; que conoce los grandes entusiasmos, las grandes devociones; que se entrega a una causa digna; que en el mejor de los casos, conoce al final el triunfo de una gran hazaña, y que, en el peor de los casos, si fracasa, al menos fracasa mientras se atreve a mucho, de modo que su lugar nunca será el de esas almas frías y tímidas que no conocen la victoria ni la derrota.

Así que no conseguí alcanzar mi objetivo el último domingo de junio, pero al menos me atreví en gran medida, salvé el día con un paseo por el carril de los recuerdos y recordé porque corro. Espero que todos mis fracasos salgan igual de bien. Volveré; no pienso abandonar la arena a corto plazo.

La Super Bowl de Falmouth

La Falmouth Road Race, de siete millas, ha sido mi Super Bowl personal cada agosto. Correrla por primera vez, en aquel momento, fue para mí el logro de mi vida, teniendo en cuenta mi edad y lo tarde que empecé en esto de correr.

También fue una gran recaudación de fondos para la organización sin fines de lucro a la  recaudando más de $100,000 en el transcurso de los años, mientras que los voluntarios y el personal corrían como miembros del programa benéfico.

Siete millas con otras diez mil personas a orillas del cabo Cod con barras de yogurt helado gratis en la meta? Me estás tomando el pelo? Quién más consigue barras de yogurt helado gratis carrera después de una carrera? tarde una hora y media en completar el recorrido la primera vez y mantenerme fuera de la tienda médica. Pero me enganché.

El día siguiente de esa primera carrera, empecé a planificar el año siguiente. En serio hice un seguimiento de todo lo que hacía durante todo el año, preparándome para el evento con la ayuda de una hoja de cálculo de Excel. Registré cada carrera, cada distancia, mi frecuencia cardíaca media, mi frecuencia cardíaca máxima, mi ritmo medio, mi ritmo por milla, etc.

Intento no dejar ningún detalle al azar. mis calcetines, mis zapatillas, mis cordones, mi hidratación, mi nutrición, mi lista de reproducción, mis rodilleras, mis rodillos de espuma, mi entrenamiento de fuerza, mi calentamiento, mi sueño, incluso presto atención a mis malditas uñas de mis pies, y ningún tipo presta mucha atención a las uñas de sus pies.

Puede que este sea la prueba de carreras, más emocionante pero también implica un gran esfuerzo solo llegar a la línea de salida.

Conseguir un dorsal: La Falmouth Experience es tan popular que solo un pequeño porcentaje de corredores que quieren participar consigue uno de los diez mil dorsales de inscripción. hay Tres formas de conseguir un dorsal.

- En primer lugar, si vives en la ciudad de Falmouth, hay una lotería y tu nombre puede ser seleccionado. La cuota de inscripción: $200.
- En segundo lugar, si vives en otro lugar, hay una lotería y tu nombre puede ser seleccionado. Cuota de inscripción: $200.
Tercer lugar, si no te toca la lotería, pero eres muy buena persona, puedes presentarte como candidato de un equipo benéfico. Cuota de inscripción: $200, *además* de alcanzar el objetivo mínimo de la recaudación de fondos. La mayoría de los socios benéficos tiene un mínimo de $1000.

Cómo llegar a Woods Hole: El evento comenzó originalmente como una carrera entre dos bares del Cabo. uno en Woods Hole, sede del famoso instituto oceanográfico, y el otro en Falmouth Heights.

Estos son los diez pasos que doy cada año para llegar a la línea de partida:

1. Como Falmouth está a poco más de dos horas de mi casa, salgo de casa el Sábado por la noche, cerca de las 8:00 p.m., y recorro aproximadamente la mitad del camino para alojarme en casa de mi hermano.
2. Cuando suena el despertador a las 4:15 a.m., me levanto, me visto, y me dirijo a la tienda Cumberland Farms por un descafeinado grande y los últimos bagels del día anterior.
3. Entro en estacionamiento de la escuela Lawrence de Falmouth antes de las 6:00 a.m., y escondo la cartera y tomo el sombrero. Un año escuche decir al encargado del estacionamiento: "Estamos llenos no más autos". Uff, estuvo cerca.
4. La única manera de llegar a la línea de partida de esta

carrera es a través de la zona de carga de autobuses de esta escuela. hay literalmente cientos de autobuses que paran, cargan y parten hacia Wood Hole, a unas cinco millas de distancia. Me pongo en la línea y me siento en la parte posterior del autobús. Sabías que los niños de primaria tienen las piernitas más pequeñas que los adultos? es cierto. Los asientos del autobús escolar están muy juntos. Para cuando llegas a la línea de salida ya eres amigo de quien esté sentado contigo.

5. Así que ahí estoy, en la calle principal de Woods Hole cada año, con más de doscientos baños portátiles en un radio de cien yardas, a las 6:23 a.m. Uso uno inmediatamente antes de que se llene demasiado (recuerden, he tomado café).

6. A continuación busco un buen banco, doblo la toalla vieja que he traído expresamente para este fin y me siento. Voy a sentarme durante un par de horas con vista Martha's Vineyard y el Océano Atlántico.

7. A las 8:30 a.m., generalmente me levanto, abandono la toalla y empiezo a moverme, a estirarme, a observar a la gente y a buscar una línea más corta de los baños portátiles para mi segundo viaje, solo para asegurarme de que no llevo exceso de peso. Si encuentro una fila con menos de cincuenta personas esperando, avanzo lentamente hacia el alivio.

8. Cerca de las 8:45 a.m., encuentro la señal de "Ritmo de 10 minutos por Milla" y me acomodo, coloco mi lista de reproducción previa a la carrera con canciones inspiradoras, y espero a que salgan los corredores en silla de ruedas, las mujeres de élite, y los hombres de élite, cada uno con un pistoletazo de salida que anima al público.

9. Según el locutor del audio interno, hay unas diez mil personas en esta calle de dos carriles listas para la salida. Los corredores pasan por una línea de salida en grupos de mil cada dos minutos.

10. Como hay fácilmente entre siete mil y ocho mil personas antes que yo, aún tengo que esperar un poco. Por fin crucé la alfombrilla electrónica de la carrera que ayudará a cronometrarme, y ya han pasado trece horas desde que salí

de casa y más de cinco desde que me desperté.

¿Vencido por una chica? Así que imagíname, con 365 días de preparación, cientos de millas de carrera de entrenamiento, uñas de los pies esmeriladas y todo de pie, en la línea de salida con diez mil corredores en una inusualmente fresca mañana a veinte yardas del Océano Atlántico, con la adrenalina bombeando por mis venas. (en realidad no era un bombeo, bombeo, y de todas formas creo que son arterias, pero siempre he querido usar la frase "bombeando por mis venas", y ahora lo he hecho.)

Mi cuarta Super Bowl personal está a punto de empezar y una de niña de once años empieza a burlarse de mí. (Sé que esta frase te ha sorprendido.) Delaney es la hija de un amigo que también corre, y puede que yo haya desafiado a esta jovencita antes por la mañana porque todavía me dolía haber sido derrotado por esa niña cuando tenía diez años el año anterior, corriendo su primera Falmouth Road Race.

En cualquier caso el reto había comenzado ahora Tenía la ventaja que personalmente necesitaba para sobresalir la oportunidad de derrotar a una niña de 11 años. Esta niña francamente ganó el concurso de insultos antes de la carrera porque mi vocabulario era *muy* limitado el vocabulario es limitado cuando se habla mal de un niño de 11 años muchas palabras no estaban a mi disposición.

Ahora antes de que juzgues demasiado mi actitud, Por qué no corres siete millas con un niño de diez años y Ves cómo te sientes cuando te ganan? Es un duro pes para el ego, y no hace falta ser un hombre viril para sentirse destrozado por un resultado así. También hay que reconocerle mucho mérito a la niña por meterse conmigo, quiero decir, por correr tan lejos tan rápido. Probablemente nadie que lea esto podía correr tan lejos cuando tenía 10 años. Así es como se desarrolla la ruta.

Llegar a la meta: por muy difícil que sea llegar a la línea de partida, terminar la carrera es una prueba de voluntad aún mayor.

Milla 1: Una descarga de Adrenalina pura y dura. Miles de corredores, tal vez la misma cantidad de espectadores, barricadas naranjas, un equipo de sonido reproduciendo el tema de Rocky en la cima de la colina con el icónico faro. Es - pec - ta - cular.

Milla 2: Una zona sin brisa donde realmente hace calor. Densa vegetación a ambos lados de la carretera, solo unas pocas casas (algunas con mangueras o aspersores para refrescar a los corredores). Y tres cuestas que no son demasiado grandes pero que definitivamente pasan factura.

Milla 3: Una copia de la milla 2. Sin brisa, vegetación densa, pocas casas, tres Colinas, se pasa por debajo de un viejo puente de ferrocarril cubierto de gente animando. O es la milla 2?

Milla 4: Brutal y hermosa. Milla plana y calurosa por la arena, con el sol pegando fuerte. Muchos espectadores te animan. Una parada de agua, donde se cogen dos vasos: uno para beber, y otro para echarse en la cabeza.

Milla 5 de vuelta por el vecindario. Cientos, sino miles de espectadores animando, bandas de música en vivo cada dos manzanas. Una verdadera celebración.

Milla 6: En pocas palabras un recorrido, por el puerto de Falmouth, barcos, astilleros, restaurantes.

Milla 7: La milla engañosa. Hay una colina de cerca de media milla de la meta que está muy concurrida Y hay muchos fotógrafos, el corredor novato a veces piensa que ya ha terminado. No tan rápido la cuesta no se detiene, y al otro lado está la meta cuesta abajo, a seven millas y más de una hora para la mayoría, de distancia de Woods Hole.

Con un poco de ayuda del hombre del tiempo, que hizo un día fresco y con poca humedad, sabía que iba a batir mi marca personal incluso antes de que empezara la carrera. Tras un gran año de entrenamiento y motivado por las burlas de una niña de once años conseguí, correr la Falmouth Road Race en el sorprendente tiempo (para mi) de una hora y doce minutos.

Permítanme que me extienda: todo el mundo está asombrado. Por qué asombrados? es diecisiete minutos más rápido que mi primer tiempo y diez minutos y treinta segundos más rápido que mi mejor tiempo anterior. El primer año que corrí esta, prueba esperaba que al menos una persona acabara detrás de mí. En mi cuarto intento, según los registros oficiales, 4073 corredores acabaron detrás de mí. cuatro mil setenta y tres.

Ah y uno de los 4073 corredores que iba de mí era una niña de once años.

Por desgracia para mí, al año siguiente, quizás motivada por sentirse avergonzada por una persona mayor, terminó ligeramente por delante mí. No nos hemos vuelto a enfrentar en una carrera desde entonces. Abandonó mientras iba por delante.

Primera Prórroga: No Se Acaba Hasta Que Se Acaba

Milla 8: claro es una carrera de 7 millas pero esa no es toda la historia para llegar a las barras de yogur de helado y a los perritos calientes te *arrean* (y ese es el término más preciso.) Unas cuatro manzanas Más allá de la meta a dos manzanas del océano y a cuatro manzanas de vuelta al parque donde te esperan todas las golosinas.

Milla 9: He mencionado el estacionamiento para los autobuses la zona de carga está a más de 2 millas de la meta? después de devorar el perro caliente y tomar una botella de agua para llevar, vuelvo por la ruta que acabo de recorrer (atravesando uno o dos vecindarios para cortar el trayecto).

Milla 10: La última milla. Veo mi auto; le quito el seguro y me siento. Ya es por la tarde, hace más de ocho horas que salí esta mañana, y estoy bastante cansado. Es una buena sensación sentarse.

Para los que cuentan los pasos, di 24,730 antes de que acabara el día.

Segunda Prorroga: El Soldado Inspirador:

La séptima vez que corrí esta prueba lo hice como parte del equipo de la fundación de fibrosis quística.

Sin que yo lo supiera (utilizar la palabra sin saber en una frase es el sueño de cualquier escritor), una persona que es mi punto de contacto con una empresa con la que trato habitualmente llamada Laura tiene un hijo con fibrosis quística.

A continuación figura en las comunicaciones con Laura la semana anterior a la carrera. Después de leer los intercambios de correos electrónicos, sabrás por qué Elijah es un soldado inspirador.

De: Laura
Para: Ed Doherty

Asunto: CF race

Hola Ed, sé que vas a correr este fin de semana para la Fundación CF. he hecho una donación para este esfuerzo, gracias por hacerlo! No recuerdo si hemos hablado de esto antes, pero mi segundo hijo es adoptado y tiene fibrosis quística. es una enfermedad terrible, pero gracias a iniciativas de recaudación de fondos como esta, tenemos la esperanza de que los tratamientos y las terapias sigan mejorando! Hay mucha esperanza. Gracias por hacer esto y espero que sea un gran momento!—Laura

De: Laura
Para: Ed Doherty
Asunto: Re: Gracias

Esto es ¡¡¡INCREÍBLE!!! Qué cosa tan increíble estás haciendo - muchas gracias por correr hoy y por traer a Elijah. Espero que vaya bien, y espero que sepan lo mucho que toda mi familia aprecia sus esfuerzos por ayudar. ¡¡¡Gracias!!!

De: Edward Doherty
Para: Laura
Asunto: Querido Elijah

Elijah, no me conoces y quizás nunca me conozcas, pero quería agradecerte por tu ayuda ayer cuando corrí una carrera de siete millas en un clima muy caluroso a lo largo del océano. Utilicé tu coraje y espíritu para mantenerme en marcha cuando realmente quería parar y abandonar. pero pensar en ti me hizo querer terminar y no rendirme, porque sé que no te rendirás. A medida que te haces mayor, recuerda que puedes inspirar a casi todo el mundo ,simplemente siendo tú.

Sigue luchando, soldado.

CAPÍTULO 13: DEMASIADO LEJOS PAR IR SOLO

Smuttynose Half Parte 1: ¿Valiente o Estúpido?

Naturalmente, siendo competitivo, las carreras de 5 K,10 k y 7 millas no eran suficiente para mí. Tenía que probar una carrera de resistencia de verdad: una media maratón. He aquí cómo evolucionó esta misión.

A falta de cuatro semanas: mientras me preparaba para correr la extravagante distancia de 13.1 millas, me sorprendió un poco el número de amigos, familiares, y compañeros de trabajo que se decantaron por el lado de "él es estúpido" en la pregunta "¿es valiente o estúpido?" Puede que tengan razón; puede que esté loco ("Pero puede que sea un lunático lo que estás buscando," por citar una frase de Billy Joel.) El escepticismo afectó mínimamente a mi nivel de confianza mientras me preparaba para la prueba, mi primera media maratón, pero para asegurarme, hice algo al respecto: Me compré calcetines nuevos. No hay nada que genere más confianza que unos calcetines nuevos. Creo que todos dudamos de nuestra habilidad, o digamos nuestra capacidad, para alcanzar los retos que nos proponemos. Cuando es otro el que fija un objetivo, como el jefe, al menos podemos quejarnos. ¿Cómo quejarse de un objetivo que uno mismo se ha fijado? Supongo que no puedes; perdiste ese derecho/ privilegio cuando lo fijaste.

Por eso, creo que, a menudo nos fijamos objetivos seguros o más fáciles de alcanzar que los que nos fijan los demás. Así que para mí, el ridículo objetivo de correr una media maratón podía haber sido más un reto que me exigiera más que una locura.

¿Estaba un poco preocupado por terminar esas 13.1 millas? Sí. ¿Agregó estrés a mi existencia que de otro modo sería libre de estrés? Por supuesto que sí. ¿Dudé de mí mismo durante mis días de entrenamiento? ¿Tú no lo harías?

Me preguntaba ¿Cuál es el verdadero por qué para mí' ¿Por qué corría una distancia que nunca antes había corrido' ¿Era valiente o estúpido? Después de reflexionar un poco, a cuatro semanas de la prueba, aún no los sabía realmente, pero tenía dos buenas razones para seguir adelante.

En primer lugar, los escépticos siempre me han ayudado a llegar más lejos. ¡Gracias a Dios que existen los escépticos! Mi vida se ha visto iluminada (o ensombrecida) por una serie de gente dudando de mí. Claro, también he tenido muchos partidarios, pero que alguien te escupa a la cara genera más energía que un abrazo.

Lo más probable es que, si echas un vistazo a tu propia historia, encuentres a algunos escépticos, y lo más probable es que hayan alimentado tu impulso a tener éxito de una forma que las personas que te abrazaban no pudieron.

En segundo lugar, sabía que una de las cosas que todos podríamos hacer un poco mejor, creo es, retarnos a nosotros mismos. Es difícil hacerlo. Eso es lo que estaba haciendo. simplemente me estaba desafiando a mí mismo para mantenerme fuera del sofá. Me estaba desafiando a mí mismo para ver lo bueno que podía ser cuando me desafiaban.

Pero tengo que admitirlo, ¿quizás quería hacer algo que mostrara a los escépticos? Un amigo de toda la vida, que sabe quién es, cuando se enteró de que corro porque puedo, respondió: "No corro porque puedo". (dejemos que lo asimile durante un minuto.) De todos modos esos eran mis pensamientos a falta de cuatro semanas. me sorprendió que todavía no me doliera ni me echara atrás. Y no me dejaba de vencer por las dudas. ¿Gracias, Billy Joel?

Me han recordado, que en general, la confianza puede ser efímera. Cuando se trata de entrenar para una media maratón, la confianza es efímera. Una de las camisetas que vi en una carrera reciente decía, "Hace 30 días, esto parecía una buena idea." Así es como me sentía al principio de la semana. Esta idea de la media maratón me parecía bien hace uno o dos meses, pero cuando estaba en el período de entrenamiento intenso, perdí un poco la confianza. Pensaba que quizás era el momento de abandonar y fingir una lesión más grave para salvar las apariencias.

Uno de los conceptos de la consecución de objetivos, no *el* concepto en Sí pero un concepto bastante conocido, es contarle a alguien tu objetivo después de haberlo fijado. Te ayuda en los momentos de duda. Así que lo hice. Le dije a mucha gente que iba a correr una media maratón. Me ayudó en los momentos de duda.

A falta de tres semanas: A falta de tres semanas, he entrenado y corrido más millas que en ninguna otra semana de mi vida, y no estaba en una bañera de hielo, y todavía podían caminar. Los objetivos y yo tenemos una larga relación. Trabajar duro es algo natural para mí, así que cuando combinas esas dos cosas, obtienes - estás listo? - 28 millas. ocho millas el Lunes, cuatro millas el Miércoles, seis millas el Viernes, y la friolera, y digo la friolera, de diez millas el Domingo.

No solo había sido la semana en las que más millas he corrido en una semana, sino que el Domingo con diez millas ha sido la vez que más he corrido. Es un maldito largo camino. Me llevó dos horas, siete minutos, y cuarenta segundos. Creo que todos dudamos de nosotros mismos de vez en cuando. La confianza puede ser efímera. Cuando se trata de entrenar para una media maratón, la confianza es efímera. Pero correr veintiocho millas en una semana puede hacer mucho por tu confianza. Del mismo modo que fijarte un objetivo y dejarte la piel puede hacer mucho por tu confianza.

Durante toda la semana he estado pensando que cuando llegue el próximo domingo, estaré en casa libre. Ese día era el día de las doce millas de mi plan de entrenamiento para la media maratón. Si, mi plan consistía en pasar por Holden Light & Power, a cinco millas de distancia, correr otra Milla y luego dar la vuelta y regresar corriendo a casa.

Domingo por la mañana, 6:00 a.m. Solo yo y mi sombra. Sabía que una vez que me hubiera quitado de encima el día de las doce millas, estaría Libre hasta que llegara a Hampton Beach para correr la carrera. Las dos últimas semanas antes de la media maratón, me limitaría a mantenerme relajado, conservar la energía, hidratarme, masajearme con el rodillo de espuma, y preocuparme mucho. Muy sencillo.

Llegados a este punto del plan de entrenamiento para la carrera, me asaltaron un par sorpresas en mi mente.

Sorpresa 1: No sabía si los logros físicos eran algo en lo que había pensado mucho desde los veinte años. Tengo que admitir que cuando estoy corriendo los domingos por la mañana y un millennial o un chico pasa a mi lado y sonríe, me dan ganas de gritar: "llevo corriendo ocho millas. Por eso tengo un aspecto horrible."

Sorpresa 2: El número de escépticos disminuyó. El lado del barco etiquetado como "Valiente" tenía más residentes que el otro lado marcado como "Estúpido". Yo seguía en el medio. Me doy cuenta de que mi próxima carrera larga será de doce millas, y eso podría ser tanto un día valiente como estúpido. Comparte tus objetivos. Trabaja duro. Recupera la confianza si es efímera.

Smuttynose Half Parte 2: Campeón del Domingo por la Mañana

A falta de dos semanas: No puedo creer que estaba temblando. Estaba calentando en la entrada, a punto de correr doce millas, y estaba temblando. Tenía mucho miedo, no estaba seguro de a qué, pero tenía miedo de hacerlo. El sol aún no se había asomado por el horizonte; era el crepúsculo mañanero, un poco más suave. Me estaba estirando y temblando al mismo tiempo. *Dios mío*, pensé. *¿En qué me he metido?* Bueno, si fuera fácil, Cualquiera podría hacerlo, cierto? Estaba listo para poner esto en marcha. Era tan temprano que no había tráfico en la calle principal. No había tráfico. Sin ruido, nadie se movía excepto el loco que empezaba una carrera de doce millas.

- Milla 1, Eagle Lake: Eso no fue tan malo, en su mayoría cuesta abajo. Los temblores cesaron una vez que me enfrenté al hecho de que lo estaba haciendo. Mientras pensaba en la carrera de regreso, sabía que si llegaba hasta aquí, once millas con solo una milla por recorrer, estaría todo listo. La recta final es más cuestión de voluntad que habilidad y yo siempre he tenido más de la primera para compensar la segunda.
- Milla 2, Puente del Ferrocarril: Justo después del edificio de Seguridad Pública: Cuando pasé por el restaurante local, el estacionamiento está vacío. Es temprano cuando llegue a este punto en el recorrido de regreso, la marca de diez millas, tan pronto como de un paso hacia casa más allá del puente, estaría estableciendo un récord personal de distancia. Tenía un par de molestos puntos de presión en mi pie que pretendía que no existen. Menos mal que se me da bien bloquear las cosas que hay que bloquear para poder cumplir objetivos. Hoy voy a poner a prueba esa capacidad específica.
- Milla 3, Sunnyside Ford Dealership: Prácticamente en piloto automático en este punto, nada notable acerca de la última milla excepto un tipo canoso que me pasó como si

yo estuviera quieto, y luego corrió a mi lado de nuevo en la otra dirección. Sabía que se creía mejor que yo. Al menos no llevo calcetines negros a media pantorrilla. ¡Que paso en falso de la moda!

- Milla 4, Cuartel de la Policía Estatal: Bien este era el límite de mis aceras familiares. Más allá de esta marca. Solo había corrido un par de veces. Estaba a un tercio del camino y empecé a pensar en el punto de regreso. Siempre me ha resultado más fácil correr de regreso a casa. De hecho, por muy mal que me sienta en el punto de regreso es parecido a lo mal que me sentiré al final.
- Milla 5, Iglesia Congregacional: Si iba a cortar la carrera, sabía que este era el punto de hacerlo. Luego de este punto, era un mundo nuevo, estaría corriendo otra milla de ida y vuelta sobre territorio que nunca había corrido antes, aunque sabía que era una acera de cemento, siempre un poco más duro para las rodillas. Al menos no había Millennials presumiendo. Todavía.
- Punto de Retorno, Brattle Pizza: Nunca me había alegrado tanto de dar la vuelta. era una milla agradable, con algunas casas agradables, paredes de piedra agradables, y algún paisaje magnífico. Mi teoría de sentirme mal se pondría a prueba pronto. Estaba de regreso y eso siempre es una gran sensación. Ya sea que estés corriendo o no.
- Milla 7, Iglesia Congregacional: Los dos primeros Millennials me pasaron. Al menos fueron amables. Sonrieron y dijeron algo sobre la humedad. Iban muy rápido. Quise decirles que hoy corría doce millas y que iba a mi ritmo pero me callé. A nadie le importa excepto a mí. Y me importaba lo suficiente como para seguir.
- Milla 8, Cuartel de la Policía Estatal: De vuelta en el terreno conocido, había completado dos tercios de la carrera, y esperaba poder continuar. Estaba cansado, bastante adolorido, bastante sudoroso, y guapo. Solo bromeaba, no soy guapo. Los Millennials se han despertado y ahora están volando por todas partes. Estaba orgulloso de no llevar spandex en público. Al menos tengo mi dignidad.

- Milla 9, Sunnyside Ford Dealership: Mencioné que estaba bastante cansado, bastante adolorido, y bastante sudoroso? Mis calcetines estaban fallándome, y tuve que parar para reajustarlo. El lunes por la mañana, iría a Marathon Sports a por unos nuevos. Tenía que preocuparme por mis rodillas, mi resistencia, y no por mis calcetines.
- Milla 10, Puente del Ferrocarril: Una vez que pase la marca de diez millas, supe que rompería oficialmente el récord mundial de Edward James Doherty en carreras de distancia. Todavía no podía creer que estaba haciendo esto, pero la prueba, supongo, es que lo estaba haciendo. No había forma de que no terminara esta carrera. De ninguna manera. Si tenía que arrastrarme. iba a tener que hacer doce millas. El estacionamiento del restaurante estaba abarrotado cuando pasé corriendo. Llevaba mucho tiempo corriendo.
- Milla 11, Eagle Lake: Había corrido la última milla ciento de veces. casi todas las rutas que he corrido incluían esta última milla. esto es cuesta arriba, pero como un viejo amigo, así que cuando empecé la milla final, sabía que lo tenía. Se me hacían agua un poco los ojos al pensar en que en lo que estaba a punto de conseguir. No estará en los periódicos, no habrá nadie en la línea de meta animando, no habrá medalla, pero habrá algo mejor que todo eso, lo habré conseguido. Un logro menor? Tal vez. Pero lo habré hecho, y no me lo podrán quitar.
- Milla 12, Mi entrada: La última vez que estuve allí fue hace dos horas y treinta y ocho minutos, y temblada de miedo por lo que me esperaba. Acababa de recorrer doce millas. No pueden quitarme eso. Pase lo que pase en mi primera media maratón, acabo de correr una distancia para gente grande, y he utilizado algo de habilidad, algo de cerebro, y algo de voluntad. Soy un campeón de Domingo por la mañana, y me siento genial. Excepto por mis caderas, rodillas, y pies, me siento genial. Como digo a veces, tengo muchas ganas de meterme en el jacuzzi, pero como no tenemos, me echo una siesta para celebrarlo.

Reflexión: Fue fácil? Me tomas el pelo? Intenta correr doce millas. Si tuviera que identificar las lecciones de mi logro, serían estas:

- Todo el mundo que intenta hacer algo por primera vez tiene dudas.
- Todo el mundo que intenta conseguir algo nuevo Tiene dudas.
- Todos los que intentan ser mejores mañana de lo que son hoy tienen dudas.
- Todo el mundo que sale de su zona de confort tiene dudas.
- Todo el mundo tiene dudas.

A veces, esas dudas son lo bastante fuerte como para hacer temblar a alguien. Pero si quieres crecer, tienes que probar cosas por primera vez. Hay que intentar alcanzar nuevos límites. Tienes que salir de tu zona de confort. Tienes que superar tus dudas.

Smuttynose Half Parte 3: Demasiado Lejos Para Ir Solo

A falta de una semana: Te acuerdas de la primera vez que te sacaste la licencia de conducir? No te podías creer que la tuvieras y que el Gobierno realmente te fuera a dejar conducir por la vía pública. te costó acostumbrarte a la vista del lado del conductor, después de tanto tiempo en el asiento del copiloto. o en el asiento de atrás mientras crecías.

había una especie de logro vitalicio porque ahora tu vida se definiría como antes de tener licencia y después de obtenerla. En aquellos primeros días, era difícil creer que realmente eras un conductor. Así me sentía yo. Es difícil de creer que soy realmente un corredor. Como puedo estar seguro? El día después de mi carrera de doce millas, no me dolían las piernas. Repito: no me dolían las piernas. Deben estar en buena forma, y me paso delante de las narices.

Creo que así es como mejoramos en algo: no nos damos cuenta de que estamos mejorando hasta que lo conseguimos, y entonces ocurre algo, como que no nos duelan las piernas, que nos alerta que estamos mejorando.

Sentí que participaba en una experiencia única en la vida que ponía a prueba mi fortaleza mental y física. Lo entendí. Pero lo que realmente estaba haciendo era practicar y desarrollar un mayor nivel de disciplina que me reportaría mayores beneficios después de la carrera, cuando volviera a confiar en mi encanto juvenil para triunfar. siempre recordare el entrenamiento para mi primera media maratón.

No podía creer que fuera a hacerlo y que los organizadores me dejaran correr por la vía pública me ha costado un poco acostumbrarme a la vista dentro de las barricadas naranjas después de tantos años al margen.

Sería el logro de toda una vida si no fuera porque mi vida se definirá ahora como antes de correrla y después de terminarla. Es difícil creer que soy realmente un corredor. Así es como me siento.

Mi plan de entrenamiento de última semana consistía únicamente en un par de carreras de tres millas, un poco de bicicleta, mucha agua y zumo de pepinillos (una de mis tres armas secretas), y por supuesto, muchas oraciones. Hay cosas para la que todos necesitamos un poco más de ayuda, y esta es una de ellas. La gente que me conocía me deseaba suerte o rezaba por mí. Era valiente o estúpido, y sabía que muy pronto todo el mundo lo sabría con certeza.

La noche anterior: Tuve dos pensamientos significativos durante la semana mientras me preparaba para la media maratón. El primero fue que me sentía muy fuerte. No me dolía nada. Pensaba que había hecho el entrenamiento. Vaya sí he entrenado. Pensaba que estaba mentalmente preparado. aunque nunca se puede estar seguro; todos tenemos voces negativas en la cabeza que de alguna manera se escapan para causar estragos. (Gran expresión, "causar estragos". se puede causar algo más que estragos?)

Estaba visualizando al Domingo solo como otro día con cerca de 26,000 pasos. Veintiséis mil son muchos pasos, y puede que todos sean importantes, pero yo sabía que el último paso es el que más cuenta. Por qué? Sabía que si ese último paso para cruzar la línea de meta, no habré cruzado la línea de meta. Los otros 25,999 habrán sido en vano. (Siguiendo con los tópicos: en vano cuenta.) Hay muchas veces en las que terminar o dar ese último paso es la diferencia entre el éxito y el fracaso, la gloria y la vergüenza, ganar o perder.

La mañana de la carrera: Estaba sentado solo en mi auto a las 5:30 a.m., esperando a que saliera el sol sobre la playa de Hampton y el Océano Atlántico, dos horas y media antes de la media maratón, y aún no había dónde correr ni dónde esconderse.

Se suponía que el tráfico, con ocho mil personas llegando a esta pequeña ciudad costera, iba a ser brutal, y cualquiera que estuviera en su sitio a las 6:00 a.m. para la carrera de las 8:00 a.m., iba a tener problemas.

Me dio mucho tiempo para pensar y muchas cosas en las que pensar. Mientras Salía del auto para ver mejor el amanecer, pensaba que este viaje me había enseñado tres cosas: Preparación, motivación y mentoración.

- *Preparación*: Personalmente, realmente doy mucha importancia a la preparación pero la planificación de este evento fue realmente a otro nivel registré el tiempo de cada kilómetro de práctica que corrí junto con mi frecuencia cardíaca media y mi frecuencia cardíaca máxima la noche anterior me limé las uñas de los pies para no tener problemas yo una Lima de uñas Por supuesto mi esposa sorprendió cuando le pedí una.

- *Motivación:* Personalmente, también doy mucha importancia a la motivación. Después de entrenar para esta prueba, puedo decir sinceramente que he vuelto a recordar lo que es un alto nivel de motivación. Una vez decidí que correr esta carrera, era mi objetivo, y nada se iba a interponer en mi camino. Pensé en la media maratón por la mañana, al mediodía y por la noche. No me salté ni un solo entrenamiento. Cada vez que alguien me indicaba, de la forma que fuera, cualquier escepticismo de que no podría hacerlo o de que era más estúpido que valiente, me sentía más motivado para hacerlo.
- *Mentoración:* correcto es una palabra nueva que escuchaste aquí primero. Significa participar plena, total y apasionadamente en el proceso de enseñanza-aprendizaje como alumno. Para mí ser mentor no era algo nuevo, pero tampoco algo común.

Además del zumo de pepinillos (en lugar de Gatorade pruébalo alguna vez), mi segunda arma secreta en este viaje fue que tenía una mentora, una fisioterapeuta que accedió a ayudarme a entrenar. La Dra. Sarah Rheault, una entrenadora que no tenía miedo de decirme lo que no quería escuchar. (¿la definición de un buen entrenador?), me había guiado paso a paso durante los 10 meses que duró el régimen de entrenamiento. Por aquello de ser valiente o estúpido, también me sirvió de mentora desde su puesto de fundadora de Wachusett Therapy & Wellness.

Con años de experiencia como mentor personal, entendía el proceso más o menos desde el otro lado de la mesa, no desde el lado del mentee. Así que mi objetivo era ser el mejor aprendiz, el mejor preguntón la persona más inquisitiva que pudiera ser, para poder extraer de Sara hasta la última pizca de sabiduría y conocimiento. Tienes razón fui un grano en el trasero desde el principio, haciendo algunas preguntas inteligentes pero un montón de preguntas estúpidas.

No significaba aceptar todo lo que decía y avanzar a ciegas. Significaba comprender plenamente todas sus recomendaciones antes de salir de la sesión para que pudiera convertir sus conocimientos en mi actuación. Esa es realmente la versión resumida de la mentoración: convertir la sabiduría de otra persona en tu actuación.

Desde su punto de vista, tenía la tarea de hacer realidad esta búsqueda medio loca solo con sus palabras, su demostraciones y sus comentarios tenía que ser bueno; corrígelo, tenía que ser genial podría ver lo hecho sin ayuda profesional? Respuesta corta, no.

Para ser honesto contigo, tuve muchos sentimientos sobre y Durante este proceso, y uno de los mejores sentimientos fue tener a alguien que me aconsejara en algo que realmente me exigía. Alguien a quien no quería defraudar. Sé que ella tampoco quería decepcionarme.

A las seis en punto de la mañana., dos horas antes de la carrera, Sarah y su futuro esposo me encontraron sentados en el malecón mientras el sol se elevaba sobre el Océano Atlántico y el mercurio rondaba los cuarenta grados. No se trataba de un encuentro o un lugar preestablecidos; ella me conocía lo suficiente como para adivinar correctamente dónde estaría y que estaría haciendo.

Los mentores a veces saben más de nosotros de lo que esperamos, porque se centran en nosotros, no en sí mismos. Ella estaba allí para decirme una vez más: "Tú puedes". Además de Sarah, y el zumo de pepinillos, mi tercer ingrediente secreto fue que corrí como parte del Equipo de Katy.

Durante muchos años trabajé en la prevención de partos problemáticos, que a menudo resumía como la prevención de las lágrimas de una madre, porque perder un hijo es una de las cosas más devastadoras que pueden ocurrirle a una familia. lo sé de primera mano porque le ocurrió a mi familia, y escuché las lágrimas de mi propia madre cuando mi hermana Katy, de diez años, murió atropellada por un compañero de clase que conducía demasiado rápido, hace más de cincuenta años. Fue atropellada por el auto cuando se encontraba en un paso de peatones, de camino a casa tras la confesión del sábado. Hace mucho tiempo pero nunca se olvida.

Mientras me dirigía a la línea de salida, llevaba puesta mi camiseta de la carrera, diseñada por mí mismo con una de esas calcomanías para planchar. En la parte delantera colocaba "KATY'S TEAM" y en la parte trasera "I RUN BECAUSE I CAN." La inspiración viene en muchas formas y tamaños, y se necesitan diferentes cantidades de inspiración para diferentes tareas. Dado que esta media maratón ha resultado ser uno de los mayores retos de mi vida, sabía que necesitaba un nivel de inspiración más alto que nunca. Ese domingo por la mañana tocaba la suerte de dar ese vigésimo sexto milésimo paso delante del Seashell Stage en Hampton Beach con lágrimas en los ojos, porque nunca se olvida.

Así que el Equipo de Katy solo tenía dos miembros, pero solo una camiseta. Y de alguna manera, terminé la carrera. En dos horas y treinta y seis minutos.

Tuve que contar con la ayuda de mi hermana. No creerás que puedo correr 13,1 millas yo solo, ¿verdad? Es una tontería; es demasiado lejos para ir solo.

CAPÍTULO 14: MALDITAMENTE ORGULLOSO

Cuarenta y Siete Vueltas a los Setenta Años

Cuando era pequeño, solía ir al partido del día de Los Patriotas en el Fenway Park que empezaba a las diez de la mañana para que los aficionados pudieran salir del parque y dirigirse dos manzanas a Kenmore Square para ver pasar a los corredores del maratón de Boston camino de la línea de meta a una milla de distancia.

Cuando me dije a mí mismo que correr en esa famosa carrera, a los setenta años, sería algo genial, descarté rápidamente una carrera de maratón completa, como algo que sobrepasaba la famosa línea de valiente – estúpido que abrazo. Pero mientras corría entrenaba corría y entrenaba, la idea de correr en el maratón de Boston volvía una y otra vez a mi mente.

Cuando hace varios años, le conté a mi entrenadora, Sarah, la idea de que estaba pensando en correr un maratón completo, me dijo "¿qué te ha llevado?"

Cuando se lo conté a mi familia, me dijeron, "Ni hablar, demasiado lejos para correr."

Cuando me dije que no me decepcionara sino que pensara en todo el dolor que me ahorraría, me recuperé de la decepción. Casi. ¿Por qué no?

Cuando el maratón de Boston anunció que tendría un elemento virtual en 2021, una solución me encontró: Podía correr el maratón de Boston Virtual, las 26,2 millas completas, pero podía hacerlo dando vueltas en algún lugar para que en cada vuelta, al pasar por mi puesto de apoyo personal, pudiera descansar, cambiarme de calzado, echarme una siesta, ir al baño, ser revisado por un profesional médico, etc.

Así que para sorpresa de algunos, pero no de otros, me convertí en el participante oficial de la 125ta edición del Maratón de Boston, corriendo en mi propio recorrido, corriendo para la fundación Boston Bruins, y corriendo el Domingo del fin de semana del día de Colón/ día de los pueblos indígenas.

Fíjate en que he dicho participante, porque sabía que participar y terminar eran dos cosas distintas. Planeé participar y entrenar a tope así podría terminar, pero como cualquier cosa que no se haya hecho nunca, aún quedaría mucho trabajo por hacer.

Cómo planificador patológico que soy diseñé un recorrido a medida alrededor del exterior del Fenway Park, Ipswich Street, Van Ness Street, Jersey Street, Brookline Ave y Lansdowne Street, con una estación base en el patio de Loretta's Last Call, donde tenía prevista celebrar una fiesta (si / y) cuando terminara las cuarenta y siete vueltas que tardare en alcanzar las 26,2 millas. ¿Cuarenta y siete vueltas? ¿Por qué no?

Como parte del esfuerzo, mi objetivo era recaudar $10,000 para apoyar a la Fundación Boston Bruins. Se trata de una organización que fue extremadamente generosa con la organización sin fines de lucro que dirigí durante 15 años, invirtiendo miles de dólares a través de patrocinios, rifas y regalos individuales para la causa de las madres y los bebés sanos.

No solo eso, sino que el Consejero Delegado Charlie Jacobs, el Director General Don Sweeney, y su esposa, Christine, así como el Presidente de la Fundación Bob Sweeney y la jefa de Relaciones con la Comunidad, Kerry Collins, dedicaron tiempo, tesoro y talento a la causa.

Correr para la Fundación Bruins fue una forma de retribuir a una organización que hace un gran trabajo dirigido por grandes personas.

¿Cómo te preparas para un maratón? Este era mi plan:

- Tuve a mi entrenadora de toda la vida, que me está guiando en cada paso del camino.
- Y tuve un nutricionista, que me está guiando en cada comida del camino.
- Y llevaba varios años sin beber alcohol, para maximizar mi acondicionamiento.
- Y tuve un cardiólogo que me revisaba cada 6 meses.
- Y había perdido un total de cuarenta libras desde que empecé a correr.

Así que debe ser el momento de hacerlo.

No era un sueño hecho realidad intentar esto; era un sueño sobre vivir la vida al máximo. Y sobre la línea valiente-estúpido.

¿Cuarenta y siete vueltas a los setenta años? Por qué no?

Cantar Bajo La Lluvia Está Sobrevalorado

Después de anunciar que iba a correr la Maratón de Boston, me resultó más difícil echarme atrás. Llevaba tiempo planeando participar en la prueba, pero había sido muy cauteloso con las personas con las que compartía esa información, por si perdía la confianza. Como en cualquier gran reto, las dudas siempre rondan la periferia.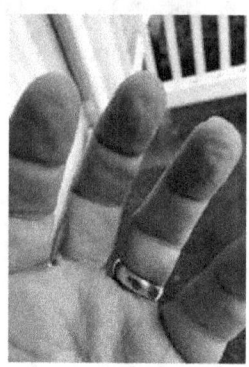

Sin entrar en detalles aburridos, mi plan de entrenamiento para el maratón consistía en correr veces a la semana, dos carreras cortas y una larga cada fin de semana. Un fin de semana, el objetivo eran ocho millas, a la semana siguiente nueve millas, y así sucesivamente, hasta unas veinte millas a mediados de septiembre, y luego un período de reducción para conservar energía y permitir que mi cuerpo se recuperara antes de la carrera.

Durante el entrenamiento, tuve la oportunidad de asistir a una conferencia en Arizona.

Inseguro sobre correr una larga distancia en el calor, empaqué mi equipo de correr, con la esperanza de ser capaz de correr las ocho millas previstas en el desierto. Pero con una temperatura diurna que esperaba de más de cien grados (un calor seco), no estaba seguro de poder cumplir mi objetivo. Si no lo conseguía, podría retrasar mi entrenamiento una semana más.

Con cierta disciplina, que surgió quién sabe de dónde, allí estaba yo a las cuatro y media de la mañana, junto al puesto de botones del hotel, haciendo mis estiramientos. Identifiqué el primer obstáculo para alcanzar mi meta: no era el calor; era la oscuridad (¿gran metáfora?).

Me di cuenta, mientras terminaba mis estiramientos y siendo del tipo observador, que estaba oscuro como boca de lobo. Estaba muy oscuro porque, al parecer, aún no se han inventado postes eléctricos o, al menos, no han llegado a esta parte de Scottsdale.

También ha estado lloviendo durante dos días, y aún había nubosidad. (Permítanme decirlo de otro modo: ha habido dos días de tormentas, con vientos de 60 mil/h). Más de veinte árboles del complejo estaban caídos, bloqueando entradas, caminos y carreteras. Las cabañas de la piscina ya no estaban junto a la piscina. Estaban en la piscina.)

No obstante, creé un bucle de una milla alrededor del barrio del hotel, y comencé nerviosamente mi carrera de ocho millas con una botella de agua, una toalla y mi iPhone y auriculares. La primera vuelta fue una brisa, excepto por la oscuridad. No, en serio; también había una brisa agradable. Admito que no evité todos los charcos y que me equivoqué de camino porque no veía las señales de tráfico, pero no fue para tanto.

En la milla 2, sentí una gota y dije en voz alta: "Uh-oh". ¿Conoces esa sensación? Segundos después, el cielo se abrió. Sí, Sr. Dedicación, correr en la oscuridad bajo una lluvia torrencial son las condiciones perfectas para alguien que está parado en la línea entre el valor y la estupidez. Seguí corriendo bajo la lluvia torrencial y la brisa a la que antes me refería me empujaba el agua a la cara con autoridad. No me apetecía cantar bajo la lluvia, ya que la cara me picaba.

Cuando dejó de llover, una milla y media más tarde, mi ropa estaba completamente empapada, por no hablar de mis zapatos enchumbados. No iba a tener que preocuparme por el calor en esta carrera. Pero a medida que avanzaba por , por alguna razón, mi camiseta parecía pesar diez libras más al pegarse a mi cuerpo. Era realmente incómodo correr con tanta agua y tanto peso encima.

Así que tomé una de las decisiones más atrevidas de mi vida – sin exagerar. Decidí correr sin camiseta. ¿Asombro del público? ¡Asombro mío también! Si te has pasado décadas sin quitarte la camiseta en público, sabrás lo importante que era.

Me quité lentamente la camiseta, la coloqué con cuidado en una caja de servicios en una esquina de la propiedad, miré a mi alrededor y corrí sin límites terrenales; bueno, sin límites terrenales en la parte superior del cuerpo. Recuerden que aún era de noche y no era probable que hubiera muchos locos corriendo después de una tormenta a las 5:00 a.m., así que pensé que mi atrevida hazaña no causaría mucho revuelo.

Ahora sé que probablemente la mitad de los lectores no pueden correr sin camiseta, y mi intención no es darles envidia. Más bien comparto este detalle porque es lo más improbable que me podría haber pasado. No lo había planeado, ni soñado, ni creído. Me sorprendió un poco mi hazaña.

Pero tengo que decirte que me sentí bastante bien cuando miré mi cuerpo; no muy bien, pero bastante bien. Ni cerca de los cuadritos en el ab pero satisfecho de que el trabajo que estaba realizando había dado sus frutos y seguiría dándolos.

La revelación que tuve mientras corría (medio desnudo para mí) en la oscuridad, todavía empapado, a unas tres millas de una carrera de ocho millas, por Mockingbird Lane en Scottsdale, Arizona, fue que sabía que podía terminar un maratón. Si podía correr bajo la lluvia tan temprano y sin camiseta, podía hacer cualquier cosa.

En realidad, no era eso lo que pensaba. Lo que pensé fue que, si tenía la dedicación para levantarme a las 4:00 a.m. mientras asistía a una conferencia y correr bajo la lluvia, y mi condición física había mejorado hasta el punto de poder correr sin camiseta, entonces poseía la determinación y la forma física para lograr mi objetivo.

Mientras estaba en esta ensoñación, justo después del amanecer, un corredor con una larga coleta rubia que no podía correr sin camiseta se me acercó corriendo en dirección contraria. Nos sonreímos y nos saludamos, como cabría esperar de dos locos que corren tan temprano entre charcos. Cuando pasamos y me di cuenta de que otra persona me había visto sin camiseta, y esa persona no se rio ni me señaló (que yo sepa), llegué a la conclusión de que no estaba tan lejos de ser oficialmente genial.

Para que conste, terminé la carrera de ocho millas en una hora y cuarenta y ocho minutos, más o menos al mismo ritmo al que pensaba correr en el maratón. Probablemente podría haber hecho un par de millas más. Nunca he pretendido ser rápido. ¿No hay en alguna parte una historia sobre una tortuga y una liebre?

Recogí mi camiseta mojada del cajón y volví a mi habitación, con la sensación de haber conseguido más de lo que esperaba.

Así que no sólo fue una buena carrera de entrenamiento y no sólo seguía por el buen camino en mi plan, sino que terminé la carrera con el tipo de confianza que sólo se puede conseguir en la oscuridad, bajo la lluvia y sin camiseta. Más divertido que cantar bajo la lluvia.

No Renuncies

Por Anónimo

Cuando las cosas van mal, como ocurre a veces,
Cuando el camino que recorres parece todo cuesta arriba,
Cuando los fondos son escasos y las deudas elevadas,
Y quieres sonreír, pero tienes que suspirar,
Cuando el cuidado te aprieta un poco,
Descansa si es necesario, pero no te rindas. La vida es rara con sus vueltas y revueltas, como todos aprendemos a veces, y muchos fracasos dan la vuelta
Cuando podría haber ganado si hubiera aguantado; No te rindas, aunque el ritmo parezca lento; podrías triunfar con otro golpe.
A menudo la meta está más cerca que
Parece a un hombre débil y vacilante,
A menudo el luchador se ha rendido
Cuando podría haber capturado la copa del vencedor. Y se enteró demasiado tarde, cuando se hizo de noche,
Qué cerca estuvo de la corona de oro. El éxito es el fracaso vuelto del revés – El tinte plateado de las nubes de la duda – Y nunca puedes saber lo cerca que estás,
Puede estar cerca cuando parece lejos;
Así que mantente en la lucha cuando estés más golpeado – Es cuando las cosas parecen peor que no debes abandonar.

Saqué este poema la semana antes de la maratón de Boston y pensé: *Esto es todo. No hay lugar para correr, no hay lugar para esconderse. En cuatro días, correré un maldito maratón.*

Hace más de una década, mi esposa me sugirió que empezara a caminar. Y como todo buen marido, le hice caso. Caminé todos los días durante 462 días, lloviera o hiciera sol. Tenía una de esas aplicaciones que registran los hábitos, y me pareció que era lo que había que hacer.

Un día, troté unos cien metros y me sorprendió poder hacerlo. Una semana más tarde, intenté correr una milla y lo conseguí. Entonces me propuse correr 5 km (3,1 millas). Desde el sofá hasta los 5K y lo conseguí.

Entonces me lesioné la rodilla y necesité fisioterapia, y fui a ver a Sarah Rheault, que no sólo me ayudó a recuperarme sino que, en el proceso, se convirtió en mi entrenadora cuando abrió su propio negocio, Wachusett PT.

Lo siguiente que supe, con la dirección de mi mentor de running, es que estaba corriendo carreras de 10k (6,2 millas) y, finalmente, la Falmouth Road Race de siete millas. Una cosa llevó a la otra, y fijé mi objetivo en una media maratón que corrí en Hampton Beach, con la dirección y el aliento de mi amigo Rick Martino.

Lloré cuando crucé la línea de meta allí porque no podía creer que lo hubiera hecho, llevando una camiseta del Kathy's Team en honor a mi difunta hermana.

Y luego corrí otra media maratón al año siguiente, y otra, y otra. Para ser sincero, después de una media maratón en Manchester, New Hampshire, renuncié al sueño de correr una maratón completa porque me sentía fatal después de la carrera. Tardé bastante en recuperarme, mental y físicamente, así que me resigné al hecho de que estaba al límite.

Entonces ocurrió algo. No estoy seguro de qué, pero de alguna manera encontré el valor para intentarlo una vez más. Creo que sospeché que abandonar el sueño no era lo correcto.

Entonces ocurrió algo. No estoy seguro de qué, pero de alguna manera encontré el valor para intentarlo una vez más. Creo que sospeché que abandonar el sueño no era lo correcto.

- *Distancia*: He calculado que en la preparación para el maratón habré corrido 969,2 millas como parte de este plan de entrenamiento. Eso equivale a correr de Boston a Washington, DC. Y volver. O correr directamente hasta

Chicago. Es un largo camino.
- *Nutrición:* Con un año de antelación, empecé a ver a una nutricionista, Christianna Moran, cada dos semanas, y las cosas que como ahora, comparadas con las de antes, asombrarían a la imaginación. ¿Pasas cubiertas de yogur? ¿Jugo de remolacha? ¿Salchichas de pollo? ¿Proteínas en polvo? Ejercicio y nutrición. ¿Quién lo iba a decir?
- *Chardonnay:* Hace tres años, empecé un plan sin alcohol. Planeaba tomarme una copa bien merecida el domingo.
- *Mentora:* Sarah, que sigue siendo mi entrenadora, se reunió conmigo todos los meses durante seis años y creó o aprobó todos los ejercicios y planes de carrera durante ese tiempo. La única lesión que he tenido fue cuando me caí de bruces durante una carrera de 5 km en un sendero ferroviario. Ya ha compartido conmigo un plan de recuperación postmaratón y un plan de fortalecimiento para el invierno, listos para después del 10 de octubre.
- *El tiempo:* He corrido con viento, lluvia, nieve, niebla, oscuridad y calor. Sola, en la carretera. Subiendo cuestas, bajando cuestas, atravesando charcos y ramas caídas de los árboles. También he visto mi ración de animales atropellados, incluidas mofetas.
- *Hokas:* He usado ocho pares de zapatillas Hoka. He gastado los tacones de cinco de ellas, y llevaré las otras tres el domingo.
- *Seguimiento:* Hago un seguimiento de todo: distancia, ritmo por cada milla, pasos y más. (Cuando empecé el maratón, ya había dado 2.202.354 pasos y había estado activo, según la definición de Fitbit, durante 17.383 minutos.)

Supongo que lo que quiero decir es que cuando inviertes lo suficiente en un esfuerzo, resulta más fácil no abandonar; resulta más fácil terminar.

El poema de arriba es algo que solía guardar en mi cartera, compartir con otros todo el tiempo, y todavía lo saco y lo leo cuando lo necesito.

Sé que el maratón me brinda otra oportunidad de terminar algo.

Esperaba y rezaba por no lesionarme, no darme un golpe en el dedo del pie ni tener un tirón muscular.

Agradecí el apoyo y las oraciones que recibí, y sabía que, en mi mente, los 26,2 kilómetros se lograrían, aunque tuviera que arrastrarme o que me llevaran en brazos, porque yo no me rindo, y me gusta que sea así.

¿Mi consejo?

> El éxito es el fracaso vuelto del revés –
> El tinte plateado de las nubes de la duda
> – Y nunca puedes saber lo cerca que
> estás, Puede estar cerca cuando parece
> tan lejos.
> Así que mantente en la lucha cuando estés
> más golpeado – Es cuando las cosas parecen
> peor cuando no debes abandonar, o cuando
> estás a 26,2 millas de la línea de meta.

Malditamente Orgulloso

A las 4:14 de la mañana del domingo 10 de octubre, mientras conducía hacia Boston por la Mass Pike, recibí un segundo mensaje de Kirsten Glavin,  una reportera de la NBC10, indicándome que estaba de camino con un camarógrafo para una entrevista antes del Maratón Virtual de Boston que iba a correr.

Mi hijo, Joe, había conseguido que la televisión cubriera mi intento de correr las cuarenta y siete vueltas alrededor del exterior de Fenway Park como recorrido de mi maratón. ¿Habrá sido un día de pocas noticias? Bueno, en realidad no.

Debía de haber algo que intrigaba a la redacción de la NBC y, al parecer, yo iba a formar parte de la cobertura del Maratón de Boston. Como si no hubiera suficiente presión, me di cuenta de que también había que lidiar con el mundo del espectáculo?

Puede que estuviera un poco aturdido cuando recibí el mensaje, sobre todo porque no había dormido bien la noche anterior. Me detuve en un área de descanso para responder. Llevaba levantado desde las 3:00 a.m. y había pasado los últimos días en un estado mental muy ansioso, pensando en la monumental tarea de correr 26,2 millas. Después de ese intercambio de mensajes de texto, estaba muy despierto, con mi ansiedad duplicándose y la presión aumentando.

La razón de que se empezara tan temprano era que los Medias Rojas se habían clasificado para los playoffs y que el domingo iban a jugar en casa un partido programado para dentro de menos de doce horas.

Pensé en pedir a la Major League Baseball que retrasara el partido un par de horas para poder terminar *mi* evento, pero decidí no hacerlo. Un partido por la tarde significaba que tenía que correr una maratón, celebrar una fiesta posterior y sacar a todo el mundo de la zona antes de que las tarifas de aparcamiento subieran a más de 60 dólares por el partido y se bloquearan los parquímetros. (estuvo cerca: a mi hermano y a mí casi nos remolcan el coche y tuvimos que conformarnos con multas de 90 dólares.)

Sabía que si empezaba sobre las 5:15 de la mañana, podría recorrer veinte millas antes de las 9:30, cuando la gente empezaría a aparecer para ver las ultimas millas. Así que allí estaba yo, en una calle abandonada, donde media docena de clubes nocturnos habían cerrado apenas unas horas antes, con un micrófono en la cara, intentando explicar lo que estaba haciendo.

Cuando Kirsten me apuntó con el micrófono y Steve, el camarógrafo, apuntó con su cámara, respiré aliviado y me lancé al agua.

Sabía por experiencia que, una vez que empezaba el partido, los nervios previos desaparecían. Cuando se encendían las luces y me ponían el micrófono delante, empezaba el partido y el nerviosismo desaparecía rápidamente.

Terminé la entrevista, seguí mi rutina habitual de estiramientos, apreté el cronómetro de mi Fitbit y salí en la oscuridad a correr la carrera más larga de mi vida. Una carrera que, si tenía éxito, me permitiría decir para siempre (con bastante despreocupación): "Sí, he corrido un maratón", y eso no es algo que todo el mundo pueda afirmar.

Por otro lado, si fracasara, aunque eso sería mejor para la televisión, estaría decepcionando a los amigos y a la familia y a los donantes y a los que vinieron a animarme a la meta. Ese es el tipo de presión que da lugar a tópicos como que la presión hace que unos rompan y otros batan récords.

En realidad, aunque eso es cierto, al que más decepcionaría sería a mí mismo. Cuando empecé la carrera, me di cuenta de que iba a terminarla y esperaba haber hecho el trabajo, el suficiente, para hacer realidad 26,2 millas.

Tenía unos cuarenta y cinco donantes de la Fundación Boston Bruins, y escribí esos nombres en tiras de cinta adhesiva en mis antebrazos, y al pasar por delante de la estatua de Ted Williams en Van Ness Street, leí un nombre, pensé en nuestra relación y les dediqué la siguiente vuelta en agradecimiento a su amistad y generosidad.

Me ayudó, porque veintiséis millas es demasiada distancia para correr solo, y sentí que estaba con esa persona mientras recordaba nuestras experiencias juntos.

El Miércoles antes del maratón, mientras visitaba a mi madre de noventa y un años, me tendió la mano y me dio un pequeño objeto envuelto en un pañuelo. Me dijo que lo guardara en el bolsillo durante la carrera. Cuando desenvolví el pequeño crucifijo, se me saltaron las lágrimas.

Aunque podría haber corrido en la Maratón de Boston real como parte del equipo de la Fundación Boston Bruins, a mi familia y a mí nos preocupaba que un recorrido tan duro pudiera pasar factura a un tipo de setenta años, que sólo tenía unos diez años de experiencia corriendo y nunca había corrido una maratón. Nos decidimos por una prueba virtual que consistiría en vueltas cortas para que pudiera descansar y refrescarme cuando quisiera.

Como Loretta's, nuestro lugar favorito de Boston para comer y beber, estaba detrás del Fenway Park, sumé dos más dos y reservé la zona del patio del restaurante como nuestra base de operaciones, con una ruta de 0,56 millas alrededor del parque.

Para mi sorpresa, el canal había asignado al equipo de reporteros y camarógrafos para que se quedaran conmigo casi toda la mañana. Eso significaba entrevistas de seguimiento, tomas en distintos puntos del parque y sacudirme las piedras de los zapatos. En un principio, pensaban quedarse las seis horas, pero un rodaje en Stoughton les obligó a ausentarse. Tanto Kirsten como Steve se portaron muy bien con nosotros. Los cinco solos, incluidos mi hermano y mi hijo, en una calle oscura antes de las 6:0 a.m., todos esperando que tuviera el valor de aguantar las seis horas que me llevaría.

Unas dos horas después de empezar o, como decimos los corredores, unas diez millas más tarde, la luz del día inundó el barrio. El cámara me había estado siguiendo, captando imágenes de acción cuando bajaba por detrás del Monstruo Verde, frente a la taquilla o a través de las obras en construcción que dominaban parte del recorrido.

Los guardias de seguridad de Fenway Park, algunos de los cuales me reconocían de entrenamientos anteriores, me saludaron y bromeé diciendo que iba a dar una vuelta alrededor de la pista de advertencia.

El gerente del club de los Medias Rojas, Tom, un amigo que me había regalado una botella de champán de las Series Mundiales de 2018, salió del parque para animarme, y funcionó.

Las vueltas y las millas fueron pasando. La ruta comenzó sobre asfalto parcheado y remendado entre dos obras de construcción, luego a una acera larga y bastante nueva por las estatuas, luego en Jersey Street y la taquilla, y, finalmente, una agradable cuesta abajo gradual detrás de la pared del campo izquierdo en Lansdowne Street.

El tiempo pasaba. Diez, veinte, treinta vueltas. Con un hermano y una hermana que se unieron a mi hijo para atender el puesto de ayuda, y con el Dr. Markenson viniendo con cualquier cosa que pudiera necesitar, o quiero decir, que pudiera necesitar para ayudarme; la mañana avanzaba a buen ritmo.

Controlé mi ritmo cardíaco y se lo comuniqué al buen doctor, tomé un gel energético Clif cada hora, bebí mucha agua y me detuve a charlar con mi familia y/o los periodistas durante la mayoría de las vueltas de las primeras cuatro horas. No corría por tiempo, sino por distancia. No me importaba el tiempo que tardara, siempre que lo consiguiera.

Primero me dolían los pies, luego la rodilla. No tanto como para abandonar, lo justo para recordarme mi edad. Mi primer objetivo era llegar a las quince millas. Joe, un amigo del instituto, me había dicho que era un punto de inflexión psicológico y que, cuando llegara a esa marca, sabría que estaba en la recta final.

Alrededor de las 10:00 a.m., o unos veintidós millas después de empezar, empezaron a llegar amigos para la fiesta posterior, y dos de ellos, Carrie y Kerry, estaban dispuestos a correr algunas vueltas conmigo. Ahora tenía la presión de grupo trabajando para mí.

Primero, Kerry corrió conmigo con una lista de reproducción personalizada para mantenerme motivada, y luego yo corrí con los dos. Les sorprendió que aún pudiera hablar, respirar y correr después de tanto tiempo, pero para mí no fue para tanto. También evitaron que me atropellara al menos un auto. Era como tener una escolta policial con zapatillas en vez de motos.

Afortunadamente, también tenía un entrenador y un nutricionista que sabían lo que hacían; se me da bien seguir instrucciones, así que sabía que tenía las condiciones. Sólo era cuestión de saber *si* realmente tenía el corazón.

En la milla 22, empecé a dar vueltas con camisetas que había hecho en agradecimiento a los donantes, patrocinadores, clientes y organizaciones con las que trabajo como voluntario, un total de doce.

Para el último empujón hacia la mágica línea de meta de 26,2 millas, cogí a mi hijo, que va en silla de ruedas, lo empujé hasta la mitad de la calle Lansdowne y me di la vuelta. Los invitados a la fiesta habían requisado un rollo de papel higiénico de Loretta's y lo habían extendido por la calle a modo de línea de meta, y Joe y yo lo atravesamos con lágrimas en los ojos y la prueba de que tenía el corazón para hacerlo.

Así que para responder a tus preguntas. La parte del entrenamiento no es algo que me haya gustado. Muchas millas en solitario, lo que hizo que los últimos fueran tan agradables. ¿Tuve dudas? Por supuesto, hasta el micrófono. ¿Lo volvería a hacer? No de esta manera. Esperaría a que los Medias Rojas tuvieran un equipo de mierda y a que terminaran las obras alrededor del parque.

¿Cuál fue la mejor parte? Hubo dos que siempre recordaré.

En primer lugar, el número de personas que me dijeron o escribieron que se sintieron inspiradas por mi esfuerzo tendrá una impresión duradera en mí. Es un impacto que dura más allá de las seis horas y doce minutos de la carrera. Mientras ellos me daban las gracias, era yo quien les debía las gracias por hacer que mi esfuerzo marcara la diferencia.

En segundo lugar, creo que en el fondo, desde que estamos en preescolar, queremos que los demás se sientan orgullosos de nosotros. Puede que nunca hablemos de ello y, a lo largo de nuestra vida, probablemente no lo oigamos tanto. Yo oí la frase "Orgulloso de ti" más en las setenta y dos horas posteriores al suceso que en ningún otro momento de mi vida. Y al fin y al cabo, yo también estoy orgulloso de mí.

El lema de mi fraternidad, Phi Sigma Kappa, es "Malditamente orgulloso", y yo *estoy* malditamente orgulloso.

CAPÍTULO 15: ELIMINAR LA CONFUSION

Rasgando Uno Nuevo

Personalmente, no tengo un par de vaqueros rotos, desgastados o rasgados, o como prefieras llamarlos. De hecho, no tengo vaqueros, prefiero el look informal caqui. No soy un vaquero.

Una vez, en un viaje a Nashville, vi tantos vaqueros rotos con tantos agujeros, localizaciones y roturas de distintos tamaños que me puse a pensar: *¿Por qué no querría todo el mundo ser un experto en este fenómeno social y de la moda?*

Y claro, cuando se trata de moda, ¿a quién no le gustaría saber lo que pienso? ¿Cierto?

Si actualmente llevas vaqueros rotos o, como yo, siempre te has preguntado por qué la gente los lleva, sigue leyendo, porque en unos breves párrafos compartiré mi exhaustiva investigación sobre los vaqueros rotos y algunas de mis observaciones sobre este estilo.

Historia Antigua

Por si no lo sabía, un par de tipos llamados Levi y Strauss fueron los primeros magnates de la moda estadounidense y crearon lo que hoy conocemos como blue jeans. ¿Levanta la mano si lo sabía? Muy bien, clase.

Históricamente, desde la época de Levi y Strauss, los vaqueros eran para los trabajadores y se teñían de azul para que todo el mundo supiera que eran trabajadores. Una especie de distinción de clases, no muy diferente de los cascos actuales.

En aquella época, los vaqueros rotos se rompían por el uso repetido o por un accidente y permanecían así porque la gente que los llevaba, en su mayoría pobres, no podía permitirse cambiarlos. Pero entonces no estaba de moda llevar vaqueros rotos; era vergonzoso.

Historia Reciente

El aspecto moderno de los vaqueros rotos o rasgados surgió como parte del movimiento punk rock (véase la página de Wikipedia de mi hermano). Chris Doherty y su banda, Gang Green, fueron pioneros de este género musical.)

El estilo fue tomado prestado por el movimiento grunge una o dos décadas más tarde y sale a la superficie de vez en cuando, aparentemente más ahora que entonces.

Originalmente, la encarnación del siglo XX era uno de esos signos de rebeldía y desafío que practican los jóvenes (sólo repito lo que he leído). Como el rock and roll y los tatuajes de mariposas.

Eso es todo lo que necesita saber sobre la historia.

Rasgar para Estilizar

Nuestra siguiente lección es sobre los vaqueros rasgados. Algunas fuentes indican que hay formas establecidas de llegar a la cima de la moda de los vaqueros rasgados. Puedes rasgarlos en casa, por tu cuenta. Un concepto inteligente.

Pueden ser rasgados por cosas que rasgan cosas: cuchillos, exnovias, sierras de mano.

Evidentemente, se pueden comprar rasgados. Y en respuesta a tu pregunta, a veces se rasgan a mano (muy caro porque rasgar vaqueros es obviamente un talento).

O pueden ser – ¿estás sentado?– rasgados por láser. Así es, puedes llevar vaqueros rasgados con láser. ¿Quién lo iba a decir?

Preguntas Frecuentes Sobre Vaqueros Rotos

¿Por qué se enfadaba mi madre cuando era niño y me rompía los vaqueros? Ok, tenía poco sentido de la moda. ¿Por qué no podía llevar nada roto al colegio? Esta fue la primera vez que mis padres se opusieron a mi sentido de la moda. Si rompía algo, ella cosía o no iba a la escuela.

¿Cuántos cortes o rasgaduras son geniales?
¿Cuantos más cortes, mejor? ¿Hay algún nivel de desgarro en los vaqueros que los convierta en vaqueros de malla, como las medias de malla? ¿Se pueden llevar medias de malla debajo de unos vaqueros de malla? Preguntando por un amigo.

¿Los vaqueros rotos son como los copos de nieve?

Absolutamente. No hay dos iguales. Si yo tuviera unos vaqueros rotos y viera a otra persona con los desgarros en el mismo sitio, le haría otro agujero en el acto. (Ingenioso uso de las palabras rasgar y agujero en una misma frase, ¿no crees?)

¿Llevas vaqueros rotos en invierno?

Si es así, tendrás que explicármelo. ¿No es como poner el aire acondicionado en invierno? ¿No llamarías vaqueros rotos de invierno a los vaqueros con aire acondicionado?

¿Serán las camisas y los tops rotos los siguientes?

¿Existen? ¿Qué se les ocurrirá ahora?

¿Qué te parecen los vestidos rotos?

¿Quizá demasiado difícil ver las rasgaduras entre los pliegues?

OK, ¿sombreros, zapatos o ropa interior rotos?

Quizá no, pero después de pensarlo, ¿por qué no?

¿También hacen agujeros en las chaquetas?

Una línea completa de ropa de invierno con aire acondicionado. Algo está mal aquí.

¿Están de moda los pantalones cortos?

Bueno, son más geniales que los vaqueros largos, porque son pantalones cortos; a menos que esos vaqueros estén muy rasgados, lo que los convierte en pantalones con aire acondicionado. ¿Cuál crees que es el mejor lugar para rasgar los pantalones cortos?

¿Por qué todos los cortes están delante?

Ni siquiera veo mucha acción en la parte trasera o lateral. Supongo que nadie quiere un corte en el trasero. Olvida la pregunta.

¿Hay restricciones de edad para los vaqueros rotos?

No estoy seguro de que a un niño de ocho años o a uno de ochenta le queden tan bien como a uno de dieciocho, veintiocho o treinta y ocho.

Mi pregunta número 1: ¿son más geniales los desgarros verticales o los horizontales?

He mirado un montón de patas para este proyecto y las rasgaduras horizontales superan con creces a las verticales. Me pregunto ¿por qué?

¿Una Nueva Moda?

Como resultado de la exhaustiva investigación que he llevado a cabo, sigo planeando lanzar mi propia línea de ropa que siga la tradición de los vaqueros rotos: camisas manchadas.

Así es, pronto podrá comprar camisas de vestir y tops que se han teñido previamente con sopa, café y aliño para ensaladas.

Lo que antes era una prenda retirada de la circulación con una mancha pronto se considerará geniales, igual que los vaqueros rotos. Y, al igual que los vaqueros rotos, mi línea de ropa tendrá manchas horizontales y verticales, en diversos tonos.

Mi tipo de moda ya que he estado usando el estilo durante años.

Wicked Pissah

Las palabras y frases que aparecen a continuación *no* pretenden ser representativas de *todos* los habitantes de Nueva Inglaterra porque yo no he vivido en toda Nueva Inglaterra, aunque he trabajado en toda Nueva Inglaterra.

Massachusetts, y especialmente Boston, es donde aprendí el idioma, y me siento bastante seguro de la exactitud del material que sigue.

Dicho esto, he aquí algunas frases que marcan la diferencia.

Bang a uey: No sé por qué es "bang' a uey", pero las palabras no se pueden separar. Con eso quiero decir que no se puede "hacer un uey" o "bang a U-turn". Debe ser "bang a uey" para que sea auténtico. La mayoría de los conductores creen que las señales de "Prohibido girar en U" son meras sugerencias.

Whole bellies: Hay dos tipos de almejas fritas. Están las tiras de almeja que contienen trozos sobrantes de almeja formados, y luego están las almejas de vientre entero que tienen sabor, sensación en la boca y, ocasionalmente, algo de arena. Eso sí que es comer en verano, aunque puede que tengas que pedir un préstamo para comprarte un litro de almejas en el cabo en verano.

Bubblahs: Bubblahs: El término genérico *fuente de agua potable* puede funcionar en la mayor parte del país, pero aquí, esas fuentes son bubblahs. La misma advertencia se aplica a todos los niños: no pongas la boca en la espita.

Brown bread: Mucha gente nunca ha tenido el placer de comer pan sacado de una lata. El pan integral tiene las mismas marcas o impresiones exteriores que la salsa de arándanos en gelatina sacada de la lata, pero es más grande y más marrón. La cena del sábado por la noche incluye pan moreno, horneado, judías y perritos calientes.

Carriage: Cuando vas al supermercado, o al mahket, puede que utilices un carrito de la compra, pero la mayoría de los que estamos aquí usamos un carro de la compra para llevar el pan integral, la langosta y la pastah. Algunos sitios tienen carteles en el aparcamiento que dicen Carriage Return (Devolución de carritos) para la gente con modales que devuelve los carritos.

Clickah: Sabemos que un sinónimo es mando a distancia, pero clickah es como nos educaron y es la descripción más exacta. Nota: incluso los mandos a distancia sin sonido son clickahs. (Nota: clickah también es sinónimo de intermitente de automóvil.)

Elastic: Todo el mundo sabe lo que significa elástico, pero aquí se suele llamar elástico a una goma elástica. No se sabe muy bien por qué. Los elásticos se guardan y almacenan en un pomo designado. De nuevo, no sé por qué.

Fluffernutter: Desde que se inventó la crema de malvavisco aquí, junto con el Día de Acción de Gracias y la democracia constitucional, la combinación de crema de malvavisco y mantequilla de cacahuete da como resultado un sándwich de crema de malvavisco, el almuerzo ideal para un niño de primaria, ya que no necesita refrigeración. No sé exactamente a qué grupo de alimentos pertenece el marshmallow fluff. ¿Alguna sugerencia?

Frappe: No es "frapp-A", es frapp, rima con-no importa (¿la e es muda?). Los batidos son sólo leche y sirope aromatizado, pero un frappe se hace con helado en lugar de leche, y es espeso, frío, cremoso y delicioso, por no hablar de lo caro que está en casi todas partes.

Frost heave: Una grieta en la carretera se llena de agua, se congela y crea un bache que luego se colapsa y se convierte en un bache. Por lo tanto, una helada es un prebache.

Grinder: Puede que lo conozcas como sándwich submarino, pero aquí arriba es un grinder. ¿Te imaginas que Subway se llamara Grinderway? Por si te lo preguntas, la expresión sándwich submarino se originó aquí, pero cuando se llaman grinders, saben mejor. Si este término es nuevo para usted, quizá no sepa que los grinder trucks precedieron en décadas a los food trucks.

Jimmies: Cuando era niño, me apodaban Jimmy, y me sentí orgulloso cuando supe que los pequeños caramelos de colores que se espolvoreaban sobre el helado o las tartas de cumpleaños se llamaban jimmies. Puedes tener jimmies de chocolate o de arco iris, según las preferencias familiares, pero un jimmy es un jimmy.

Johnny: Un Johnny es una bata de hospital, especialmente en

Boston. Se cree que el término proviene de la espalda abierta de la bata, diseñada para facilitar el acceso al retrete. Nunca he conocido a nadie que sonriera llevando un "Johnny", ¿y tú?

Leaf peeper: Los Leaf peepers son turistas que visitan Nueva Inglaterra en otoño para contemplar los árboles y las coloridas hojas que aparecen. Todos nos sentimos agradecidos por no tener que alojarnos en un hotel o pensión para ver árboles de colores; nos basta con mirar por la ventana. Si usted es un observador de hojas, gracias por impulsar la economía cada año.

Mud season: La nieve se derrite un poco, se hunde en la tierra, rumia y produce barro y más barro. El tipo de barro que estropea los zapatos, entra en casa y castiga a quien lo comete, sea cual sea su edad. La temporada de barro es la razón original para descalzarse al entrar en casa y, por supuesto, el cuarto de barro se inventó para aislar el barro de las zonas no alfombradas de la casa.

Packie: Massachusetts tuvo en su día las leyes de venta de alcohol más restrictivas del país. Las leyes azules impedían la venta los domingos, mantenían las ventas de alcohol alejadas de los barrios con iglesias, etcétera. El licor, la cerveza y el vino sólo se podían adquirir en una tienda de paquetes, un "packie", aparentemente porque lo que se compraba iba en un paquete o en una bolsa de papel marrón. Una frase común es "una carrera rápida al packie". Todo el mundo sabe lo que significa.

Pissah: Del latín pi-sa, que significa "orinar". De alguna manera pissah se convirtió en lo contrario de sh--tty y nadie sabe cómo ni por qué. Sin embargo, todos sabemos cuándo algo es pissah, ya sea una mudanza, un coche, un jugador de fútbol o una almeja de barriga entera.

Prince Spaghetti Day: Durante décadas, Anthony, el niño que aparecía en el anuncio de televisión de los Espaguetis Príncipe, fue llamado a casa por su madre desde un emblemático edificio del North End los miércoles porque era el Prince Spaghetti Day. La mayoría de nosotros crecimos comiendo pastah el miércoles, y algunos todavía lo hacemos.

Regular coffee: Si entras en cualquier sitio (excepto quizá en Starbucks) y pides un café normal, automáticamente vendrá con nata y azúcar. Eso es lo que significa normal. Si pides un café normal y te reciben con una mirada inquisitiva, sabes que te está sirviendo un extraño.

Rotary: Una intersección circular se llama rotonda. Algunos pueden llamarlo una rotonda o un círculo de tráfico, pero no los reporteros de tráfico que comparten que "el Rotary Falmouth está respaldado sobre el puente."

Tennis shoes: También pueden denominarse zapatillas deportivas, pero la mayoría de nosotros crecimos con zapatillas de tenis aunque nunca hayamos jugado al tenis. Como "Keds son para niños" era un eslogan publicitario de antaño, algunos todavía se refieren al calzado deportivo como Keds. Pero son zapatillas de tenis.

Scrod: Si se trata de pescado blanco firme, independientemente de si es bacalao, halibut, eglefino o abadejo, puede aparecer en un menú como scrod. El hotel Parker House de Boston afirma haber creado el término (junto con Parker House rolls y Boston cream pie) para no tener que actualizar sus menús en función de la pesca del día.

Tag sale: No importa si es en un garaje, en la entrada o en la acera, es una venta de etiquetas. Los sábados de verano son el boom de las ventas de etiquetas.

Tonic: Este término para una bebida carbonatada, que quizá conozcas como soda, se sigue utilizando en la zona de Boston. Más de una vez, en mis viajes por el país, he dejado perplejo a un camarero con una petición utilizando la palabra *tonic*.

Wicked: Este es probablemente el término de argot más famoso atribuido a la zona. Significa algo así como "realmente" o "muy" y puede utilizarse como adjetivo con cientos de sustantivos.

Wicked pissah: la combinación de dos de las palabras más famosas del vocabulario crea el mayor elogio que un habitante de Nueva Inglaterra o de Boston puede aplicar a cualquier cosa. Hubo años en los que los New England Patriots fueron wicked pissah, y otros años en los que el tiempo fue wicked pissah, y espero que este libro también lo sea.

Volviéndome Loco

Nunca he conocido a nadie que no hable con otros conductores que, por supuesto, no pueden oírle. Algunos les hablan todo el tiempo, y otros sólo cuando se hacen maniobras raras. Massachusetts tiene una reputación para, digamos, malos conductores?

Algunos de estos conductores alcanzan una categoría especial y tienen su propia definición en Wikipedia. Véase más abajo.

Si vive en Massachusetts o Nueva Inglaterra, ya sabe lo que es un Masshole. Si no, su primera suposición será bastante aproximada.

El Diccionario Oxford añadió Masshole a su lista en 2015 y lo define como un "término despectivo para los habitantes de Massachusetts", aunque la mayoría de nosotros lo conocemos con un significado específico. Reservado para los conductores agresivos o despistados que causan muchos de los dolores de transporte en el estado, el término se aplica a los conductores que cortan el paso a otros, giran sin señal y se detienen bruscamente sin razón aparente.

Volviéndome Loco

Aquí tienes una lista parcial de las cosas que me vuelven loco cuando conduzco. Creo que tú también encontrarás algunas cosas que podrían volverte loco.

Camiones: Los camiones me vuelven loco. No importa lo que te digan, los camiones son los dueños de la carretera, y los turismos son un inconveniente para ellos. No estoy difamando (por fin puedo usar esa palabra en una frase) a los camioneros. Sólo estoy expresando la realidad de que el tamaño importa, y los camiones pueden dominar si lo desean. Con Walmart ofreciendo sueldos de 100.000 dólares a los conductores y las primas de contratación ofrecidas por la mayoría de las empresas de transporte, los camiones mantendrán su dominio en un futuro previsible, y la calidad de los conductores no mejorará necesariamente. Soy un experto en camiones por carretera. Sé cuándo un conductor está demasiado cansado o bajo los efectos del alcohol porque un par de sus ruedas pasan tiempo en el carril de averías. Todos hemos visto al conductor ocasional que se salta la ley metiéndose en el carril de adelantamiento y le da un susto de muerte a un Prius. Y, por supuesto, no hay nada tan emocionante como estar detrás de un camión que va a 66 mph adelantando a otro que va a 65 mph, según mi hermano Chris, es casi un bloqueo. Lo que más me inquieta de los camiones es cuando estoy detrás de un coche que está al lado de un camión. Y se queda ahí. El lugar más peligroso de la carretera es al lado de un camión. El sol está bloqueado, tu visión del resto de la autopista está bloqueada y no eres visible en el espejo retrovisor del conductor del camión. Estás atrapado. Me sorprende que a algunos conductores les guste estar atrapados. Como ya he dicho, de vez en cuando tengo alguna palabra que decir a otros conductores que no pueden oírme, y tengo experiencia en gestos con las manos o, como alguien lo llamó hace poco, la mitad del símbolo de la paz. Una de las cosas que digo con más frecuencia en el coche sin que nadie me escuche es "pásame el camión". Cuando era joven jugador de hockey, solía decir pásame el disco, así que supongo que he sido un defensor de los pases durante años.

Precios de la gasolina: Tengo una de esas aplicaciones en mi teléfono que me permite pagar la gasolina en una cadena regional de gasolineras. Me ahorra diez centavos por galón y me hace sentir bien cada vez que la uso. Cuando empecé a conducir, justo después de que se inventaran las transmisiones automáticas, la gasolina costaba 16 céntimos el galón y te regalaban un vaso con cada repostaje. Todavía tengo un juego de vasos de los Boston Celtics de aquellos días. Chico, ¿eso suena a otro planeta o qué?

Derrames de líquido de lavado: ¿Existe una etiqueta oficial para el líquido de lavado? La pulverización aleatoria de otro vehículo me vuelve loco. ¿A alguien más le parece de mala educación rociar con el líquido lavaparabrisas a sesenta y cinco kilómetros por hora y que el exceso de pulverización alcance a los seis coches que circulan detrás de ti? El resultado es que esos coches tienen que rociar sus parabrisas y el exceso de líquido golpea a los seis coches de detrás, que tienen que hacerlo... y así sucesivamente. Mi recomendación es que esperes a que no haya nadie detrás de ti y rocíes, delante y detrás si los tienes. Es lo más cortés que se puede hacer.

Relojes en el tablero: El horario de verano me vuelve loco en el coche. Los fabricantes de automóviles hacen que cambiar el reloj del coche sea como un juego de detectives. Como sólo lo haces dos veces al año, nunca recuerdas cómo. Puedes buscarlo o pulsar botones aquí y allá. Por lo general, después de cambiar la hora, tardo una semana en acordarme. calcular el reloj. ¿Sabe que en su día las empresas se reunieron y desarrollaron un formato estándar para las cintas de ocho pistas y que hoy existe un formato estándar para los CD y DVD? ¿Podrán crear un formato estándar para los relojes de los autos que permita controlar el horario de verano? Actualmente, el reloj de mi pantalla táctil cambia automáticamente, pero el del tablero no. Durante una semana, disfruto de ambos horarios. Esperemos que se apruebe la legislación para eliminar el horario de verano o que se cree un estándar para los relojes de los autos. De momento, me vale hasta octubre.

Portavasos: Una vez compré un auto porque me gustaban los portavasos. Es verdad. Me ha dado vergüenza admitirlo ante los demás durante décadas, aunque mi esposa siempre lo ha sabido. Un Chrysler de 1985. Me arrepentí de la decisión antes de llegar a casa, pero conduje ese carro durante cinco años, o sesenta meses, como lo recuerda el banco. Fue una decisión loca. Los portavasos rara vez son perfectos. O son demasiado grandes y la taza se cae, o son demasiado pequeños y no cabe un café helado grande. O están demasiado lejos y hay que alcanzarlos, o están demasiado cerca de la consola entre asientos que puede colgar sobre uno de ellos. Puede que no seas muy exigente con los portavasos, pero con la cantidad de millas que conduzco -y conduzco muchos de ellos con un café descafeinado y una botella de agua para hacerme compañía-, el portavasos es un elemento crítico del transporte.

Etiqueta de fusión: A ver si lo entiendo. Se supone que alguien que intenta entrar en una autopista puede ver detrás de sí mismo yendo a 50 o 60 mph y entrar en el carril de la extrema derecha. Pero el Masshole que ya está en el carril de la extrema derecha no tiene que reducir la velocidad para dejarle pasar ni acelerar para adelantarle; ¿se limita a mantener su propia velocidad y a tocar el claxon al conductor que intenta incorporarse? ¿O, por el contrario, el coche que va delante de ti entrando en la autopista cree que 30 mph es la mejor velocidad para incorporarse a un flujo de tráfico que va a 75 mph? Vale, mientras ambos tengan razón, me callaré. Debería haber una ley mejor.

Marcas viales: Vale, soy viejo y puede que mi vista ya no sea lo que era. Lo entiendo. A pesar de que soy daltónico y legalmente sólo puedo ver por un ojo, sigo viendo mucho.

Pero cuando estoy en, como decían los Eagles, "una oscura autopista desierta" o incluso en la rampa de acceso a la I-495 al anochecer, un poco de pintura en la carretera ayudaría, y mucho. ¿Cuánto cuesta pintar las rayas de una carretera o autopista? Las carreteras sin pintar me vuelven loco. Conducir de noche bajo la lluvia por una carretera sin colas nunca es divertido y probablemente peligroso. Ciudades y pueblos, ahorren dinero en otra parte, por favor. He leído en alguna parte que han aumentado los accidentes de tráfico. ¿Alguien sabe cuáles son los criterios para trazar las líneas de una carretera? ¿Se hace de una vez y dura toda la vida? ¿Queda a discreción de la ciudad o del Departamento de Carreteras del Estado? ¿Es la pintura de un carguero del puerto de Los Ángeles? ¿Hay algún inconveniente en pintar las rayas de una carretera con claridad? Todo lo que va mal se va a achacar al pandémico: Las rachas perdedoras de los Medias Rojas, las largas colas en el puesto de helados y la escasez de sandías en el supermercado. Se culpará a los accidentes en COVID-19, estoy seguro.

En mi opinión, creo que una de las razones por las que han aumentado los accidentes es porque la gente como yo, y como tú, necesitamos líneas en la carretera. De hecho, metafóricamente hablando, a todos nos conviene tener líneas en el borde de la carretera por la que viajamos.

Massholes: Estas personas son una parte importante del tapiz de la conducción en el estado. Son personas que, en una carretera de dos carriles de una ciudad pequeña, se suben a tu ya-sabes-qué y, a la primera oportunidad, intentan adelantarte para estar un auto por delante de ti en el siguiente semáforo. Estas son las personas que, en una carretera de dos carriles, se suben a tu ya-sabes-qué y se quedan ahí, incluso con las luces largas encendidas. Prueba a pulsar el botón de emergencia del salpicadero para ver cómo se retiran. Estas son las personas que giran a la izquierda y, en lugar de inclinarse hacia la izquierda para que tú y otros coches podáis adelantarles, plantan el trasero en medio de la carretera y detienen todo el tráfico que viene detrás. Son las personas que al girar a la izquierda se apartan al carril de circulación y se sientan a esperar a que el tráfico del otro sentido les deje pasar. Son los que, cuando el semáforo se pone en verde, giran rápidamente a la izquierda en lugar de ceder el paso. Son las mismas personas que giran a la izquierda después de que la flecha verde de la izquierda haya cambiado a roja porque tienen prisa y tú estabas durmiendo en el cambio. Y, por supuesto, son las personas que conducen a 65 mph en el carril de adelantamiento, porque después de todo, ese es el límite de velocidad. También son las personas que conocen el intervalo más corto jamás medido por la ciencia: el tiempo que transcurre entre que el semáforo se pone en verde y el Masshole que va detrás de ti toca el claxon para que te muevas.

Adiós, Adiós, Srta. del Centro Comercial Americano

Muchas cosas han cambiado desde que el COVID-19 se inició o no en un laboratorio al otro lado del Pacífico. Uno de los cambios más grandes que he observado ha sido cómo gastamos nuestro dinero.

El nuevo "centro comercial" es nuestra propia pantalla del computador o teléfono inteligente. Han sustituido la experiencia de compra física.
- En lugar de conducir al centro comercial, nosotros encendemos la laptop.
- En lugar de buscar un puesto de estacionamiento, buscamos un producto.
- En lugar de caminar hasta la siguiente tienda, cambiamos nuestros criterios de búsqueda.
- En vez de tantear por el efectivo o las tarjetas de crédito, rellenamos automáticamente nuestra información cuando es solicitada en PayPal o Apple Pay.
- En lugar de salir de la tienda con una bolsa con logo, Pasamos a lo siguiente.
- En lugar de bajar las cosas del auto al llegar a casa, sacamos las cosas del buzón de correo o del frente de la casa cuando UPS, USPS, o FedEx entrega nuestras compras.

En lugar de desechar la bolsa en la que venían nuestras cosas, cortamos las cajas de cartón para el proceso de reciclaje.

Si he descrito el cosas que haces ahora, no es una coincidencia que sea una lista de cosas que hago ahora. Hace poco, tuve una razón para ir físicamente visita a centro comercial y estuve un poco sorprendido con lo que encontré o lo que no encontré. Aviso: No soy un comprador profesional, y he pasado muy poco tiempo comprando en centros comerciales con respecto a otros miembros de la familia, si sabes lo que significa.

En el caso de que seas como yo y eventualmente decidas ir

físicamente a un centro comercial, podrías sorprenderte, porque podría recordarte a una ciudad fantasma.

A unos veinticinco minutos de la casa, hay un gran centro comercial regional con tres tiendas insignias y cerca de otros cien negocios minoristas, además de una docena más o menos de ofertas en la feria de comidas. He estado asistiendo a este local cerca de quince años, aunque no muy seguido y no tan a menudo como antes de la pandemia. Me dirigía hasta allá para compras de cumpleaños y festividades. Ocasionalmente por un libro o una tarjeta de regalo de Hallmark.

Recientemente, tuve la necesidad de visitar al Genius Bar (¿nombre modesto?) en la tienda Apple. Entre a una ciudad fantasma. Dos tercios de las tiendas estaban cerradas y vacías, la tienda Hallmark entre ellas. Algún porcentaje de ellas todavía tenía mercancía en las ventanas, pero ¡estaban cerradas un Sábado! Diez de los doce locales en la feria de comida estaban cerrados. (Gracias a Dios que el Dunkin' todavía estaba abierto.)

¿Ese estacionamiento adicional para manejar la multitud desbordante de las vacaciones? Cerrado. ¿El mostrador de información en la intersección transitada dentro del centro comercial? Reemplazado por un quiosco de reemplazo de pantalla de teléfono. ¿El lugar más concurrido en el pueblo fantasma, quiero decir, el centro comercial? La tienda Apple.

El cambio es inevitable y, mientras caminaba, pensé en cómo el ciclo de vida del centro comercial regional había entrado en una nueva etapa: la etapa de ciudad fantasma.

Tengo la edad suficiente para recordar el comienzo del concepto de centro comercial. Los recuerdos me vinieron a la mente mientras deambulaba por el pueblo fantasma que solía ser un vibrante centro de actividad minorista en el centro de Massachusetts y me preguntaba por qué el género se había deteriorado tan rápidamente.

Obviamente, el crecimiento de las compras en línea no ayudó al centro comercial. Igualmente obvia es que la pandemia no ayudó al centro comercial.

Pero cuando comencé a pensar en lo que estaba observando y por qué, me di cuenta de que algunos negocios realmente estaban prosperando, pero las únicas tiendas que estaban ocupadas o abiertas eran aquellas que ofrecían algo que no se podía comprar en línea o que era mejor comprar al tacto.

Los lugares en los que querías estar físicamente presente para obtener los bienes o servicios. Esos fueron los sobrevivientes. ¿Quién iba a saber que eso iba a pasar?

Hay cosas que no se pueden conseguir en línea, como un corte de pelo, ayuda con un teléfono móvil, un Dunkin' Donut o un masaje de cuello. Pero para casi todo lo demás, un centro comercial ocupa un lugar muy inferior al de una computadora.

El cambio es inevitable, y mientras caminaba, asombrado por la transformación del género de los centros comerciales, pensé en las etapas anteriores a la etapa del pueblo fantasma.

Etapa 1, nueva y suburbana: se desarrollaron centros comerciales para reemplazar a los negocios del centro en un entorno nuevo y limpio, con más estacionamiento (y gratuito) que las áreas comerciales de las ciudades pequeñas. Hacer compras se volvió más fácil y mejor en un centro comercial.

Etapa 2, crecimiento, compras en un solo lugar: los centros comerciales crecieron y se convirtieron en lugares cerrados con todo tipo de negocios bajo el sol. Eran eficientes en el sentido de compras en un solo lugar. Las compras llevaban menos tiempo en un centro comercial.

Etapa 3, venta, venta, venta: Finalmente, llegaron a la etapa en la que los carteles con descuentos del 20 por ciento, 30 por ciento, 40 por ciento, 50 por ciento, 60 por ciento y 70 por ciento dominaban las vitrinas. Las compras se volvieron más baratas en los centros comerciales y, luego, los centros comerciales de descuento hicieron que esto quedara en claro.

Etapa 4, entretenimiento: Finalmente se pasaron de la raya, como dicen, con el Mall of America en Minneapolis, que tiene un parque de diversiones de tamaño completo, incluida una montaña rusa en el interior para acompañar sus 520 locales minoristas. Había un factor de entretenimiento que iba desde la montaña rusa antes mencionada hasta sillones vibratorios y un museo de cera de Madame Tussauds en un centro comercial de Nashville. Ir de compras era más divertido en un centro comercial.

Etapa 5, quitar el techo: los centros comerciales al aire libre, como el original South Shore Plaza, se convirtieron en la nueva tendencia. Nunca entenderé por qué a la gente le gustaba mover el coche tres veces para ir de compras y mojarse cuando llueve.

Etapa 6, reutilizar: convertirlo en algo diferente. Antes de que lo demolieran, había un centro comercial en Worcester que era un campus universitario (¿estás listo?).

Etapa 7, ciudad fantasma: mucho estacionamiento, pocas tiendas, un par de patios de comidas, una de las tres tiendas ancla cerrada y las otras dos más o menos vacías, y así sucesivamente. Los centros comerciales están muriendo lentamente.

- Las razones son obvias.
- Comprar online puede ser más fácil y mejor.
- Comprar online puede llevar menos tiempo.
- Comprar online puede ser más económico.
- Comprar online puede ser más divertido.

El cambio es inevitable; nada dura para siempre. Entre las historias de éxito estadounidenses olvidadas se encuentran:

- Látigos para carruajes: ya casi no se usan.
- Restaurantes Howard Johnson (inventó la tira de almejas): el último que había cerró hace poco.
- Teléfonos públicos: rápido, dime cuándo fue la última vez que usaste uno. ¿Recuerdas cuánto costaba?
- Automóviles Pontiac: "¿Qué?", pregunta un joven lector.
- Máquinas mimeográficas: el olor no se puede duplicar y queda grabado para siempre en la memoria nasal de una generación de estudiantes de primaria.
- Cintas de ocho pistas: todavía las extraño.

El cambio es inevitable; nada dura para siempre. ¿Qué sigue? Por supuesto, si lo supieras, probablemente te haría rico. Podría ser:

- Gasolineras: California ha reclamado el derecho de eliminar esta institución.
- Radio AM: Vamos, ¿por qué sigue existiendo?

- Supermercados: La entrega de comida a domicilio está aumentando muchísimo y la población envejece.
- Computadoras de escritorio: Trate de encontrar una en Best Buy o Staples, todas son portátiles.
- Librerías: Muchas ya han desaparecido. ¿Recuerda las librerías Walden Books en cada centro comercial?
- Juegos de mesa: Tenemos una mesa digital con Scrabble, Monopoly, Score Four, damas, ajedrez y cuarenta juegos más. No esté tan seguro.

La cuestión es que nada dura para siempre, y la frase "pueblo fantasma" fue creada para etiquetar un lugar que una vez fue próspero y ahora está habitado solo por fantasmas.

Empresas, ocupaciones, ciudades, automóviles, industrias, comunidades... nada está garantizado que dure. El cambio es inevitable, e ignorar las señales, resistirse al cambio o negar las tendencias nunca ha sido parte de ninguna fórmula de éxito. Basta con dar un paseo por el centro comercial más cercano para darse cuenta de que esto es así.

Adiós, Adiós, Srta. del Centro Comercial Americano. No puedo esperar a ver que te espera.

CAPÍTULO 16: INSPIRACION Y TRASPIRACION

(John y) David contra Goliat

La famosa historia bíblica de David y Goliat ha llegado a adquirir un significado más secular a través de los siglos y se hace referencia a ella cuando algo grande y algo pequeño chocan.

Un valiente desvalido enfrentándose a un gigante. En lugar de huir, David tuvo corazón y luchó.

A los Estados Unidos le encantan los desvalidos, y también a Worcester, Massachusetts (la Segunda ciudad más larga en New England detrás de Boston), donde otra versión de David y Goliat se escenifica, con David (representado por el equipo de beisbol Los Worcester Bravehearts), bajo las luces en Fitton Field en el campus del College of the Holy Cross, y Goliat (representado por los Red Sox de Worcester) en el Polar Park.

Antecedentes del Beisbol de Worcester

Worcester en realidad tenía un equipo de las Grandes Ligas de Beisbol desde 1880 a 1882. El nombre, bastante original, era los Worcester Worcesters. Historia verdadera.

Para reunir el capital para apoyar su entrada a la Liga Nacional. El equipo vendió acciones a $35 (con el precio incluyendo abonos de temporada), patrocinó una caminata que atrajo a tres mil personas, organizó paquetes de descuento en tarifas de trenes y boletos de entrada al juego para los fanáticos de las afueras de la ciudad, y realizó conciertos benéficos y actuaciones dramáticas.

El siguiente equipo de la ciudad que se destacó, o al menos el que yo noté, fueron los Worcester Tornadoes de 2005 a 2012. Eran miembros de la Asociación Canadiense Estadounidense de Béisbol Profesional, una liga de béisbol independiente que no estaba afiliada a las Grandes Ligas de Béisbol. Mi hijo Joe y yo comenzamos a ir a los partidos justo después de mudarnos a Massachusetts en 2006. Cerca de casa. Buena accesibilidad para sillas de ruedas. Ah, ¿y mencioné que eran económicos?

Cuando los Tornadoes cerraron después de la temporada 2012,

o debería decir implosionaron después de la temporada 2012, dejando un sabor amargo en la boca de los vendedores a los que les debían dinero y de la ciudad misma, las noches de verano perezosas (y económicas) en el parque ya no existían. Eso fue hasta que la familia Creedon dio un paso adelante e inscribió un equipo en la Liga de Futuros de Nueva Inglaterra para comenzar en 2014.

Este equipo participa en una liga de verano para jugadores universitarios, similar a la famosa Liga de Ciudad del Cabo, por donde han pasado cientos de jugadores de las Grandes Ligas en su camino hacia la gloria. Algunos jugadores son locales y asisten a universidades locales, mientras que otros se quedan con familias anfitrionas durante el verano.

Dado que tuve una relación comercial continua con Creedon & Company durante muchos años, antes de la creación del equipo de béisbol, sabía que la satisfacción del cliente era un principio fundamental de la empresa, por lo que esperaba con ansias el nuevo equipo.

No me sorprendió que John Creedon Jr., el presidente, hiciera que el equipo comenzara pidiendo a los fanáticos que eligieran el apodo del equipo, y Bravehearts fue la opción ganadora. Aparte: también debes saber que si te haces un tatuaje de Bravehearts, obtienes abonos de temporada de por vida, y hasta ahora, diecisiete fanático han dado el paso, o tomado la aguja, según sea el caso (yo *no* soy uno de ellos).

Su historia de orientación al cliente en otros negocios se transformó en una relación amigable con los fanáticos, y campeonato tras campeonato siguieron y el equipo ganó cuatro en sus primeras cinco temporadas.

Con el famoso Dave Peterson como gerente general, el equipo se convirtió en el más exitoso de la liga en cualquier métrica. Apodado "Peterman", Dave es la persona más entusiasta que conozco, y una de las razones por las que lo sé es que mi hijo hizo una pasantía con él hace muchos años.

Con ese tipo de relaciones con los líderes del equipo y nuestro amor por el béisbol, por supuesto que íbamos a los partidos. Cerca de casa. Buena accesibilidad para sillas de ruedas. Ah, ¿y mencioné que era económico? Pero había algo diferente en los Bravehearts. No solo hablaban de forma amigable con los fanáticos; creo que intentaron reinventarlo.

El día del partido, todos estacionan gratis, los jugadores uniformados entran a las gradas para firmar autógrafos, los niños corren de poste de foul a poste de foul una vez por partido, la accesibilidad es una prioridad máxima con carritos de golf que ayudan a la gente a llegar a la puerta y venden boletos de todo lo que pueda comer con perritos calientes, hamburguesas Angus, palomitas de maíz y refrescos incluidos.

Ah, sí, también organizan un Bark in the Park, donde puedes comprarle a tu perro una entrada de $3 y ese dinero se dona a organizaciones benéficas relacionadas con los perros. Ya te haces una idea. Centrado en la experiencia de los fans.

Eso es solo en lo que respecta al juego. Como parte de la comunidad:

- Tienen un programa de lectura que llega a diez mil niños escolares.
- Tienen un programa de amigos por correspondencia en conjunto con Easter Seals, donde los jugadores son los amigos por correspondencia y conocen a su amigo antes de que termine la temporada.
- Tienen otro programa de amigos por correspondencia con personas mayores.
- Tienen un programa Junior Bravehearts, donde proporcionan uniformes.
- Patrocinan un equipo de softbol femenino.
- Tienen más de trescientos niños que asisten al campamento de verano Bravehearts.
- Organizan eventos benéficos donde los jugadores usan camisetas de juego con un logotipo y diseño sin fines de lucro, que luego se subastan o se venden.
- Incluso juegan algunos juegos a las 11:00 a. m. para que los grupos escolares puedan asistir como excursión.

No es de extrañar que el Better Business Bureau les haya concedido el premio Empresa del Año.

Pawtucket Red Sox: Las cosas iban bien para los Bravehearts hasta que la legislatura de Rhode Island votó no construir un nuevo estadio de béisbol para los nuevos propietarios de los Pawtucket Red Sox, un equipo de la Liga Menor Triple-A afiliado a *esos* Red Sox.

Así que los propietarios del equipo de Rhode Island dirigieron sus ojos a la segunda ciudad más grande de Nueva Inglaterra y, finalmente, Worcester acordó construir una instalación de última generación multimillonaria a expensas de los contribuyentes, apostando al desarrollo económico que seguramente vendría después.

Hasta aquí llegan los Bravehearts, ¿verdad?

- ¿Cómo podrían competir con el nombre de los Red Sox a sólo cuarenta y siete millas de Boston?
- ¿Cómo podrían promocionar el equipo frente a la abrumadora publicidad que se le da al nuevo chico de la ciudad, WooSox?
- ¿Quién iría a ver jugar a jóvenes universitarios desconocidos en ascenso en lugar de futuras estrellas de los Red Sox?
- ¿Cómo podrían conservar patrocinadores corporativos con un equipo, un lugar y una afiliación más glamorosos que los estaban llamando?
- ¿Cómo podría Worcester mantener a dos equipos de béisbol?

Probabilidades tan abrumadoras como esta generalmente significan que el equipo se retirará. Probablemente una gran parte de la población esperaba que el equipo dejara de actuar o se mudara a otra ciudad.

Quiero decir, ¿quién tendría el corazón para entrar en una batalla con tantas probabilidades en tu contra que incluso tus amigos podrían pensar que eres un poco estúpido por intentarlo?

Siempre ha habido una delgada línea entre la valentía y la estupidez, y los Worcester Bravehearts tuvieron que tomar una decisión: rendirse y seguir adelante, o hacer otra cosa.

Eligieron otra cosa. Esperaban que fuera una opción valiente y, como soy un tipo curioso, un día me senté con John y Dave y hablamos sobre su batalla contra Goliat. Porque la realidad de hoy es que todo lo que están haciendo está funcionando.

Varios años después, el equipo todavía esta vivito y atrayendo fanáticos.

Por supuesto, el enfoque en los fanáticos, la programación y las promociones ayudan a impulsar la asistencia, pero eso nunca es suficiente.

Mi curiosidad me empujaba a excavar bajo la superficie y descubrir cómo los Bravehearts siguen vivos, a pesar de los millones de dólares invertidos en un esfuerzo que realmente debería haberlos expulsado del negocio del béisbol en Worcester.

Lo que descubrí es que su éxito en la batalla se basa en su actitud sobre dos cosas.

Gente: Es posible que hayas estado esperando algo más glamoroso, pero no, una de las principales razones por las que el equipo sigue vivo y coleando y, de hecho, muestra un aumento de asistencia es su actitud hacia las personas, parte de la filosofía de la empresa y el modo de negocio.

Si fueras a trabajar para los Bravehearts, en la orientación, aprenderías que el mantra cuando interactúas con el público es simple: ¿Cómo hago sonreír a esta persona? El objetivo del equipo es que los fanáticos se diviertan en un juego. Qué concepto tan único, ¿no? ¿No es esa la razón por la que la gente compra entradas para cualquier cosa? Para divertirse.

Sería un mundo fantástico si cada empresa y cada empleado de cada empresa que opera en público tuvieran esa misión como declaración de misión personal. (Nota: la carita sonriente se inventó en Worcester).

Pero para tener un personal que viva esa actitud, hay que tratarlos bien.

A diferencia de muchos equipos deportivos, me enteré de que los Bravehearts pagan a sus pasantes, algo que no es un estándar universal en la industria, y predican con el ejemplo. Aquí hay un ejemplo: no utilizan un servicio de limpieza después de los juegos; el personal, incluido el gerente general y los propietarios, limpian el parque, incluidos los baños.

¿Te imaginas ser pasante de verano de los Bravehearts y limpiar un baño junto con el director general? No hay nada mejor que predicar con el ejemplo.

Persistencia: En este punto de mi viaje para descubrir su éxito, sabía mucho sobre el cómo, pero no mucho sobre el por qué. Entendía cómo seguían adelante, pero no tenía tan claro por qué seguían adelante.

Eso resultó ser bastante simple: la gente persistente sigue adelante. Entonces, te preguntarás, ¿siguen aquí porque así lo decidieron? Sí.

Decidieron que lo que ya habían logrado era demasiado importante como para desperdiciarlo. Decidieron que tenían las habilidades, el talento y la voluntad dentro de la organización para superar o sortear los obstáculos. Decidieron que ser un perdedor podría ser divertido. Y decidieron que la persistencia y la determinación son omnipotentes. Por supuesto, no hay garantía de que los Bravehearts estén aquí para siempre. Poner a las personas primero parece una apuesta segura en cualquier negocio, y nada en el mundo puede reemplazar a la perseverancia.

Pero ¿no es mágico que hace nueve años los fanáticos de Worcester llamaran al equipo Bravehearts sin saber que el apodo se aplicaba al equipo en el campo que sería manejado y liderado por John y David, quienes demostrarían que también tenían corazones valientes?

Play ball.

Orgulloso de Ser Estadounidense

La historia de Damar Hamlin ha impactado América de muchas formas. La mayoría conoce la historia del jugador defensive de los Buffalo Bills, que fue resucitado en el campo luego de sufrir un para cardiaco.

Solo unos días después, el despertó de un coma inducido medicamente en un Hospital de Cincinnati y saludo a sus compañeros de equipo en Buffalo vía Zoom, la última vez que ellos lo habían visto, ellos estaban en el campo y un entrenador físico salvó su vida con RCP, y él estaba siendo montado en una ambulancia.

A medida que transcurría la semana posterior a su reanimamiento en el campo, se revelaban cada vez más cosas sobre Estados Unidos, al menos para mis ojos y oídos. Escuché una noticia relacionada con la situación que me hizo ponerme de pie y escribir. ¿Qué escuché? Permítanme comenzar con algunos antecedentes sobre por qué la continuación de la historia me hace sentir orgulloso de ser estadounidense.

El incidente ocurrió en Cincinnati. Mi familia vivió allí durante unos once años, desde sexto grado hasta la universidad de mi hijo. He estado en el estadio donde ocurrió el incidente docenas de veces. Estoy seguro de que había cien personas en el juego que conocía, tal vez doscientas personas, incluidos acomodadores, que pueden haber recibido una toalla de nuestra parte cuando nos mudamos de regreso a Massachusetts.

De hecho, estuve en ese campo, muy cerca de donde ocurrió el incidente. Este nos afectó de cerca, aunque estaba a 848 millas de distancia.

Mi familia también estaba viendo el partido juntos. Todos somos fanáticos de los Patriots, por supuesto, pero haber vivido en Cincinnati con tantos amigos allí hace que los Bengals sean nuestro segundo equipo favorito.

A continuación se presentan seis razones por las que este

incidente me hizo sentir orgulloso de ser estadounidense.

Pero primero, de manera no política (si es posible), me gustaría compartir que me he sentido un poco decepcionado con Estados Unidos en los últimos años, y es principalmente porque mucho de lo que leemos y escuchamos habla de lo divididos que estamos.

Estados "Unidos" de América puede aplicarse a la geografía, pero no a lo que los medios de comunicación informan sobre nosotros. La vieja expresión "No veo las noticias. Son demasiado deprimentes" tiene cierta validez. Veo las noticias, pero lo que me deprime casi tanto como las malas noticias es cómo los medios destacan que no nos llevamos bien y que no trabajamos juntos y que no nos preocupamos los unos por los otros.

Parece que el odio atrae espectadores y vende periódicos, y el amor queda relegado a un segundo plano a las seis y a las once. Ésa no es la América que yo conozco. La América que conozco se preocupa y trata de marcar una diferencia y se cuida unos a otros y responde a una crisis.

Que un jugador de fútbol se lesione difícilmente puede considerarse una crisis estadounidense, pero sí puede considerarse un acontecimiento en el que podemos mirar a través de una ventana diferente para reafirmar por qué, personalmente, estoy orgulloso de ser estadounidense.

1. *Afuera del hospital:* los habitantes de Cincinnati se unieron a los fanáticos de Buffalo afuera del hospital después del juego en una vigilia con velas. Cuando vi esto, me sentí orgulloso de haber sido parte de esa comunidad durante más de una década. Pensé que era algo elegante, noble y muy estadounidense. En lugar de destacar una pelea a puñetazos entre partidarios con camisetas de diferentes equipos, la vigilia demostró que Cincinnati y Estados Unidos se preocupaban. Estaba orgulloso de ser estadounidense.

2. *Liderazgo del equipo:* Los entrenadores de los dos equipos, Sean McDermott por los Bills y Zac Taylor por los Bengals, decidieron en el medio campo antes de que saliera la ambulancia que no iban a jugar el partido, incluso si se les ordenaba.

   Uno o ambos entrenadores decidieron que *no* jugar era lo

mejor para las personas a su cargo. Son muchas las veces que escuchamos hablar de líderes que *no* defienden a su equipo o que no tienen en cuenta sus mejores interese.

Con demasiada frecuencia, escuchamos sobre momentos de crisis en los que el liderazgo falla, ya sea en la Cámara de Representantes o en las bolsas de criptomonedas. En mi mente, mientras miraba, pensé: *si yo fuera el entrenador del equipo de Damar, renunciaría antes de poner a mi equipo de nuevo en el campo.*

Esa noche, en la televisión, en lugar de destacar a uno de los canallas que maltrata a los empleados, se mostraron líderes que se preocupaban por sus empleados. Me sentí orgulloso de ser estadounidense y vivir en un lugar donde los líderes cuidaban de su equipo frente a todo el mundo.

3. *La Fundación Chasing M's*: Habiendo trabajado en la industria de recaudación de donaciones durante muchos años, me impresionó que un jugador de segundo año de veinticuatro años hubiera iniciado una fundación para recaudar $2,500 para proporcionar juguetes navideños a los niños locales en su ciudad natal.

   También sabía que los primeros dólares que la fundación recaudó probablemente salieron de su propio bolsillo. Así es como comienzan las campañas de recaudación de fondos. La fundación alcanzó y superó su objetivo, ya que más de 8 millones de dólares habían sido donados a la organización sin fines de lucro por estadounidenses que querían hacer algo para ayudar pero no podían hacerlo con su experiencia, por lo que usaron sus billeteras.

   En lugar de destacar a alguien que desvió donaciones de una organización sin fines de lucro, la semana mostró el espíritu y la generosidad de nuestro país, y me sentí orgulloso de ser estadounidense y uno de los pequeños donantes involucrados.

4. *Las oraciones:* El primer llamado cuando algo malo sucede es orar por las víctimas. Cada semana en nuestro país de cientos de millones de personas, suceden muchas cosas malas y hay víctimas.

Pero, por lo general, el llamado a la oración se hace una sola vez. No esta semana. La familia informó constantemente al país y siempre, siempre, siempre pidió a Estados Unidos que orara por su hijo, y creo que Estados Unidos lo hizo.

Los que tienen cierta perspectiva saben que funcionó. En lugar de dejar que el llamado a la oración se evaporara, la semana mantuvo vivo el poder de la oración y mostró una faceta de Estados Unidos de la que estar orgullosos, un país que debe parte de su herencia a la libertad religiosa y donde, en los últimos años, las manifestaciones públicas de religión han sido cuestionadas. El llamado no era para que los cristianos oraran; era para que Estados Unidos orara. Orgulloso de ser estadounidense.

5. *Estados Unidos corporativo:* Bueno, no se trataba de toda la América corporativa, sino de una sola empresa, pero la historia que escuché y que me impulsó a levantarme a las cuatro y media de la mañana y empezar a escribir fue esta: las camisetas de Damar Hamlin se estaban agotando en los estantes (tanto físicos como de interés) tan rápido que los fanáticos de la empresa anunciaron que donarían todas las ganancias de las ventas de las camisetas a la fundación Damar Hamlin en lugar de sacar provecho de la situación.

   En lugar de intentar recaudar fondos, esta corporación decidió ponerse al día y hacer algo. Mi experiencia me indica que cada día hay más corporaciones que hacen lo mismo por diversas causas, y estoy orgulloso de ser estadounidense y vivir en un país donde suceden este tipo de cosas.

6. *Denny Kellington:* El entrenador asistente que administró los primeros auxilios a Damar cuando estaba tendido en el campo. Es probable que su nombre no sea recordado, excepto en Buffalo, pero su hazaña siempre será famosa y un motivo de orgullo para él.

   Cuando Damar finalmente despertó en el hospital, preguntó a los médicos quién ganó el juego, y uno de ellos respondió: "Tú lo hiciste, Damar, has ganado el juego de la vida."

   Eso fue muy cierto, y hubo otro ganador la semana pasada;

sin embargo, en mi opinión, ese ganador fue Estados Unidos, y es por eso que estoy orgulloso de ser estadounidense.

Algunas Cosas son Difíciles de Obligar

¿Cuántas veces has tenido una experiencia única en la vida y has sabido que estaba a ese nivel mientras sucedía?

Eso le ocurrió a mi hijo Joe. Aunque estaba previsto que fuera un acontecimiento único en la vida, resultó incluso mejor de lo esperado gracias a la amabilidad

Si te gusta la música country, probablemente te encantará esta historia. Si no eres un fan de la música country pero te gusta escuchar historias sobre gente agradable, también te encantará esta historia. Si no te gusta la gente, *y* no te gusta la música country, por favor, sal de la habitación ahora.

Dicen que los aficionados a la música country y los artistas tienen una conexión diferente a la de otros tipos de música. Estoy de acuerdo. Son especiales. Espero que esta historia no la olvide, porque yo no la olvidaré.

Parte 1: *¿ Did I Shave My Legs for This?*

Se llamaba Billy Ray Cyrus, hoy más famoso por ser el padre de Miley Cyrus, pero por aquel entonces, cuando se publicó "Achy Breaky Heart", saltó a la fama. Mi hijo de diez años asistió a su primer concierto en directo en Memphis aquel año, con Billy Ray, y se enganchó a la música country.

Un par de años más tarde, viajamos a Nashville para asistir a una feria llamada Fan Fair en el recinto ferial de Nashville, y era el paraíso para un fan de la música country. Dos escenarios, música ininterrumpida y una sala de exposiciones donde cada artista tenía un stand y organizaba sesiones de encuentros con los fans que esperaban en la cola, a veces durante horas.

En un almacén poco iluminado, colina arriba del circuito de velocidad de Nashville, mi hijo conoció por primera vez a la artista country Deana Carter. Su primer álbum y sus primeras canciones incluían los clásicos "Strawberry Wine" y "Did I Shave My Legs for This?"

Al año siguiente, con Joe como miembro de su club de fans, viajamos al festival de música country, fuimos a Goodlettsville, Tennessee, su ciudad natal, y asistimos a la primera fiesta de su club de fans en la pista de patinaje donde patinaba de niña.

Ese día, esperamos ansiosos en una mesa a que se acercara para conocerla y saludarla. Cuando lo hizo, la cara de mi hijo se iluminó como nunca. Se había comprado una camiseta con su foto y le pidió que se la autografiara. Nos invitó a patinar con ella y empujó su silla por la pista un par de veces. Hay cosas que no se olvidan.

Durante los años siguientes, Joe siguió su carrera, compró y memorizó todos sus álbumes, y no dejó de conectar con ella en el evento anual de su club de fans en nuestros viajes a Nashville. Cada vez que se reunían, Joe y Deana charlaban un rato, ella firmaba la camiseta y nosotros disfrutábamos del espectáculo.

El tiempo pasó, se mudó a Los Ángeles, tuvo un hijo y actuó. Seguimos yendo a Nashville, pero ella no actuó durante el festival. Hasta diez años después.

Nos entusiasmó saber que actuaría en uno de los muchos escenarios del centro, frente a la pista de hockey de los Nashville Predators de la NHL. Llegamos pronto y encontramos un sitio junto al escenario, con la esperanza de que nos viera y nos saludara, pero sin esperanzas de que pudiera acercarse.

Tras una hora de espera en el lugar, la vimos quitar la funda de su guitarra y colocarse al fondo del escenario como siguiente artista.

Luego miró hacia nosotros y se acercó rápidamente. Lo que dijo cuando nos alcanzó me hizo llorar. Al acercarse, dijo: "Hola, Joe", con una gran sonrisa en la cara y le dio un abrazo. Diez años. Hi, Joe. Some things you don't forget. Joe and Deana chatted for a bit, she signed the T-shirt again, and we enjoyed the show.

Varios años después, viajamos a Maine cuando nos enteramos de que iba a actuar en un acto benéfico en un instituto local. Nos reunimos con ella antes del espectáculo en la cafetería contigua al auditorio. Joe y Deana charlaron un rato, ella volvió a firmarnos la camiseta y disfrutamos del espectáculo.

En 2019, actuó en el espectáculo benéfico de Charles Esten en Nashville antes del CMA Fest.

Nos vio cuando llegó y nos dijo que nos veríamos después del espectáculo mientras se dirigía a los camerinos. Después de que todo el mundo formara, nos quedamos nerviosos sentados durante media hora, preguntándonos si se había olvidado de nosotros, y entonces Jim, su marido, salió y nos llevó entre bastidores a la sala verde.

Durante treinta minutos, fan y estrella convivieron en un auténtico acontecimiento único en la vida. Joe y Deana charlaron, ella volvió a firmar la camiseta por decimoquinta de dieciséis veces e hizo que mi hijo se sintiera la persona más importante del mundo. Otra vez. Hay cosas que no se olvidan.   Durante la pandemia, la mayoría de los miércoles por la noche, Deana hacía un programa en Facebook Live e interactuaba con los fans, incluido mi hijo. Él hacía preguntas, sugería canciones y tenía algo que esperar cada semana durante el bloqueo. Ella le saludaba a menudo como a un superfan, y las sonrisas en la cara de cualquiera durante el cierre eran preciosas. Algunas cosas que no se olvidan.

Parte 2: Wake Me Up

Aunque volvimos a Massachusetts en 2006, seguimos yendo a Nashville todos los años, pero realmente necesitábamos más música country. Mejor dicho: mi hijo necesitaba más música country.

Todo empezó en un pequeño local de barbacoas de Franklin, Tennessee, en 2015, en uno de nuestros viajes, cuando vimos a una artista en alza, Jilly Martin, que casualmente era de Chelmsford, Massachusetts.

Empezamos a ir a sus conciertos cuando volvimos a casa, y pronto conectó con Ryan Brooks Kelly y formaron la banda Martin and Kelly. Mi hijo seguía su carrera y su agenda, y si tocaban a menos de dos horas de nuestra casa, allí estábamos. Algunos espectáculos empezaban a las 7:00 p.m., pero otros comenzaban a las 10:00 p.m. y se alargaban hasta la 1:30 a.m. Después de un viaje de noventa minutos a casa, a menudo nos íbamos a dormir pasadas las 3:00 a.m. de la madrugada.

Desde aquel primer concierto en 2015, habíamos visto tocar a Martin y Kelly más de doscientas veces en seis estados, en decenas de locales. Contradecían la canción de Avicii "Wake Me Up" y a veces me la dedicaban porque sabían que tenía que echarme una siesta para asistir a los shows tardíos.

Normalmente hacían una canción específica para mi hijo en la mayoría de los conciertos.

Martin y Kelly han actuado por toda la costa este y por todo el país y, por supuesto, en Nashville, pero nadie ha visto tantos espectáculos como mi hijo. Nadie se les acerca. Como también hacen apariciones acústicas sin banda, hemos bromeado diciendo que Joe ha ido a más conciertos que su bajista, y es cierto.

Ni que decir tiene que mi hijo se sabe todas las palabras de todas las canciones originales de Martin, Kelly y Deana Carter. También se sabe la letra de todas las versiones que tocan. (Durante dos años, para recaudar fondos para March of Dimes, Martin y Kelly tocaron en Loretta's Last Call y ayudaron a recaudar más de 10.000 dólares para la causa.)

Parte 3: Feliz Navidad, Joe

El tiempo pasa para todos, y este año, el vigésimo quinto aniversario del álbum de debut de Deana Carter y el comienzo de su carrera fue celebrado por Capitol Records, y ella se fue de gira, incluyendo un concierto como presentadora en los recientemente televisados a nivel nacional CMA Music Awards.

Como Joe la sigue en Facebook, siempre sabe dónde actúa. También sigue a Martin y Kelly, y un día, nos sorprendimos al enterarnos de que Martin y Kelly iban a telonear a Deana Carter en Sumter, Carolina del Sur, el viernes por la noche, a menos de una semana.

La pregunta obvia era: ¿Cómo podíamos perdernos semejante espectáculo? Estaba a sólo 852 millas de distancia. Estaba seguro de que podríamos llegar en once o doce horas: dos horas de viaje hasta el aeropuerto de Boston, algo de tiempo en el puerto, dos horas de vuelo hasta Charlotte y dos horas de viaje de Charlotte a Sumter. Algunos pensarán que son demasiados problemas y demasiado dinero, pero era una oportunidad única de ver a dos de nuestros artistas favoritos en el mismo escenario la misma noche, y sería un regalo de Navidad para mi hijo difícil de falsificar.

Como antiguo viajero profesional, sé un par de cosas sobre reservas de viajes, así que conseguí un par de billetes con descuento en American Airlines con un coche de alquiler gratis y canjeé algunos puntos por dos noches gratis en el Holiday Inn Express de Sumter. Fue fácil. Salimos el jueves, vimos a los Patriots derrotar a los Falcons desde nuestra habitación de hotel en Carolina del Sur esa noche, y a las 5:00 p.m. del viernes, nos dirigimos al centro y a la Ópera de Sumter.

Tomamos asiento una hora antes del espectáculo, en primera fila, y esperamos pacientemente. Martin y Kelly salieron. Aplaudimos, casi sin creernos que estuviéramos allí. Cantaron sus canciones emblemáticas y Joe cantó con ellos y las grabó (ilegalmente).

Primer Momento Estelar De La Noche:

Jilly señaló a Joe desde el escenario y, en plan «esto es para ti», interpretaron para él una de sus canciones favoritas, recibiendo un gran aplauso de los 5.500 espectadores que habían agotado las entradas. La noche había empezado muy bien.

A los treinta minutos de empezar la actuación de Martin y Kelly, el gerente de la ópera me dio un golpecito en el hombro y me dijo que Deana y su marido querían vernos en la sala verde. Nos apresuramos a volver y, efectivamente, en unos diez minutos estaba abrazando a Joe y diciéndonos lo contenta que estaba de vernos y que no podía creerse que hubiéramos hecho todo ese viaje. Había hablado antes con Martin y Kelly, así que sabía la conexión que teníamos con ellos.

Segundo Momento Estelar De La Noche:

Estuvimos en la sala verde unos veinte minutos. Martin y Kelly se unieron después de su actuación, y se intercambiaron historias y risas por todas partes mientras hablábamos de los años pasados y de la lealtad de los fans de Joe.

En un momento dado, Deana dijo que su relación más larga de su vida fue con Joe.

Cuando salimos de la sala verde, pensamos que había pasado

lo mejor de la noche, pero estábamos equivocados. Muy equivocados.

Momento Estelar 3:

De vuelta en nuestros asientos, cantando y todavía grabando (ilegalmente) canción tras canción, Deana hizo una pausa y contó al público la historia de una fan que había viajado desde Boston para ver el espectáculo, era fan desde hacía veinticinco años, y lo mucho que le apreciaba.

Antes de que terminara, los miembros del público gritaban «Joe, Joe», y él les saludó con lágrimas en los ojos. Dedicó su siguiente canción a Joe, "Count Me In", y le sopló un beso desde el escenario después de la canción. Muy difícil de olvidar.

El espectáculo continuó y, cuando terminó, Deana y su marido volvieron a saludar a Joe y nos fuimos. Al salir, la gente gritaba: "Hola, Joe". Una verdadera celebridad.

Podría decir que se trata de una historia de planificación, coincidencia o aventura, y aunque eso podría ser cierto, en realidad se trata de una historia de dedicación. A los artistas, a los fans, a la música y al cariño. El cariño y la dedicación son lo que hace que sucedan acontecimientos únicos en la vida. Algunas cosas que no se olvidan.

Trabajo Pesado

Levantar pesas siempre me ha dado un poco de miedo. Son muy pesadas. A alguien a quien le guste levantar pesas tiene que gustarle gruñir, y eso no es lo mío.

A los levantadores les tiene que gustar que el olor de la tiza le llegue a la nariz.

Tienen que ser dedicados y atréticos y dinámicos, lo entiendo, pero preferiría ser así sin los callos, o preferiría ver a alguien lanzar un balón con esas características.

Conozco a una persona dedicada a este deporte y, sin previo aviso, me inspiró dos veces, con un par de años de diferencia, y he aquí los detalles. Utilizamos la expresión "levantar pesas" para referirnos a la carga de trabajo o a la parte más dura de un trabajo o proyecto. Una amiga nuestra es una auténtica levantadora de pesas y utiliza ese término para describirse a sí misma, no como metáfora.

Fuimos a los Juegos Baystate en UMass Boston para ver la competición del Campeonato Estatal de Massachusetts de levantamiento de pesas de estilo olímpico. Sí, ya sé que me muevo en círculos muy diversos. No tenía ni idea de qué esperar, y probablemente usted tampoco.

En una pista de hockey con tablas cubriendo el hielo. Dos plataformas, una al lado de la otra, roja y azul, masculina y femenina. Muchos jueces que se posicionaron al estilo de *American Idol o America's Got Talent*. Muchas pesas. Mucha lycra. Muchos músculos. Mucho ruido.

En mi primera experiencia con las competiciones de levantamiento de pesas, aprendí muy pronto que la forma de soltar la barra después de un intento es una parte importante del estilo. Los chicos geniales la sueltan de forma dramática para maximizar el efecto clang. Sé que personalmente sería mejor haciendo clang que levantando.

Al ser mi primera competición, no sabía qué esperar, pero lo entendí rápidamente. En términos técnicos – y voy a ir despacio – , el proceso completo para levantar una barra cargada con pesas en una competición es el siguiente:

Aproximación, pausa, gruñido, elevación, clang. Acercamiento, pausa, gruñido, elevación, clang.

Durante cerca de una hora, vimos a jóvenes y mayores levantadores (eufemísticamente llamados maestros) acercarse a la barra, hacer una pausa muy pensativa, gruñir desde las tripas, levantar hacia el cielo o en esa dirección general, e intentar parecer chulos mientras dejaban caer las pesas para terminar con un clang. Algunos lo consiguieron, otros no. Algunos gruñeron una vez, otros dos. Algunos chocaron los cinco, otros se desplomaron. Todos hicieron ruido.

En esta etapa de tu educación en el levantamiento de pesas, no importa realmente si sabes la diferencia entre un clean and jerk y un snatch; ambos son elementos de la competición que son increíblemente difíciles de hacer bien e increíblemente difíciles de hacer con mucho peso, independientemente de si estás levantando kilos o libras (además, no estoy seguro de recordar cuál es cuál).

Estábamos viendo a la primera docena de participantes en dos plataformas alternar levantamientos, con pesos de cien libras o más. Estuve pensando todo el rato en la dedicación, el trabajo duro y los músculos doloridos que deben hacer falta para ser un levantador de pesas de primera categoría.

Toda esa gente en la pista tenía que practicar, superar des- citas y volver a intentarlo. De hecho, todo el deporte se basaba en individuos tratando de hacer una mejor marca personal.

Un Silencio Se Apoderó De La Arena

Cuando nuestro amigo fue anunciado y se acercó a la barra, todo el estadio enmudeció y casi todo el mundo dejó de hacer lo que estaba haciendo. Todos los ojos estaban puestos en la plataforma roja.

Mientras el tipo de la otra plataforma se esforzaba por levantar cien libras por encima de su cabeza, el intento de peso de nuestro amigo se anunciaba por megafonía (¿aún lo llaman megafonía?), en kilos por supuesto, a un peso que convertí con mi app y me di cuenta de que eran más de doscientas libras!

Me quedé con la boca abierta; el peso era mucho mayor que el de cualquier otro competidor que hubiéramos visto hasta entonces en ambas plataformas. El anuncio del peso también hizo callar a los que aún no lo estaban.

Nuestro amigo se acercó a la barra, hizo una pausa, gruñó, levantó y golpeó. Falló en el primer levantamiento, pero tuvo un clang bien dramático para terminarlo. El segundo levantamiento fue un éxito con más de doscientas libras.

¿Me tomas el pelo? Algunos de ustedes se preguntarán por qué valió la pena compartir y escribir sobre esta experiencia, ya que mucha gente puede levantar doscientas libras. Un par de razones.

La Inspiración

En primer lugar, nuestra amiga se llama Tiffany, tenía veinticinco años y pesaba 121 libras ese día, o lo que sea en kilos, y levantó más peso que cualquier competidor masculino que observamos. Por mucho.

Quizá nos perdimos a los verdaderos grandes levantadores; no nos quedamos. Puede que llegaran más tarde. Y tal vez no lo hizo tan bien como quería con todos sus ascensores ese día, pero esto es lo que no vio desde la plataforma.

No vio cómo todo el estadio se detenía, congelado en el tiempo, cuando ella se acercó a la barra. No sintió que todo el estadio esperaba que pudiera hacerlo. No se dio cuenta de que todos los presentes esperaban ver a una futura campeona olímpica cuando la barra se asomó por encima de su cabeza.

No podía saber cuántas personas pensaron que estaba loca por intentarlo y cuántas abandonaron el edificio ese día pensando en lo que temían intentar. No vio ni sintió lo inspirador que fue su intento para quienes la observaban.

Así que aunque nuestra amiga no batió su marca personal, y aunque estaba decepcionada por no haber hecho "esto" o "aquello", no me importaba.

She didn't get what she wanted but gave me something I wanted. I simply went to support but left with even more respect for her than I had when I walked in, plus I took away a little of that inspiration.

Campeones

Los campeones no dicen: "Voy a inspirar a esa persona". Dejan que sus acciones sean las que hablen y complementan sus acciones con algunas palabras apropiadas. O en el caso de un levantador de pesas, gruñidos apropiados.

Muchas veces, los campeones ni siquiera son conscientes de a quién o a qué están inspirando. No tenía ni idea del impacto que su ascensor tuvo en mí. Si llevamos la metáfora hasta el borde de la calzada, ¿acaso los campeones, en todos los ámbitos, no se acercan, hacen una pausa, gruñen, levantan, golpean? Se acercan al reto, hacen una pausa para reunirse a sí mismos o sus recursos, gruñen interiormente mientras luchan con la parte más difícil del reto, y luego van a por ello (y se desploman con una buena copa de chardonnay o un cucurucho de helado o un donut de gelatina independientemente del resultado). El clang.

Los campeones a veces no se dan cuenta de que lo que nos inspiran no es sólo el intento, sino que nos damos cuenta enseguida de que tienen un alto nivel de dedicación y trabajo duro. Éstas son las mismas características -quizá sin los músculos doloridos- que se necesitan para ser un deportista de élite. Practicar, sobreponerse a la decepción e intentarlo de nuevo son, más o menos, la base del rendimiento de un campeón.

Cuando te paras a pensarlo, todo el deporte del levantamiento de pesas se basa en individuos que intentan dar lo mejor de sí mismos, y ahí es donde empieza la grandeza en cualquier campo. Se basa en individuos que aspiran a ser los mejores.

Aspirar es una de mis palabras favoritas de todos los tiempos.

Puede que nunca vuelva a asistir a una competición de levantamiento de pesas. Pero a veces, cuando estoy un poco frustrada por mi incapacidad para hacer lo que hay que hacer, me viene a la mente la imagen de una campeona de 121 libras, levantando 220 libras por encima de su cabeza.

Y si veo a Tiffany Beaupre en la NBC entrando en el estadio olímpico de París en 2024, o en el de Los Ángeles en 2028, ambos sabremos que ella, como todos los que llegaron hasta allí, lo hicieron con dedicación, trabajo duro y músculos doloridos mientras intentaban alcanzar su mejor marca personal, cada día. Aspiraban.

CAPÍTULO 17: MIRANDOSE AL ESPEJO

Razones & Resultado

Los deportes están llenos de historias inspiradoras. Muchas personas practicaron deportes cuando eran más jóvenes y recuerdan o aplican las lecciones aprendidas.

Mucha más gente ve deportes en persona o por televisión y se Apegan emocionalmente a sus equipos y realmente sienten la presión cuando uno de sus jugadores favoritos está lanzando un tiro libre con el juego en la línea, o al bate en la novena entrada perdiendo por una carrera, o con ochenta yardas por recorrer y menos de un minuto por jugar.

Esta historia trata de un campeón olímpico de 1912 que tuvo que soportar ese mismo tipo de presión, pero en el último momento ocurrió algo que requirió toda su determinación y habilidad para superar una circunstancia muy injusta. La historia proclama sus resultados en lugar de sus razones.

¿Razones o resultados? Sabes que la vida no es justa, ¿verdad? Gran parte de la frustración en el mundo, ya sea en la política, los negocios, las interacciones sociales o el tráfico, se debe a que la gente no acepta ese hecho.

¿La vida debería ser justa? Probablemente. ¿Lo es? A veces, pero es una cuestión de grado. Probablemente nunca hayas ganado la lotería, jugado en las Grandes Ligas de Béisbol, ganado un Premio Nobel o escrito un libro. ¿Es eso justo?

Por otro lado, la semana pasada conducías a exceso de velocidad y no te pusieron una multa. Encontraste a la pareja de tus sueños y es posible que no la merezcas. Un amigo te invitó a un partido importante en el último minuto. Encontraste un billete de 20 dólares en el bolsillo de un abrigo viejo. La lista sigue y sigue.

¿Qué haces cuando la vida no es justa? ¿Te centras en las razones o en los resultados.

¿O utilizas la excusa de que la vida no es justa para justificar tus resultados? En ciertos casos, estarías en lo cierto.

Pero tener razón no ayuda mucho cuando la vida no es justa. Pero en mi experiencia, que la vida no sea justa no te condena automáticamente al fracaso.

- ¿Es justo tener que detenerse en un semáforo en rojo cuando se llega tarde a una reunión? No.
- ¿Es justo estar detrás de alguien que lleva un pedido grande en el autoservicio de Dunkin'? No.
- ¿Es justo que se retrase un vuelo de regreso a casa? No.
- ¿Es justo que te pasen por alto para un ascenso que mereces? No.
- ¿Es justo que tu computadora se dañe en un momento crítico? No.

La lista de cosas injustas que suceden es interminable, y algunas suceden todos los días.

Ahora hagamos una lista de todos los logros que se han alcanzado mientras se quejaban y hacían pucheros sobre lo injusta que es la vida.

Estoy esperando.

Bien, hagamos una lista de todas las cosas buenas que me han pasado mientras me enojo y me quejo de lo injusta que es la vida.

Estoy esperando.

El punto es que, si te concentras en la injusticia de la vida, simplemente estás viviendo y no viviendo.

Si nunca has oído hablar de Jim Thorpe, prepárate para conocer a alguien que superó un caso verdaderamente extraño de "injusticia" y se convirtió en un campeón.

De Wikipedia:

> James Francis Thorpe (Sac and Fox (Sauk): Wa-Tho-Huk, translated as "Bright Path";[4] May 22 or 28,[2] 1887–March 28, 1953)[5] fue
> un atleta estadounidense y medallista de oro olímpico. Miembro de la Nación Sac y Fox, Thorpe fue el primer nativo americano en ganar una medalla de oro para los Estados Unidos en los Juegos Olímpicos.

Considerado uno de los atletas más versátiles de los deportes modernos, ganó dos medallas de oro olímpicas en los Juegos Olímpicos de Verano de 1912 (una en pentatlón clásico y la otra en decatlón).

Atleta extraordinario: Decir que Jim Thorpe era un gran atleta sería quedarse corto. Jugó en las Grandes Ligas de Béisbol de la Liga Nacional con los New York Giants. Jugó en la Liga Nacional de Fútbol con los Canton Bulldogs. (Canton es sede del Salón de la Fama del Fútbol Profesional y tuvo un equipo en la NFL). También fue un jugador de baloncesto bastante bueno.

Juegos Olímpicos de 1912: Pero es más famoso por participar en quince eventos diferentes durante los Juegos Olímpicos de Verano de 1912, el pentatlón (cinco eventos) y el decatlón (diez eventos). Ganó ocho de los quince y obtuvo una medalla de oro en cada evento.

El pentatlón se creó en base a las habilidades que necesitaba un mensajero en el campo de batalla: esgrima, tiro, natación, 200 metros y equitación y se incluyó por primera vez en los Juegos Olímpicos de 1912.

Las diez pruebas del decatlón incluían salto con pértiga, salto de altura, salto de longitud, jabalina, lanzamiento de peso, disco, 110 metros con vallas y las carreras de 100, 400 y 1500 metros. (Caitlyn Jenner se hizo famosa como Bruce Jenner por ganar el decatlón en los Juegos Olímpicos de 1976 para los historiadores entre el público.)

Crisis de último minuto: justo antes de empezar la carrera de 1.500 metros, metió la mano en el bolso para sacar las zapatillas y no estaban. Era la última prueba y el ganador de la carrera ganaría la medalla de oro en el decatlón.

Hay diferentes teorías sobre qué pasó con sus zapatos y por qué faltaban o quién se los llevó o qué pasó, pero Jim Thorpe tuvo cuestión de minutos para llegar a la línea de salida y no tenía zapatos.

Se dirigió frenéticamente a sus compañeros de equipo y les preguntó si tenían zapatos adicionales.

Las historias varían, pero una versión dice que alguien tenía un solo zapato, pero era demasiado pequeño, pero metió el pie en él de todos modos.

La leyenda también dice que encontró otro zapato en un cubo de basura, pero era demasiado grande y tuvo que ponerse un par de calcetines adicionales para que le quedara bien.

Luego salió y compitió contra los mejores atletas del mundo y ganó la carrera. Con las mismas zapatillas, ganó la medalla de oro en el pentatlón el mismo día.

¿Fue justo que Jim Thorpe desapareciera de sus zapatos minutos antes de un evento olímpico?

No. Y si me roban los zapatos antes de una carrera, probablemente no la gane (ahora que lo pienso, probablemente no gane una carrera con mis propios zapatos.)

Sin embargo, la historia es un recordatorio de que no hay que ceder ante las excusas que pueden frenarnos. ¿Y qué si la vida no ha sido justa? ¿Qué vas a hacer al respecto hoy? (Siempre es hoy, ¿no?)

Sea lo que sea que hayas empezado esta mañana (zapatillas robadas, mala salud, relaciones fallidas o cualquier otra cosa), eso no tiene por qué impedirte correr tu carrera.

Experimentarás más éxito en la vida si puedes superar las excusas y seguir adelante.

Puedes centrarte en las razones o puedes tener resultados, pero generalmente no puedes tener ambos.

Imagen y Resultados

Uno de mis temas de mentoría más importantes a lo largo de los años ha sido mi creencia de que, la mayoría de las veces, la fórmula del éxito depende en un 50 por ciento de la imagen y en un 50 por ciento de los resultados.

Pocas personas discutirían el concepto de que la imagen y los resultados son importantes, pero la mayoría tendría su propia idea de los porcentajes que se deben atribuir a cada uno.

Luego, por supuesto, está el ejemplo del actor ganador del Oscar que abofeteó al comediante por ofender a su esposa. Hay muchas preguntas sobre esto. ¿Lo sabía el comediante? ¿Se sintió realmente ofendida la esposa?

¿De qué sirve una bofetada? (¿De qué sirve una bofetada, en cualquier lugar, dada por alguien a alguien más, excepto a los atletas que reciben una palmada en el trasero en el campo.)

En la situación de la bofetada del Oscar, tanto la imagen como los resultados se ven afectados. La imagen del actor sufrió mucho, con etiquetas de violencia inapropiada, etc. Por otro lado, la gira del comediante mostró resultados impresionantes con un aumento exponencial en la demanda de entradas. (En Boston, las entradas pasaron de $ 45 a más de $ 800 por asiento en el mercado secundario.)

Mi experiencia es que la mayoría de las personas, incluyéndome a mí, se centran demasiado en la imagen o en los resultados y se preguntan por qué no tuvieron más éxito en un esfuerzo específico sin atribuir el nivel de éxito al nivel de equilibrio entre los dos.

Creo que esto se debe a que poner demasiado énfasis en la imagen (¡eres un farsante!) o centrarse demasiado en los resultados (¡eres un despiadado!) no funciona bien y afecta negativamente tanto a la imagen como a los resultados.

Dado que comenzamos con una referencia de actor, considere la profesión y la regla del cincuenta por ciento. Un actor necesita una cierta imagen para adaptarse al papel, pero también necesita producir resultados como una gran interpretación. Pero piense en todo lo que depende de la combinación correcta de imagen y resultados.

Piensa en todas las cosas que tienen que equilibrar la imagen y los resultados.

- La ropa debe ser abrigada en invierno, pero también debe verse _____.
- El maquillaje debe ocultar (?) pero también debe verse _____.
- Los coches necesitan un buen kilometraje pero también necesitan verse bien _____.
- Las casas deben ser impermeables pero también deben verse_____.

La lista podría continuar indefinidamente, y sin importar qué cosa pongas en la oración, siempre habrá dos necesidades en ella: necesita funcionar y necesita verse cuando lo haga.

The same applies to companies and individuals.

Hace tiempo que tengo aversión a usar leggins de licra. En este contexto, si bien pueden producir los resultados deseados, muchas personas usan licra y deberían saberlo mejor porque no ayuda a su imagen.

La analogía que he utilizado durante años para ilustrar la diferencia entre imagen y resultados es un desayuno de tocino y huevo. (Lo sé, tengo muchas analogías alimentarias, pero ninguna alergia.)

Si tomaras dos desayunos de tocino y huevo perfectamente preparados con cuatro rebanadas crujientes de tocino cortado grueso, dos huevos grandes, tostadas de trigo con mantequilla y papas fritas caseras y pusieras los ingredientes de uno de los desayunos en una licuadora, lo batieras y lo vertieras en un plato, ambos desayunos:

1. Costaría lo mismo por los ingredientes
2. Tendría el mismo valor nutricional
3. Se consumiría en el mismo tiempo
4. Cabría en el mismo plato
5. Tendría el mismo contenido calórico

Solo la imagen sería diferente.

- Un empleado con una camisa sucia y rota podría brindar un servicio excelente en cualquier ocupación, pero en términos de imagen, esa apariencia suele ser problemática.
- Los platos de papel proyectan una imagen diferente a la de la vajilla fina, pero pueden tener un impacto idéntico en una comida.
- Un automóvil Honda puede estar mejor construido que un Cadillac, pero la imagen no es del todo así.

El punto es que la razón por la que personalmente atribuyo el 50 por ciento del éxito a la imagen es que la imagen puede tener un impacto mucho mayor en la toma de decisiones que los resultados y, en muchos casos, afecta el juicio mucho más.

Se puede contratar y ascender a personas en función de su imagen, pero los logros se basan en los resultados. Un vino que probamos se basa en su imagen, pero seguir bebiéndolo se basa en el sabor.

No es que lo recuerde realmente, pero las elecciones de citas pueden basarse en gran medida en la imagen, pero las relaciones duraderas se basan en los resultados.

¿Cuál es entonces la mejor manera de equilibrar la imagen y los resultados? Me gusta pensarlo de esta manera: los resultados son lo que haces; la imagen es cómo lo haces. ¿Quieres mejorar tu imagen? Concéntrate en cómo. ¿Quieres mejorar tus resultados? Concéntrate en qué. ¿Quieres destacar? Concéntrate en la imagen y los resultados en igual medida, y tendrás más probabilidades de que te etiqueten de buen desempeño porque haces las cosas y te ves bien haciéndolo.

Dado que los resultados son relativamente objetivos y pueden validarse o documentarse, la parte más difícil es identificar la parte de imagen del desempeño.

La mejor manera de lograrlo es darle permiso a alguien de confianza para que comparta sus ideas sobre su imagen. No siempre es divertido ni siempre es positivo, pero siempre es valioso.

Una Matriz Sombrilla

No importa si se trata de comprar, hacer ejercicio, comer, liderar, leer, sentarse, conducir, bucear, cantar, aferrarse, pagar, pedir prestado, prestar, oler, vender, negociar, detenerse o estallar, el momento de tomar una acción tiene un enorme impacto en el resultado.

Para ilustrarlo, me gusta utilizar el simple acto de comprar un paraguas cuando lo necesitas.

Solo tienes tres opciones y solo hay tres momentos en los que puedes comprar una.

Puedes comprar un paraguas antes de que llueva.

Puedes comprar un paraguas mientras llueve.

Puedes comprar un paraguas después de que llueva.

El mismo acto o actividad simple tiene consecuencias muy diferentes que vale la pena comprender.

Echemos un vistazo a cada uno con un poco de detalle.

ANTES DE QUE LLUEVA

¿Qué pasa si estás buscando un paraguas el día antes de que el meteorólogo prediga que lo necesitarás? (Nota del editor: el meteorólogo es la única profesión en la que equivocarse es cien por ciento culpa del modelo informático o de los Grandes Lagos.)

¿Disponibilidad? Ilimitada: sin colas, paraguas por todos lados: Macy's, Kohl's, Walgreens, CVS y más. Entra, decide el color y el estilo, coge lo que quieras y llega sano y salvo a tu coche. Genial. Nadie te mirará raro y probablemente sonreirás con sorna porque te comportaste de forma correcta.

¿Gasto? En oferta: No hay garantía, pero si alguna vez un paraguas va a estar en oferta, será un día seco, cuando el comerciante quiera agotar la oferta de esos malditos paraguas. Ahora bien, por supuesto, si el comerciante vio el mismo pronóstico del tiempo en la televisión que usted, es posible que estén a precio completo, pero

probablemente no.

¿Sequia? Totalmente seco: La lógica te dice que si compras el paraguas antes de que llueva, lo tendrás a mano cuando llueva, y voilá! Estarás seco. (Yo antes sabía lo que significaba voilá. ¿Alguien me puede ayudar?)

¿Ansiedad? Baja: sin prisas, sin colas, sin agua en el pelo. ¿Qué podría ser más relajante?

¿Reputación? Buen planificador: "Oh, mira, él/ella planeó con anticipación y tiene un paraguas. Obviamente, un buen planificador."

¿Liderazgo? Recomendable: Tal vez no más elogios, pero sin duda cualquier crítica a su liderazgo debe quedar en suspenso. ¿Ya tiene su paraguas? ¡Vaya! Recuerde, liderar significa estar al frente, mostrando el camino, etc., etc.

¿Eficiencia? Alta: Sin prisas, sin colas, muy poco tiempo gastado.

¿Opción? Alta: la selección será máxima, ya que nadie más ha comprado un paraguas ni está buscando uno. ¿Qué podría ser mejor?

¿Calidad? Posible: Dependiendo de dónde vayas, puedes comprar el paraguas más caro o más barato que quieras; tú decides. ¿Quieres un paraguas de cachemira? Busca uno antes de que llueva.

<u>MIENTRAS LLUEVE</u>

¿Cómo se ve esto cuando llueve? Es muy diferente y no tan divertido.

¿Disponibilidad? Agotada: No hay garantía de que queden paraguas en tu primera parada, y es posible que tengas que hacer paradas adicionales para encontrar uno. En cada parada te mojas un poco más.

¿Gasto? No está en oferta: cualquiera que haga descuentos en los paraguas cuando llueve no forma parte del sistema capitalista y probablemente nunca haya oído hablar del concepto de oferta y demanda y, como resultado, nunca asistirá a un concierto de Taylor Swift.

¿Sequia? Parcialmente mojado: Puede que te guste estar parcialmente mojado o no. La alternativa es buscar una tienda en un centro comercial cubierto o con estacionamiento subterráneo. Buena suerte.

¿Ansiedad? Alta: Hay un doble factor de ansiedad al comprar un paraguas bajo la lluvia. Primero, puede que te preocupe mojarte al entrar en la tienda y luego puede que te preocupe que la tienda se quede sin paraguas. ¡Ay!

¿Liderazgo? Cuestionado: Es difícil lucir elegante o como un líder corriendo bajo la lluvia. Por supuesto, si se trata de un paseo romántico bajo la lluvia, eso es diferente. ¿Pero correr bajo la lluvia hacia Walgreens sin paraguas? No es una buena imagen para un líder.

¿Eficiencia? La más baja: Tanto antes como después de que llueva, puedes tomarte tu tiempo, pero cuando llueve, pierdes todo sentido de concentración y prioridad. Nada importa excepto conseguir ese maldito paraguas, sin importar cuántas paradas hagas.

¿Elección? Arriesgada: cuando llueve, se obtiene lo que se obtiene. No hay posibilidad de reabastecerse con un color o diseño más apropiado. Solo te preocupa la función y no el estilo, así que no importa si el paraguas tiene un caniche o el logo de Superman.

¿Calidad? Secundario: Entonces, corres a la tienda y te mojas en el camino. Encuentras el trozo de tela más barato con el marco más endeble que lo sostiene en forma de paraguas. ¿Lo vas a dejar allí y te vas a mojar de nuevo al volver al coche? No lo creo. No tienes suerte y debes llevarte lo que puedas.

DESPUÉS DE QUE LLUEVA

Está bien, llovió, te mojaste y ahora te has despertado y estás planeando la próxima lluvia. Bien por ti. Esto es lo que puedes esperar.

¿Disponibilidad? Limitada: si buscas un paraguas después de que llueve, es posible que no haya uno disponible, dependiendo de la lluvia y de la cantidad de personas que no planearon con anticipación. Puede que te lleve más tiempo encontrar el que quieres.

¿Gasto? Puede que estén en oferta: Inmediatamente después de la lluvia, es poco probable que los paraguas estén en oferta, a menos que los de lunares morados no se hayan vendido bien. Puede que te cueste más de tu bolsillo encontrar el que quieres o incluso uno que no quieres.

¿Sequia? Muy húmedo: El propósito de adquirir un paraguas era estar seco durante la tormenta, pero comprar un paraguas después del

hecho es lo mismo que perder el barco y cerrar la puerta del granero.

¿Ansiedad? Demasiado tarde: No puedes recuperar la sensación de ansiedad de esos momentos en los que sabías que estabas a punto de empaparte, pero no tenías más opción que correr bajo la lluvia hacia el auto, la tienda o la escuela. La ansiedad le pasa factura a cualquiera.

¿Liderazgo? Ignorado: Seamos realistas, no luces muy bien ante quienes te admiran cuando atraviesas una tormenta mojándote. De todos modos, es difícil mirar hacia arriba cuando llueve. Puede costarte algo de credibilidad si no te proteges en una tormenta.

¿Eficiencia? Baja: Es difícil demostrar que tu comportamiento fue eficiente. Creo que una metáfora anterior implicaba cerrar la puerta del granero. Como no tengo un granero y nunca he montado a caballo, no utilizo esa metáfora, pero tú entiendes.

¿Opción? Variable: como se mencionó anteriormente, puede elegir entre lunares morados, un diseño de fútbol o Mickey Mouse en la sombrilla o más. Esto es seguro: sus opciones serán limitadas después de que haya elegido el paragüero.

¿Calidad? Limitada: ¿La mejor calidad es la última que se elige en un deporte informal o para un comité o para un cargo político? Elegir tarde siempre significa que la calidad es una apuesta arriesgada.

La matriz que pronto será mundialmente famosa se muestra en la imagen de arriba. Al comparar las opciones, parece que una de ellas es la que tiene más sentido. No solo eso, sino que también es la que tiene más sentido el cien por ciento de las veces.

La próxima vez que te mojes, recuerda que cuando haces algo puede tener consecuencias significativamente diferentes.

Grandeza Cotidiana

¿Qué es la grandeza, en definitiva?

Haz un gran bistec y un gran niño y un gran vino y un gran hermano y un gran coche y una gran compañía y un gran juego y un gran voluntario y una gran ducha y un gran día y una gran computadora y un gran evento y una gran camiseta y un gran espectáculo y un gran zoológico y una gran carrera y un gran libro  y una gran película y un gran concierto y una gran cerveza y una gran escuela y un gran médico y un gran amigo y un gran vuelo y un gran campo de golf y una gran peluquería y una gran oferta y un gran viaje y un gran compañero de equipo y un gran jefe y una gran oficina y un gran pescador y una gran reunión y unos buenos zapatos, ¿todos tienen algo en común? Si queremos ser un gran ___, ¿Qué necesitamos hacer?

La grandeza, para mí, tiene tres factores.

La Grandeza Significa Un Estándar Más Alto.

Sea cual sea su contribución, y a quien sea o a quien sea que contribuya, significa establecer un estándar más alto para usted. En todos los ejemplos anteriores que están modificados por la palabra grande, esa palabra claramente significa no promedio como mínimo e increíble como máximo.

A veces nos conformamos con algo menos que excelente porque estamos demasiado ocupados, estresados, cansados o perezosos. Sabemos que estamos avanzando hacia un estándar más alto porque no podemos evitar saber que lo hemos hecho, porque estamos orgullosos. Los estándares más altos significan más orgullo, y eso nos hace sentir bien.

Así que el primer criterio para la grandeza no es conformarse hoy con lo que ayer estaba bien.

Puede ser la limpieza del maletero de tu coche o cómo tratas a tu pareja. Puede ser tu esfuerzo o tu rendimiento.

Si quieres ser grande, eleva tu propio listón. La grandeza

significa decidir que lo suficientemente bueno no es suficiente.

"Genial" Significa "Mejor."

La grandeza significa afrontar la realidad y reaccionar ante ella de manera positiva.

Significa mirar los hechos duros y fríos de tu situación, y algunos de esos hechos pueden ser revelados por un espejo.

Seamos realistas: ninguno de nosotros lleva una vida perfecta con un trabajo perfecto, un jefe perfecto y una familia perfecta. No es ninguna revelación. Nadie está perfectamente motivado, disciplinado y dedicado. Al menos nadie que yo haya conocido.

Lo que conduce a la grandeza es mirar honestamente tu situación y decidir tomar acción para reaccionar a tu entorno y, en muchos casos, pro-actuar ante tu entorno.

Podría ser que nadie te devuelva la llamada (buuuuu).

Podría ser que hayas perdido a tu mejor voluntaria o clienta porque se mudó (¡Dios mío).

Podría ser que tu coche necesite reparaciones importantes (oh — —).

Podría ser que tu pareja no te valore lo suficiente (probablemente?).

La grandeza no se logra por la falta de obstáculos, se logra superando obstáculos.

La grandeza rara vez la alcanzan personas que se encuentran en situaciones perfectas sin problemas ni inconvenientes. Mucha gente se da por vencida; mucha gente se da por vencida. Rara vez hay grandeza en esos comportamientos.

No pienses que no tendrás obstáculos el año que viene, los tendrás. Prepárate ahora para tener la mentalidad necesaria para superarlos. Enfréntate a la dura realidad y actúa. No basta con ser lo suficientemente bueno para superar los obstáculos; es lo suficientemente bueno, en el mejor de los casos, para mantener el status quo, e incluso eso no es una certeza.

"Grande" Significa "Acción."

La grandeza significa trabajar duro en algo sin supervisión.

¿Puedes pensar en un mejor cumplido que puedas darle a alguien que no sea "trabajas duro cuando nadie te ve"?

Lo más probable es que nunca hayas dicho esas palabras porque las personas que trabajan duro sin supervisión son el tipo de personas que no necesitan que nadie las felicite.

¿Cómo podrías alcanzar la grandeza trabajando duro solo cuando alguien te observa? No tiene sentido y no tiene sentido. No basta con ser suficientemente bueno.

"Genial" Significa "Trabajo."

Si combinas los tres criterios, ser excelente significa trabajar duro en algo cuando nadie te está mirando porque te has enfrentado a la dura realidad de tu situación y has decidido actuar de manera positiva porque te has fijado un estándar más alto.

Creo que eso es algo que todos podemos hacer, si decidimos que lo suficientemente bueno no es suficiente y nos esforzamos por alcanzar la grandeza cada día.

Esfuerzo, Progreso, Resultados

Existe una mentalidad no escrita o tácita sobre la evaluación del desempeño que casi todos siguen pero muy pocos expresan. Creo que es una regla no escrita porque las personas generalmente ni siquiera son conscientes de que están evaluando el desempeño utilizando el método de esfuerzo-progreso-resultados.

Y si quienes juzgan no conocen este modelo, es probable que quienes son juzgados también lo desconozcan.

Esta mentalidad se da en el mundo de los negocios, en la vida familiar, en la política y en otros aspectos de la vida donde la evaluación es importante.

La frase "líderes y evaluadores" se utiliza porque muchas veces, el juicio no proviene de un líder, sino de un par, una persona importante, un niño, un vecino, un cliente, un consumidor o un funcionario o agencia gubernamental.

Siempre Mirando Dos Cosas

Los líderes y evaluadores juzgan el desempeño en función de dos cosas, pero esas dos cosas cambian regularmente para la misma tarea o actividad.

Las dos cosas al comienzo de una tarea, proyecto o puesto, y la mayoría de las veces y en la mayoría de las situaciones, los juicios son principalmente, aunque de manera no oficial, el esfuerzo y el progreso.

Pero después de un tiempo, las dos cosas cambian porque el esfuerzo es menos importante para el líder o la evaluación, y el juicio se transforma en analizar el progreso y los resultados.

Las dos cosas cambian nuevamente después de un tiempo, cuando el progreso importa menos que los resultados, por lo que el juicio se realiza sobre la base de los resultados y los resultados.

Esfuerzo y progreso. Progreso y resultados. Resultados y resultados. Ese es casi el continuo natural en el que se desarrolla la evaluación del desempeño.

La Etapa Del Esfuerzo Y El Progreso

Este concepto es bastante fácil de entender y, por lo general, se lleva a cabo con una buena conciencia. A alguien que recién comienza, ya sea como estudiante de magisterio, piloto de aerolínea, conductor de autobús o nuevo miembro del equipo, se lo evalúa en función del esfuerzo que pone en el trabajo o en el aprendizaje y de si está avanzando hacia el objetivo final de competencia o excelencia. Una característica de esta fase de juicio suele ser la paciencia.

Cuando dirigía restaurantes, en determinados momentos, los nuevos miembros del equipo de servicio llevaban un botón que decía "ESTOY ENTRENANDO Y LO ESTOY INTENTANDO", lo que pide al cliente que tenga paciencia y reconozca el esfuerzo y las cosas que se están haciendo bien (el progreso).

Recuerde, no estoy afirmando que este sea el modelo correcto el 100 por ciento del tiempo, solo que sucede más a menudo que no y, en muchos casos, es una buena manera de ver a alguien aprendiendo o haciendo una tarea por primera vez o en una nueva situación.

Siguiente Paso: Progreso y Resultados

Después de un tiempo indeterminado que varía con la tarea y el individuo, los líderes o evaluadores eliminan de su juicio la parte del esfuerzo de la ecuación, pero siguen centrados en evaluar dos cosas: el progreso y los resultados.

Los resultados reemplazan al esfuerzo. Hay una cantidad limitada de balones sueltos o intercepciones que un entrenador puede tolerar de un mariscal de campo, ponches de un bateador o errores en un informe. La siguiente etapa natural es el progreso y los resultados. Avanzar en la dirección correcta y dar en el blanco reemplaza el esfuerzo como criterio de evaluación intuitivo.

Intentar, especialmente si se paga por el desempeño, cuenta menos, y el progreso sigue siendo importante, pero obtener los mismos resultados es una parte cada vez más importante del juicio.

Resultados y Resultados

Sí, son dos cosas, no una. Inevitablemente llega un punto en el que los líderes no sólo no se preocupan por el esfuerzo, sino que también disminuye su dependencia del progreso como determinante del desempeño, y siguen interesados en dos cosas: los resultados y los resultados.

Los resultados no solo abarcan lo *que* se logró, sino también *cómo* se logró. Todos sabemos que hay formas de obtener resultados que no se consideran buenas.

Los líderes y evaluadores sienten que usted ha tenido tiempo para aprender, ha progresado, ahora es el momento de entregar los resultados como deben entregarse.

Los líderes y evaluadores hacen esto, según mi experiencia, de manera subconsciente. Es posible que haya conocido a un líder o evaluador que tuvo una etapa de esfuerzo-progreso muy corta o una etapa de progreso-resultados muy larga. El juicio subconsciente, como el sesgo implícito, está oculto bajo la superficie y no es realmente predecible.

Como Líder (o Evaluador)

Puede sonar extraño, pero puede ser valioso comprender que así es como usted puede pensar y reconocer realmente cuándo pasa del esfuerzo y el progreso al progreso y los resultados y/o del progreso y los resultados a los resultados y los resultados.

En mi experiencia, te sientes menos frustrado con tu equipo cuando eres consciente de esta tendencia natural o menos frustrado con tu restaurante local o Dunkin' Donuts.

De vez en cuando, en función de la situación, he compartido con los miembros del equipo que así es como evalúo su desempeño. Les advierte a las personas que hay un período de aprendizaje, donde el progreso importa, y luego hay un período en el que el esfuerzo no importa porque se necesitan resultados, y luego viene un período de desempeño en el que el esfuerzo y el progreso no importan porque se necesitan resultados.

No creo estar inventando un sistema de mensajería. Creo que simplemente estoy compartiendo lo que realmente sucede en muchas situaciones, si no en la mayoría.

Como Seguidor

Los conceptos clave que un seguidor debe reconocer son:

Que la paciencia que te demuestran al principio no dure para siempre.

Que las expectativas de lograr algún tipo de progreso notable son inmediatas.

Que las expectativas de resultados y los resultados están a la vuelta de la esquina.

Como Tú Mismo

No sé si recuerdas que también nos juzgamos a nosotros mismos. Creo que seguimos el mismo proceso. Cuando empezamos algo (por ejemplo, correr largas distancias), nos juzgamos en función de nuestro esfuerzo (¿he hecho los kilómetros de entrenamiento?) y el progreso (¿está mejorando mi distancia?).

Luego cambiamos nuestra autoevaluación al progreso (¿estoy mejorando?) y a los resultados (¿estoy llegando a la meta en un tiempo razonable?).

Finalmente, nos juzgamos a nosotros mismos en función de los resultados (¿cuál fue mi tiempo o distancia?) y los resultados (¿cómo lo logré?).

Traducido a esta discusión, tendemos a permanecer en la fase de esfuerzo y progreso más tiempo del que deberíamos ("lo quise hacer, lo iba a hacer, lo intenté"). Pero saltamos rápidamente a los resultados y los resultados cuando evaluamos a los demás; por ejemplo, cuando un filete no está cocinado según nuestras especificaciones en un restaurante.

Esfuerzo-progreso, progreso-resultados, resultados-resultados.

El conocimiento de estas tres fases, ya sea como líder, evaluador o seguidor, puede ayudar a facilitar la claridad de las expectativas. Y cuando las expectativas son claras, el rendimiento es mejor, ya sea para un operador de una planta de energía nuclear o para un operador de lavavajillas. Y después de todo, ¿qué nos hace centrarnos más que en las expectativas claras?

EPILOGO

Una Madre de Clase Mundial

Cuando fallecen seres queridos, nunca es fácil, sin importar la edad o el motivo. Cuando mi madre, de noventa y dos años, terminó su vida en la Tierra, aunque siempre supimos que no faltaba mucho, fue algo inesperado.

Su legado incluye siete hijos sobrevivientes y una vida de servicio y dedicación.

Recientemente tuve la experiencia de mi vida que coronó una vida, y tuve la oportunidad única de honrar un último deseo para mi mamá, una madre de clase mundial. Pero empecemos por el principio.

Mi madre fue criada por mi tío y mi tía cuando sus padres no podían permitirse el lujo de cuidarla. Joseph y Louise Cummings eran la personificación del amor, y nuestro hijo lleva el nombre de mi tío.

Mi madre y mi padre se casaron en 1950 y, efectivamente, al año siguiente llegué al mundo sin demasiados alardes. Como primer teniente del ejército de los Estados Unidos, mi padre estuvo en Alemania como parte de la fuerza que ocupó ese país durante los juicios de guerra de Núremberg.

Después de aproximadamente un año de ser madres solteras, mi madre y yo nos unimos a Edward Ambrose Doherty en Alemania y estuvimos allí el tiempo suficiente para que mi hermana Joanne naciera allí.

Eso representa a dos de los ocho hijos de Doherty, a los que les seguirán Kathy, Brian, Sheila, Susan, Paul y Chris. Durante más de setenta años, respondiendo a las órdenes de mamá y de padre, perseveró como madre, en las buenas y en las malas. De pequeña me llamaban Jimmy y siempre me llamaban mi madre.

Durante casi cuarenta años, cumplió una doble función como abuela con seis nietos: Joe, Kaleigh, Curtis, Shannon, Ryanne y Grace. En el camino, mi padre y ella se separaron y, en lugar de volver a usar su apellido de soltera, cambió su apellido a Cummings en honor a su tío y su tía.

Durante más de noventa y dos años, vivió la vida a su manera. En los últimos años, todavía vivía en su propio apartamento, con visitas diarias de bienestar, sociales, de limpieza y de compras de uno o más de los cinco niños que vivían lo suficientemente cerca como para poder comunicarse con ellos, hasta que su condición empeoró y terminó ingresada en un centro de cuidados paliativos en el South Shore Hospital.

Como era la mayor, me asignaron la tarea de pronunciar el panegírico en su velorio, una tarea y un desafío que no me gustaba y que había dejado pasar por alto. Pero sabía que tenía que pronunciar el panegírico por mis hermanos y hermanas, sin mencionar a mi madre, que esperaba que estuviera a la altura de las circunstancias.

Solo tenía unos pocos días, sin instrucciones de mi difunta madre y sin experiencia. Así que hice lo que trato de hacer en esas situaciones de presión: recé y esperé poder pronunciar un panegírico con dos criterios: con mi madre mirando, quería que se sintiera orgullosa y no quería ser un aguafiestas en su funeral.

Lo sé, lo sé, por su propia naturaleza, un velorio es un fastidio. Pero decidí que quería que la gente sonriera durante el panegírico.

En nombre de mis hermanos y hermanas, que contribuyeron a lo que sigue, conozca el legado de mi madre de clase mundial.

Esto termina con cómo se cumplió uno de sus últimos deseos, lo que trajo un poco de cierre a mi mente, mi corazón y mi espíritu.

Catherine Cummings: Una Madre de Clase Mundial

Nos gustaría compartir algunas cosas que quizás no sepas sobre nuestra madre de clase mundial para que puedas irte de aquí con una idea de su legado.

Era una filósofa de talla mundial: Nuestra madre podía ser profunda a propósito, pero también accidentalmente. Una de sus citas era: "Llevas una vida muy, muy interesante, y todo es culpa tuya."

Fue una anfitriona de primera: tenía la casa llena, pero una vez recibió a una amiga de su hermana que no tenía dónde vivir. En Acción de Gracias, teníamos amigos o estudiantes o amigos de amigos, ese tipo de casa.

Era una experta en cintas adhesivas: utilizaba cinta adhesiva para arreglar casi todo y no se limitaba al gris tradicional, sino que también le gustaba la cinta negra y, de vez en cuando, un rollo de azul. Cuando pasó a usar un andador, tuvimos que poner cinta adhesiva en los bordes de las alfombras de su apartamento para que su andador no se enganchara. Creo que le gustaba el aspecto. Usamos cinta negra.

Era una madrugadora de primera: si la ibas a recoger, te esperaba con treinta minutos de antelación. Y si llegabas más de cinco minutos tarde, podías estar seguro de que te decía: "¿Dónde has estado?". Por supuesto, no había ninguna buena explicación.

Era una costurera de primera clase: hizo mucha de nuestra ropa cuando éramos niños. Podía ver cualquier cosa.

Era una coordinadora de primera: conseguir que una casa llena de niños se levantara para ir a la escuela a distintas horas era complicado. Tres escuelas diferentes, un baño y medio. En Howard Street, dormíamos la mayoría de las veces en el segundo piso, y había conjuntos de tuberías de vapor que atravesaban el primer piso: una tubería con vapor que subía y otra con vapor que bajaba. Para despertarnos para ir a la escuela, golpeaba las tuberías debajo de la habitación correspondiente, alertándonos de que era hora de levantarnos y brillar.

Era una experta en rellenar medias navideñas: en Navidad ponía medias para sus hijos, nietos y otras personas en su repisa. Después de mudarse de Howard Street, nunca tuvo chimenea, pero siempre tenía una repisa para las medias navideñas. Trabajó en ellas todo el año y, una vez que terminó el Día de Acción de Gracias, las colgó en orden de nacimiento.

Era una jardinera de primera: su jardín de rocas en Braintree era un motivo de orgullo para ella y atraía mucha atención de los conductores de Howard Street. Más de un pequeño accidente ocurrió en la parte delantera de la casa porque la gente aminoraba la marcha para admirarlo y no prestaba atención.

Era una fanática de los Red Sox de clase mundial: como saben, se levantaba temprano y no podía quedarse despierta para la mayoría de los juegos, así que miraba los Red Sox Classics, con juegos de los últimos veinticinco años, a las 5:00 a.m. casi todas las mañanas.

Era una fanática de los Patriots de primera clase: hacía que uno de nosotros la llamara para despertarla para un partido nocturno. De hecho, viajó en autobús a Buffalo para ver un partido de los Patriots. ¡Buffalo!

Era una aficionada de primer nivel a los deportes escolares: asistía a muchos eventos para niños, desde gimnasia hasta hockey y fútbol.

Ella era una madre de hockey de clase mundial: Hablando de hockey, se congelaba el trasero en el Ridge Arena para sus hijos en los años 60 y 70.

Era una amante de los perros de clase mundial: amaba a su perra Bella, que era el centro de su mundo, y la mantuvo joven durante años, pero amaba a todos los perros de la familia.

Era una fanática del punk rock de talla mundial: es broma. Un error tipográfico.

Era una experta en mudanzas de muebles: incluso a sus más de noventa años, aparecíamos en su apartamento y ella movía algo que no debía. Usaba un andador y movía los muebles.

Ella era una maestra de talla mundial: Algunos de sus mensajes eran:
- Las cosas buenas llegan a quienes saben esperar.
- Vas a trabajar el resto de tu vida. Elige algo que te guste.
- Di siempre lo que quieres decir, pero no tienes que ser malo cuando lo dices.
- Sé honesto. Es más fácil recordar la verdad que una mentira.

Era una cuidadora de primera clase: en la sala de emergencias del

Hospital South Shore, como estaba allí con frecuencia con uno de los niños, la conocían por su nombre. Ella les quitaba puntos en casa. También les daba una toallita húmeda para chupar cuando se lastimaban. No estoy seguro de por qué ayudó, pero fue así.

Ella era una nana de clase mundial: amaba a sus nietos y se autoeligió para ser conocida como Nana, después de coquetear con la abuela.

She was a world-class Energizer Bunny: She said, "I wish there was an operation to take some of the 'go' out of me and give it to some lazy bastard lying on a couch."

Ella fue una madre de clase mundial: Para cerrar, su espíritu aún vive porque vivió una vida muy interesante, y mucho de eso fue culpa suya, pero mucho de eso también fue culpa nuestra.

Descansen en paz. Jimmy, Joanne, Brian, Sheila, Susan, Paul, Chris y Kathy.

El Resto de la Historia

Un amigo cercano estuvo en nuestra casa el día de Nochebuena y le pregunté si podía ayudarme con uno de los últimos deseos de mi madre: que algunas de sus cenizas se esparcieran en el campo de Fenway Park.

Entonces, en la fecha y hora acordadas, me reuní con un amigo cercano y caminamos hacia el jardín izquierdo. Tuve la oportunidad de entrar al Green Monster, el muro del jardín izquierdo. Conversamos un poco y hablamos de los Red Sox. Me di cuenta de que ninguno de los dos había hecho esto antes y que lo estábamos improvisando sobre la marcha.

Miré el campo, hacia donde dos de los favoritos de mi madre jugaban para los Red Sox, Ted Williams y Carl Yastrzemski. Salí al césped, desenrosqué la tapa de la pequeña urna y dejé que sus cenizas cayeran entre las briznas de hierba (mi madre ahora era parte de Fenway Park para siempre) mientras las lágrimas corrían orgullosamente de mis ojos.

Así se hizo. Expreso mi gratitud y la de mis hermanos por un favor que nunca podremos devolver.

Después de que nuestra madre falleciera, mis hermanos y hermanas me encomendaron dos tareas: pronunciar el panegírico, honrar tus deseos y esparcir algunas de tus cenizas en el campo de Fenway Park. Cumplí, mamá, y espero que estés orgullosa de mí. Gracias por vivir una vida interesante.

SOBRE EL AUTOR

Ed Doherty es un nativo de Massachusetts que ha vivido y trabajado en todo Estados Unidos en sus funciones de ejecutivo de restaurantes, experto en desarrollo de liderazgo y voluntario. Mejor conocido por desarrollar individuos talentosos para que se conviertan en personas de alto rendimiento, la variada experiencia de Ed incluye funciones como vicepresidente de una región de $58 millones de una empresa nacional con sede en Los Ángeles y San Francisco, años como director de recursos humanos de una empresa de once mil empleados con sede en Memphis y como presidente de un grupo de restaurantes franquiciados de $22 millones en Cincinnati. Su experiencia como voluntario abarca décadas con March of Dimes, la fraternidad Phi Sigma Kappa, su comunidad y su iglesia.

En la actualidad, Ed dirige Ambrose Landen LLC, una firma de consultoría que se especializa en planificación estratégica, desarrollo de liderazgo y compromiso de los empleados tanto en el sector con fines de lucro como sin fines de lucro.

Un cliente lo contrató porque, en sus palabras, "todos los que trabajan con él mejoran."

www.ingramcontent.com/pod-product-compliance
Lightning Source LLC
Chambersburg PA
CBHW072046110526
44590CB00018B/3058